U0083298

古代歷史文化研究輯刊

二　編

王　明　蓀主編

第29冊

翁同龢與晚清政局

賴盟騏著

清季東三省路權的開放與美國的投資（1905～1911）

張守真著

國家圖書館出版品預行編目資料

翁同龢與晚清政局　賴盟騏著／清季東三省路權的開放與美國的投資(1905～1911)　張守真著 — 初版 — 台北縣永和市：花木蘭文化出版社，2009〔民98〕

序2+目2+138面+目2+92面；19×26公分

(古代歷史文化研究輯刊　二編；第29冊)

ISBN：978-986-254-006-0(精裝)

1.(清)翁同龢　2.傳記　3.晚清史　4.鐵路政策　5.國外投資

627.87　　98014426

ISBN - 978-986-254-006-0

古代歷史文化研究輯刊

二　編　第二九冊　　ISBN：978-986-254-006-0

翁同龢與晚清政局

清季東三省路權的開放與美國的投資(1905～1911)

作　者　賴盟騏／張守真

主　編　王明蓀

總編輯　杜潔祥

出　版　花木蘭文化出版社

發行所　花木蘭文化出版社

發行人　高小娟

聯絡地址　台北縣永和市中正路五九五號七樓之三

電話：02-2923-1455／傳眞：02-2923-1452

網　址　http://www.huamulan.tw　信箱　sut81518@ms59.hinet.net

印　刷　普羅文化出版廣告事業

初　版　2009年9月

定　價　二編30冊(精裝)新台幣46,000元

翁同龢與晚清政局

賴盟騏　著

作者簡介

賴盟騏，1959年生於雲林斗六，輔仁大學歷史系，東海大學歷史研究所碩士，中國文化大學史學研究所博士。曾任文藻外語學院兼任講師、國立空中大學高雄中心面授教師。現任國立高雄應用科技大學通識教育中心講師。

著有《八卦山的故事》(1996)；〈明代的武學與武舉制度〉(2004.5)，〈四十年來彰化地方研究的回顧——以博碩士論文為中心（1959～2004）〉(2005.5)，〈戰後彰化地方派系的起源與組織結構〉(2009.5)。

提　要

翁同龢之一生涵蓋了早期中國現代化的努力過程，翁氏是根深蒂固的儒家傳統培養出來的人物，他是典型的理學家，忠君愛國，維護傳統制度與文化。他曾兩度出任帝師，歷任戶部尚書，協辦大學士，入值軍機處、總理衙門，尤其是甲午至戊戌維新之間，更是政治上的核心人物。

從翁同龢與時人的關係中，可明瞭晚清官場上的派系紛爭，及翁氏的道德信念、政治原則。為了政治前途及利益，翁氏調整其對人的看法與態度。由翁氏在晚清政治，外交事件中所扮演的角色，可知翁同龢是依存於中國傳統，具憂患意識的典型士大夫；贊同合理溫和的改革，不同意全面推翻現行制度。翁希望在傳統的基礎上引入西方科技、革新政治；但同時又想使帝國的思想制度維持不變。因此，援引康有為，其目的在使自己能主導改革運動的推行。

然而，康有為的變法理論對光緒二十四年的歷史環境而言太過激進，對皇朝傳統的全面攻擊引起大部份士大夫的恐懼與怨恨，不但「保守派」反對，即「溫和派」亦不表贊同。故翁氏從最初的贊同變法轉而扮演了變法運動反對者之角色，當全面改革思潮瀰漫時，翁亦不容於晚清政治舞台。雖然如此，但百日維新終於還是以悲劇收場。但戊戌政變並未中止溫和改革的趨勢，庚子以後的發展，更顯示出其已獲得思想上之支持。

目次

自　序

1983 年秋季，預官退伍後就讀東海史研所，呂士朋所長敦聘中研院近史所諸位教授（趙中孚、王樹槐、張朋園、張玉法、黃福慶、陳存恭、李毓澍、王聿均、蔣永敬）講授「中國近代史」、「中國現代史」課程。初窺史學堂奧的筆者能親炙史學界諸位大師，對於自己學識之淺薄，更覺汗顏。

趙師中孚曾編輯卷帙浩瀚的《翁同龢日記排印本》，並於第一學期課堂上鼓勵同學以翁同龢爲碩士論文題目，緣於學期報告趙師評以高分之鼓勵，遂決以「翁同龢與晚清政局」爲題撰寫碩士論文，並獲趙師首肯擔任論文指導教授。

論文撰寫期間，承趙師悉心指導，並贈送筆者《翁同龢日記排印本》乙套。口試之前（1986.5）趙師赴美國哈佛大學東亞研究中心訪問研究，遂請黃師福慶共同指導，感謝黃師對於論文完稿之諟正。張師朋園與呂所長於口試時之指正與勉勵，標示筆者論述不足之處，亦導引修正的方向。

論文之完成，必須感謝內人淑玲與內弟瑞斌的謄寫與校對，不成熟的作品也唯有親人能不忍卒睹的謄對。此外，感謝東海大學古鴻廷、張勝彥、胡昌智、張榮芳諸位師長的指導，同年胡志佳、魏嚴堅、洪武雄、蔡明坤、王淑慧、張永楨一起度過大度山三年時光。

論文倉促寫就，疏漏之處頗多。去歲，花木蘭文化出版社請王明蓀老師編輯《古代歷史文化研究輯刊》二編，擬收錄本文，因值筆者中國文化大學史學所博士論文初審時期，無暇修正，遂以原稿付梓。感謝王明蓀老師與花木蘭文化出版社願意讓拙作災梨禍棗。

最後，謹以此書獻給先師趙中孚先生。

賴盟騏

2009 年 4 月　序於信之書廬

第一章　前　言

十九世紀中葉以來，中國面臨史無前例的衝激——以西方科技文明爲基礎的多型態衝激，被迫在若干方面作不同程度的改革調整，以資因應。總括言之，自中英鴉片戰爭，至辛亥革命，清廷的改革努力不外跨越三個階段，即自強——變法——立憲。亦即由西方科技的表面模仿，到西方制度的部份採用。

鴉片戰爭以前的中國，一般稱爲古典（或傳統）中國，基本上，政治制度、社會結構、經濟體制與過去的兩千年並沒有什麼不同。但是戰爭失利，卻在煙硝之間改變了中國傳統的自我形象。而在因應調整的過程中，顯示出極大的被動含義。

自強運動，主要是器物技能的模仿，要「以夷制夷」、「師夷長技以制夷」，當時以爲西方之強僅是「船堅砲利」，故一切改革皆以軍事爲主，雖然外交、工商也是其中的一環，但以軍事改革成績最著。

光緒二十年中日甲午戰爭爲三十年的自強運動作了總結；其實早在中法之役已暴露了若干癥結，中日之戰則證明器物技能的模仿不足以自強。因此，必須從制度層面上改革，而有變法（維新）運動的推行——百日維新，卻又因爲思想上的衝突，新舊之爭，帝后衝突，而導致失敗。

戊戌政變，使守舊勢力重新抬頭，造成所謂維新運動的反動時期，以光緒二十四年戊戌政變開幕，二十六年庚子拳亂收場。辛丑和約簽訂後，清廷痛定思痛，深感若不著手改革，則國亡無日。故有改訂官制之治，企圖由上而下，在政府組織的框架內作某種程度的更張。光緒三十年（1904）日俄戰爭之後，立憲呼聲日益高張，清廷被迫下詔預備立憲；但由於未能貫徹且措施趨於保守，促使立憲派不滿而轉向革命，清廷政權則終於不保。

要想明瞭清廷改革的歷史環境，如果能以此一時代一位重要人物爲核心，探討其與環境的關係及影響力，或許較能掌握史實，作客觀的評估。

翁同龢（1830～1904）正契合此關鍵，其一生涵蓋了改革的努力過程。他曾任同治、光緒兩朝帝師，歷戶部尚書、軍機大臣、協辦大學士，入値總理衙門，可見其對晚清政局的影響力。此外，他也是北京官場上「南派」領袖之一，成爲清末黨派之爭與私人恩怨的核心人物。因此，了解翁氏在晚清政局中所佔的地位及所扮演的角色，將有助於對晚清之改革努力作一客觀的評估。

本文所探究的時間——即翁的一生，自道光十年（1830）開始，迄光緒三十年（1904）爲止。全文分爲五章：第一章，前言。第二章討論翁同龢的生平，大致循編年軸線採取縱向的解剖。首先敍述翁的家世背景，繼而探討其學問淵源；最後，闡析翁之宦途，亦即從初仕到戊戌罷官的歷程，止於晚年休致的生活情形。第三章敍述翁同龢和時人的淵源及關係，從空間的橫切面探討翁和前輩人士、故舊朋僚、門生後進之間的酬酢交往、觀念異同，藉以瞭解其立身處世及進退原則，暨清末的黨派之爭與私人恩怨。第四章則從翁對晚清政治及外交事件的看法，探討翁在晚清政局中所扮演的角色，並論及翁對西方的體認。最後在結論中評估翁同龢在晚清歷史上的地位，及其對晚清政治運作的直接與間接影響。

在資料方面，卷帙浩繁的《翁文恭公日記》是最基本的原始史料，〔註 1〕雖然曾因避禍而作部份的修改；〔註 2〕但改動的幅度不大，故大體上具高度的可信度。另外使用資料，包括實錄、相關人物的日記、傳記、年譜、文集，和近人相關的著述。近日學者對翁氏其人及其歷史角色各有不同的評價，〔註 3〕

〔註 1〕 翁同龢，《翁文恭公日記》（台北：商務印書館，民國 62 年）。本文之撰寫，主要使用趙中孚編，《翁同龢日記排印本附索引》，以下簡稱《翁同龢日記》（台北：美國亞洲學會，民國 59 年）。

〔註 2〕 翁同龢在日記中暗示修改了部份日記，從最初「一日只檢一本」，到後來的「看日記」，均顯示出他似不可能全面改寫，見《翁同龢日記》，冊五，頁 2259、2261～62、2287、2289（光緒二十六年元月十、廿五、廿六、廿八日；二月二、四日；閏八月七、廿七日）。

〔註 3〕 Ho Ping-ti，"Weng T'ung-ho and One Hundred Days of Reform", *Far East Quarterly*, X(1951) PP125～135. 吳相湘，〈翁同龢康有爲關係考實〉，《學術季刊》，4 卷 2 期（民國 44 年），頁 97～108。蕭公權撰，楊肅獻譯，《翁同龢與

筆者或無原創性的解釋，僅擬追溯現有的線索，以《翁文恭公日記》為主要素材，整理出較忠實、較客觀的結論。

戊戌維新》（台北：聯經出版公司，民國72年）。

第二章　翁同龢的生平

翁同龢一生（1830～1904），涵蓋了中國從傳統到現代的努力過程。西力的衝擊，使知識分子明瞭非變不足以救中國，故有「自強運動」，學習西洋的「砲利船堅」；甲午之戰，證明徒以技器不足以自強。其後的「維新運動」則已明白西方之強不僅在技器，更在政教。但「戊戌政變」說明變法之不可行。要探究此一歷史環境，如果以此時代的一位重要人物爲核心，從他與環境的關係及影響力，一定較能掌握史實，俾便作一客觀的評估。

翁同龢正契合此關鍵，他以同治、光緒兩朝帝師，久植中樞，恩禮之隆，冠於諸臣。尤其是光緒十四年（1888）至光緒二十四年（1898）之間，宦途順利，歷任戶部尚書、軍機大臣、協辦大學士，入值總理衙門，在晚清政治舞台上，扮演著非常重要的角色。

本章首先敍述翁的家世。翁氏一門五翰林，兩狀元，兩帝師（父子皆爲兩朝帝師），可謂家門鼎盛。繼而探討翁的學術淵源，翁氏並一貫的遵循程朱學派信條——當時的官學；一度對陸王學派深感興趣，後來並受西學影響。最後說明翁氏的宦途，從出仕至戊戌罷官的歷程，止於晚年休致的生活情形。

第一節　家　世

翁氏乃常熟世家，代有聞人，至翁心存（1791～1862）而聲望愈隆。心存字二銘，號邃盦，〔註1〕父咸封，官至海州學正（1798）。〔註2〕心存幼時即

〔註 1〕 清史編纂委員會，《清史》（台北：國防研究院，民國 50 年 7 月），〈列傳〉，卷 172，頁 4623。及 Authur W. Hummel. *Eminent Chinese of the Ching Period*

具異才，由海州知州唐仲冕親自授學。道光二年（1822），中進士，選庶吉士，授編修，大考後升中允，出任江西學政。任滿，入直上書房，授惠郡王讀（道光十年～十二年）。後又督江西學政，遷大理寺少卿。道光十七年，復直上書房，授六阿哥（恭親王奕訢）讀。一年後，以母老乞養，開缺回籍。道光二十九年再入直上書房，授八阿哥讀，其後歷任國子監祭酒，內閣學士。工、戶部侍郎。〔註 3〕

咸豐元年，擢工部尚書，兼管順天府尹，三年因案革職。四年授吏部侍郎，調戶部，擢兵部尚書。〔註 4〕六年兼翰林院掌院學士，以吏部尚書協辦大學士，不久又調戶部尚書。八年充上書房總師傅，拜體仁閣大學士，管理戶部。十年，因戶部案革職留任。十一年復詔起用，以大學士銜管理工部。同治元年，入直弘德殿，授穆宗讀。同年十一月六日逝世。〔註 5〕

以上係心存之宦途，其間曾有兩次落職，一爲咸豐三年，任工部尚書，兼管順天府尹時，因通州捕役，勾結土匪行劫，以徇庇失察遭受革職處分。〔註 6〕一爲咸豐十年因戶部官票所司員舞弊案，及失察五宇商號濫支經費案革職。〔註 7〕

心存個性清介正直，屢蒙恩寵（道、咸、同三朝）。〔註 8〕如道光二十八年，丁母憂回籍守制，尚未起復，宣宗即命速來京簡用。〔註 9〕同治即位，命充上書房總師傅，以大學士管理工部事務。並免其帶領引見及一切應派差使，〔註 10〕命內侍扶掖以行，夜間並籠燈爲前導〔註 11〕同治元年十一月疾

（*Washington*, D.C. 1943.） Vol.2 P858.。

〔註 2〕《清史》，〈列傳〉，卷 172，頁 4623。

〔註 3〕《清史》，〈列傳〉，卷 172，頁 4623。

〔註 4〕《清史》，〈列傳〉，卷 172，頁 4624。

〔註 5〕《清史》，〈列傳〉，卷 172，頁 4624；《翁同龢日記》，冊一，頁 179。

〔註 6〕《清史》，〈列傳〉，卷 172，頁 4624；楊彝珍，〈翁文端公神道碑銘〉，收入繆荃孫纂錄，《續碑傳集》（台北：文海出版社，民國 55 年，近代中國史料叢刊第 99 輯），卷 4，頁 16b。

〔註 7〕《清史》，〈列傳〉，卷 172，頁 4624。

〔註 8〕吳長瑛輯，《清代名人手札》（台北：文海出版社，近代中國史料叢刊第 15 輯），〈甲集小傳〉，卷 5，頁 405。

〔註 9〕《清史》，〈列傳〉，卷 172，頁 4623。及孫衣言，〈文端翁公墓志銘〉，收錄於《續碑傳集》，卷 4，頁 19b。

〔註 10〕吳長瑛輯，《清代名人手札》，頁 405。孫衣言，〈文端翁公墓志銘〉；陳澧，〈翁文端公神道碑銘〉，《續碑傳集》，卷 4，頁 15a，21a。

〔註 11〕吳長瑛輯，《清代名人手札》，頁 405。孫衣言，〈文端翁公墓志銘〉；陳澧，〈翁

篤，時長子同書被劾下獄，特旨出獄侍疾；〔註12〕迨心存逝世，更命同書俟百日後入獄。心存諡文端，贈太保，入祀賢良祠，詔卹稱其品端學粹，守正不阿；〔註13〕加恩賜其孫曾源進士，曾榮舉人，曾純、曾桂以原官即用，曾翰內閣中書，〔註14〕榮極一時。

心存學問贍雅，事君接友皆以誠信爲主，論政能持大體，尤惡瑣細小節。〔註15〕常以拔擢人才爲急務，有好士名。同治即位後，稱許心存疏舉人才，不失以人事君之義。疾篤時，猶以「四方早靖、聖學早成」爲念。〔註16〕史家稱許心存曰：「三朝耆碩，輔導沖主，一時清望所歸焉」。〔註17〕

翁心存四子，以同書最長，次音保（早逝），次同爵，次同龢，而以同龢宦途最佳。首先敍述同書。同書字祖庚、藥房。道光二十年庚子（1840）進士，選庶吉士，授編修，典廣東鄉試，督貴州學政，擢中允。咸豐三年，佐琦善軍事，歷幫辦拖明阿、德興阿軍務之職。八年六月任安徽巡撫，時洪軍捻匪相勾結，命同書幫辦欽差大臣勝保軍務，節制安徽境內各軍，駐軍定遠。咸豐九年，定遠失陷，同書移軍壽州，被議，革職留任。〔註18〕

咸豐十年，英、法聯軍犯京師，勝保請召練勇苗沛霖入援，命同書傳旨。同書自請開缺，率苗入衛，諭旨「無庸遠來」。〔註19〕其後苗沛霖反叛，圍攻壽州，同書招撫無功，致使團練互相仇殺，苗練更攻陷壽州。同治元年曾國藩劾同書定遠失守之罪，及壽州城陷時，奏報情形，前後矛盾。命褫職逮問，

文端公神道碑銘〉，《續碑傳集》，卷4，頁15a，21a。

〔註12〕華文書局編，《大清穆宗毅皇帝實錄》（台北：華文書局影印，民國53年），卷48，頁21。《翁同龢日記》，冊一，頁179（同治元年十一月六日）。

〔註13〕《大清穆宗毅皇帝實錄》，卷48，頁30～31。及《清史》，〈列傳〉，卷172，頁4624～4625。

〔註14〕《大清穆宗毅皇帝實錄》，卷48，頁30～31。及《清史》，〈列傳〉，卷172，頁4624～4625。

〔註15〕費行簡，《近代名人小傳》（台北：文海出版社，民國56年，收入近代中國史料叢刊第8輯），頁89。

〔註16〕同註15，又吳長瑛《清代名人手札》，卷5，頁405；孫衣言，〈文端翁公墓志銘〉，頁19b。

〔註17〕《清史》，〈列傳〉，卷172，頁4625。

〔註18〕翁同書傳略，見《清史》，〈列傳〉卷204，頁4858～4859。及Hummel, *Eminent Chinese of the Ching Period*, Vol, 2, pp.858～859.。

〔註19〕《清史》，〈列傳〉卷204，頁4858～4859。及Hummel, *Eminent Chinese of the Ching Period*, Vol, 2, pp.858～859，又《翁同龢日記》，冊一，頁57（咸豐十年九月廿六日）。

交王大臣議罪，擬大辟，適心存病篤，暫釋放以服侍湯藥；心存卒，復命持服百日。同治二年，加恩改戍新疆，有人以爲此乃念及心存。〔註 20〕同治三年，途經甘肅時都興阿請留軍營效力。四年以花馬池戰捷，擒賊孫義保，賜四品頂戴，十月二十七日卒於任所。諭旨復原官、贈右都御史，蔭一子入監讀書，謚文勤。同治八年准建祠；〔註 21〕光緒十七年置義莊，賞御書扁額以示嘉獎。〔註 22〕

翁同書因苗沛霖案入獄，關於此案，翁同龢之看法，將於第四章詳論。翁心存次子名同爵，字玉甫。廕生出身，咸豐十年升武選司員外員；同治三年補授湖南塩法長寶道，加運使銜；五年署湖南藩司；七年升陝西藩司；九年，因陝西肅清，賞戴花翎；十年升陝西巡撫；十三年授湖北巡撫；光緒三年卒於任所。諭旨嘉其「老成練達，辦事實心，照巡撫例賜卹」。長孫名奎孫，賞給舉人。同爵著有《皇朝兵制考略》。〔註 23〕

同書有三子，曾文早逝（1853），〔註 24〕次曾源，次曾桂。曾源（1836～1887）爲翁家第二個狀元，號仲淵，自小患癇病，未能參加考試，乃納貲爲國子監生。咸豐六年宣宗實錄著成，以心存有功，賞給舉人；同治元年，適心存病故，兩宮篤念勳勞，加恩由舉人「賞給進士，准其一體殿試」。〔註 25〕同治二年癸亥高中狀元。曾源由白衣兩蒙恩賜，大魁天下，其幸運實科場中所罕見，外人揣測此乃推恩已故師傅心存，趙烈文稱其爲「千餘年曠典」〔註 26〕但從翁同龢日記看來，曾源寫作均佳，士論亦無不滿之言論。翁日記云（同治二年四月廿二日）：

〔註 20〕《清史》，〈列傳〉卷 204，頁 4858～4859。及 Hummel, *Eminent Chinese of the Ching Period*, Vol, 2, pp.858～859.。陳澧，〈翁文端公神道碑銘〉，頁 15a。

〔註 21〕《翁同龢日記》，冊一，頁 488（同治八年四月七日）。

〔註 22〕《翁同龢日記》，冊四，頁 1731（光緒十七年九月廿五日）。

〔註 23〕翁同爵傳略，見 Hummel, *Eminent Chinese of the Ching Period*, Vol, 2, p859. 及《翁同龢日記》，冊二，頁 930（光緒三年八月廿四日），楊佛士，〈狀元宰相翁同龢的生平〉，《古今談》，卷 6，頁 11，民國 54 年 8 月。

〔註 24〕《翁同龢日記》，冊二，頁 698（同治十二年七月十二日）：「紱卿姪之亡二十年矣」。

〔註 25〕《大清穆宗毅皇帝實錄》，卷 48，頁 30～31。及《清史》，〈列傳〉，卷 172，頁 4624～4625。朱沛蓮編著，《清代鼎甲錄》（台北：中華書局，民國 57 年），頁 78。

〔註 26〕朱沛蓮，《清代鼎甲錄》，頁 78。趙烈文，《能靜居日記》（台北：學生書局影印，民國 53 年，中國史學叢書 3）冊六，頁 3804～5，光緒十三年八月廿六日。

> 訪心農（孫念祖）及午橋（張丙炎），皆言寫作甚好，可望前列。源姪近年爲病所困，深慮不能成名，今邀先人餘蔭得與庭試，從容揮灑而出，意若其有天佑乎。〔註27〕

又日記廿四日云：

> 是日小傳臚……馳報，源姪得一甲第一名，悲喜交集，涕淚滿衣矣……源姪得此科名，庶足仰答先人未竟之志，稍伸吾兄不白之冤乎。〔註28〕

曾源中狀元後，授修撰，朝考列一等；〔註29〕但因病不便仕宦，翁同龢尙且須爲其謀一教職，〔註30〕故翁家第二位狀元未曾顯達。曾源逝於光緒十三年七月十三日。〔註31〕

同書第三子曾桂，字筱山（小山）、子馨。同治元年，加恩由刑部學習郎中擢候補郎中；〔註32〕光緒四年得京察一等；〔註33〕光緒十八年調湖南岳常澧道；二十二年擢江西藩司；〔註34〕二十八年放浙江藩司。光緒四年列京察一等時，爲清議所劾，同龢一度有請撤銷之意，但旋作罷，〔註35〕可見當時清議力量之大，以同龢之位尊，猶畏之。

同龢無子息。同爵有三子，首爲曾純，同治元年由候選同知，加恩賞給同知即選。後曾任塩局、釐差。〔註36〕次子曾榮，同治二年由監生賞給舉人，准其參加會試。〔註37〕三子曾翰，舉人，同治元年賞內閣中書，出嗣繼同龢香煙，但早逝（光緒四年），〔註38〕二子安孫、德孫又都早逝，〔註39〕無子息。

〔註27〕《翁同龢日記》，冊一，頁195。

〔註28〕《翁同龢日記》，冊一，頁196。

〔註29〕《翁同龢日記》，冊一，頁197。

〔註30〕《翁同龢日記》，冊二，頁681，（同治十二年二月廿日）。

〔註31〕《翁同龢日記》，冊三，頁1496。

〔註32〕《大清穆宗毅皇帝實錄》，卷48，頁30～31。及《清史》，〈列傳〉，卷172，頁4624～4625。

〔註33〕《翁同龢日記》，冊二，頁989（光緒四年十二月五日）。

〔註34〕《翁同龢日記》，冊四，頁1801（光緒十八年十二月廿日）；冊五，頁2021（光緒廿二年四月十一日）。

〔註35〕《翁同龢日記》，冊二，頁991，993（光緒四年十二月十三、十八日）。

〔註36〕《翁同龢日記》，冊四，頁1688、1770（光緒十六年十一月廿四日；十八年六月十九日）。

〔註37〕《大清穆宗毅皇帝實錄》，卷48，頁30～31。及《清史》，〈列傳〉，卷172，頁4624～4625。

〔註38〕《翁同龢日記》，冊二，頁967（光緒四年五月十四日）。

翁氏一門五翰林——心存、同書、同龢、曾源、斌孫（曾源之子），斌孫於光緒三年中進士，朝考列一等，選庶吉士，授檢討。〔註 40〕如前所述，翁同龢子孫輩皆早逝，晚年常嘆後繼無人。〔註 41〕

同龢之妻湯氏，雖早逝，但二人伉儷情深。咸豐八年（任陝西學政）除夕懷念其妻：

> 山城岑寂，爆竹之聲絕少，客中情景，悽冷萬狀。題唐鏡銘（按：此鏡係廿六日所購）作一詞，有「三十年華，明日是賸，天涯漂泊孤鸞影」之句，余豈眞有兒女之念哉，死生契濶，未能忘情，念彼黃壚，當亦形影相弔，潸然出涕耳。〔註 42〕

咸豐十年，同龢在日記中記其岳父得乩仙指示娶葉氏女而生下其妻。雖事涉迷信，但舊日士大夫深信不疑，更可看出同龢懷念之情。〔註 43〕是年四月，同龢因其妻之囑附納陸氏爲妾；但仍繫念其妻：「回思蘭閨情景，爲一慟焉」。〔註 44〕足見夫妻感情甚篤。

同龢與妾不睦，常淘閒氣；〔註 45〕但光緒二十四年被罷黜返回常熟故里之後，生活全由陸氏照顧。二十九年妾過世，同龢更覺寂寞寡歡，「中腸爲之碎裂」，〔註 46〕翌年便一病不起。

大體言之，同龢家世顯赫，曾自許爲世家；〔註 47〕惜後繼乏人，晚景淒涼，以「攬權狂悖」遭黜，並且「交地方嚴加管束」。〔註 48〕絕筆詩更顯示其

〔註 39〕 安孫卒於光緒七年六月八日，德孫卒於光緒十六年十月廿日。《翁同龢日記》，冊三，頁 1120；冊四，頁 1683。

〔註 40〕 Hummel, *Eminent Chinese of the Ching Period*, Vol.2, p859.；林熙，〈翁同龢狀元宰相帝王師〉，《藝文志》，期 130，頁 22，民國 65 年 7 月。

〔註 41〕 《翁同龢日記》，冊一，頁 313；冊二，頁 567、704、827、984（同治四年十二月、廿九；九、十、三；十二、九、十；光元、十、廿七；光四，十、十六）。

〔註 42〕 同上，冊一，頁 15。

〔註 43〕 同上，冊一，頁 30～310（元月廿七日）。

〔註 44〕 同上，頁 38（四月廿二日）。

〔註 45〕 同上，冊一，頁 486；冊二，頁 526、857、875（同八、三、廿二；同九、一、十五；同十三、八、廿五；光二、五、五；光二、八、十四）。

〔註 46〕 同上，冊五，頁 2426（光緒廿九年十二月廿四日）。

〔註 47〕 同上，冊三，頁 1036（光緒五年，十一月十九日）。

〔註 48〕 華文書局編，《大清德宗景皇帝實錄》（台北：華文書局影印，民國 53 年）卷 418，頁 18（光緒廿四年四月廿七日），卷 432，頁 8（光緒廿五年十一月十八日）。

晚年內蘊之悲哀：

六十年中事，淒涼到蓋棺，不將兩行淚，輕爲汝曹彈。〔註49〕

第二節　學問淵源

清代學術思想的演變，初期爲順康時期的反陸王重程朱的經世之學；繼則有乾嘉時期的反宋儒尊漢學的考證之學與嘉道時期的漢宋之爭；終則有道咸同光時期的漢宋調和與中西調合。〔註50〕晚清知識分子，因西方制度輸入，而在思想上有重大轉變，不只是求新；而且也有復古。

翁同龢處在「三千餘年一大變局」〔註51〕中，其思想及對外態度，在長期的宦途中，也有所改變。學者稱翁視情勢改變立場，是精於算計的政客。〔註52〕但我們似乎應從當時的環境做客觀的評斷；面對西力衝擊，傳統知識分子對國際情勢、外交的模糊認知，不能以今日的眼光來評量。而在宦途上追求個人成就，也是人之常情，不能以成敗來論評。

關於翁氏的對外看法及態度，本文第四章將有詳論。本節只闡析其學問淵源。翁同龢早年一度醉心於陸王學派，曾研讀陽明傳習錄及孫夏峰語錄；〔註53〕而同治五年（1866）轉而崇奉程朱之學，自謂能使「身心歸宿」。〔註54〕翁同龢服膺程朱之學可能受倭仁的影響。〔註55〕程朱之學爲當時的官學，許多大官如

〔註49〕翁同龢，《瓶廬詩稿》（收翁同龢，《翁文恭公遺集》，台北維新書局，民國59年），卷8，頁46。

〔註50〕王家儉，〈由漢宋調合到中體西用——試論晚清儒家思想的演變〉，《師大歷史學報》，期12，頁179，民國73年6月。

〔註51〕李鴻章語，見《李文忠公全集》（台北：文海出版社影印，民國54年）冊一，奏稿卷19，同治十一年五月十五日。

〔註52〕蕭公權撰，楊肅獻譯，《翁同龢與戊戌維新》（台北：聯經出版公司，民國72年），頁12。

〔註53〕《翁同龢日記》，冊一，頁34（咸豐十年三月廿一、廿二日、廿三日）。頁326（同治五年三月廿四）：「謁吳竹如先生……先生深於程朱之學，力闢陸王之非，予於陸王之學祇是浮慕，尚何敢辯，獨於先生之言亦不能無所疑耳」。

〔註54〕《翁同龢日記》，冊一，頁339（同治五年六月廿二日）：「讀理學正宗，稍有得」；頁406（同治六年十一月廿四日：「……默思理慾之辨，爲學數年而機變之心未改，率此必流爲小人……」；對於醜詆洛黨之詩，翁則認爲是「蚍蜉撼大樹矣」，見頁442（同治七年六月廿六日）；《翁同龢日記》，冊二，頁755（同治十三年八月十九日）：「看理學宗傳，頓覺身心有歸宿」。

〔註55〕《翁同龢日記》，冊一，頁359（同治五年十二月二日）；「讀艮翁日錄，先生

倭仁、徐桐，都信奉程朱，而倭仁素為翁氏所欽服。〔註 56〕

由於這種折衷的思想，翁同龢對經世之學也深感興趣，可從其參與顧炎武祠祭祀直年中看出。〔註 57〕同治二年（1863）翁曾記載翰林院講實學之事；〔註 58〕後來並接受了李塨的思想——李塨是繼承顏元，批評理學最力的學者，主張身體力行。〔註 59〕翁在日記中提及：

> 剛主（李塨）力闢程朱之學，專以服習六藝為事，而以改過律己，卓然自立……文則修詞極淨，不得目為陋儒矣。〔註 60〕

也許受到李塨強調經世致用的影響，同治九年（1870）當帝師們討論穆宗之課程時，翁反對徐桐強調性理之學，認為應注重時務：

> 今日之事，當務為急，減誦讀而增講貫，先文義而詞章，急時務而緩性理。〔註 61〕

翁對漢學亦有涉獵；〔註 62〕但不是如惲毓鼎所稱的「重漢輕宋」，實乃因翁性喜博覽，通群藝。〔註 63〕從日記中可知翁對桐城古文、易經、莊子、左傳、史記、漢書均有研究。史稱翁「究心經史，讀書靡不貫徹，尤邃於性理；論學以躬行實踐為宗，通經致用為輔」。〔註 64〕

刻苦自勵，字字從肝鬲流出，異於空談無實之學」。又，同治十年四月廿一日，倭仁逝世，翁記曰：「嗚呼，哲人云亡，此國家之不幸，豈獨後學之士所仰哉！」，見《翁同龢日記》，冊二，頁 601。

〔註 56〕倭仁與徐桐都排外並反對變法。參見《清史》，〈列傳〉卷 178、及 252，頁 4647、5055。又 Authur W. Hummel. *Eminent Chinese of the Ching Period* Vol.1, p.407 and Vol.2, pp.861～3.

〔註 57〕《翁同龢日記》，冊一，頁 86（咸豐十一年五月廿八日）。

〔註 58〕《翁同龢日記》，冊一，頁 191（同治二年三月廿七日）。

〔註 59〕梁啓超，《清代學術概論》（台北：台灣中華書局，民國 63 年），頁 16～17。

〔註 60〕《翁同龢日記》，冊一，頁 422（同治七年三月七、八日），頁 496（同治八年六月十六日）。

〔註 61〕《翁同龢日記》，冊二，頁 539（同治九年三月卅日）。

〔註 62〕《翁同龢日記》，冊一，頁 421（同治七年二月廿六日）；冊二，頁 760（同治十三年十月廿一日）。

〔註 63〕惲毓鼎，《崇陵傳信錄》，收入《滿清野史》（台北：文橋書局影印，民國 61 年），三編，冊五，頁 1665：「常熟輔政，紹明漢學，號復古，吳縣潘文勤，錢塘汪侍郎，治之尤勤。場屋士不明小學，不能中程式。鄙夷程朱之學，斥為迂陋，屏不談，道德之防漸弛」。又，吳長瑛，《清代名人手札》，〈甲集小傳〉，頁 499，說明翁通群藝。

〔註 64〕表一，（資料來源：《翁同龢日記》）。

翁之詩文，「清超古雋，不落恒蹊」，〔註 65〕尤擅長簡牘小品。詩致力於少陵、東坡，頗自詡其文采，〔註 66〕晚年自稱「詩歌一道，稍有功力，而世無知之者」。所作皆忠誠悱惻，彌殷「江湖魏闕」之心。〔註 67〕

同龢撰有瓶廬叢稿、詩稿、詞鈔、文鈔、松禪尺牘、手札、日記等傳世，皆簡重有度，可謂信手拈來都成妙諦，尤其是日記，更是渾成空靈的典型。

有關書畫之成就；先談其畫，翁氏之山水「蕭疏遠淡，得雲林逸趣」；〔註 68〕但只是脫俗，似乎未成名家。晚年休致時更常「作畫自娛」。〔註 69〕至於書法，史稱其「自成一家，爲世所宗」。〔註 70〕早年一意科名，對於大光圓的館閣體，下了一番苦功，並參與歐（陽詢）褚（遂良）筆意，故能領袖館閣。中年以後，才博涉其他碑帖，力學平原（顏眞卿），臨寫錢南園最久，更出入蘇東坡、米元章（芾）；沈浸於秦漢六朝碑版、造像，晚年並兼迴腕作書。〔註 71〕

書　名	冊數	頁碼	年月日	書　名	冊數	頁碼	年月日
漢　書	一	20	咸 9.2.20.	史　記	一	415	同 7.1.19.
	二	758	同 13.9.27.		二	710	同 12.11.10
	二	805	光 1.5.20.		二	712	同 12.12.1.
莊　子	一	187	同 2.2.14.		二	758	同 13.9.25.
	五	2229	光 25.5.9.	左　傳	二	540	同 9.4.10.
易　經	二	208	同 2.8.21.	東萊博議	二	536	同 9.3.10.
	二	212	同 2.10.5.	讀通鑑論	二	903	光 3.2.18.
桐城古文	一	245	同 3.7.24.	荀　子	五	2230	光 25.5.15.
	二	526	同 9.1.13.	五代史	五	2235	光 25.6.29.
	三	1157	光 8.1.1.				

又，孫雄，〈翁文恭公別傳〉（收入《翁文恭公遺集》），頁 2。

〔註 65〕《常昭合志列傳》，見《翁文恭公遺集》，頁 2。

〔註 66〕竇鎭編，《國朝書畫家筆錄》（台北：文史哲出版社，民國 60 年），頁 405。

〔註 67〕王伯恭，《蜷廬隨筆》（台北：文海出版社，民國 57 年，近代中國史料叢刊第 24 輯），〈潘翁兩尚書〉，頁 99。又，《翁同龢日記》，冊五，頁 2196：「……臣在江湖，心依魏闕……」（光緒廿四年八月八日）。

〔註 68〕吳長瑛，《清代名人手札》，〈甲集小傳〉，頁 500。

〔註 69〕《翁同龢日記》，冊五，頁 2358、2396、2417（光緒廿八年五月十一日、廿九年四月三日、九月廿日）。

〔註 70〕《清史》，〈列傳〉，卷 223，頁 4901。

〔註 71〕見吳長瑛，《清代名人手札》，頁 500；竇鎭，《國朝書畫家筆錄》，頁 405；《常昭合志列傳》，頁 2。

楷書寫虞世南孔子廟堂碑；行書除蘇、米外，亦寫董其昌；草書寫平原爭坐位帖；隸書於張遷、禮器、乙瑛、婁壽碑最有功夫；篆書則與何紹基同途，〔註 72〕論者稱其書法「縱橫跌宕，力透紙背，以董趙意有平原風骨，兼錢南園、何紹基之長，自成一家，氣魄足繼劉文清（墉），品在翁覃溪（方綱）之上」。〔註 73〕翁以書法著稱當世，應酬筆墨繁多，常「作書手不能停」。〔註 74〕光緒三年搭乘輪船回籍修墓，竟有水手撕裂衣服乞書；〔註 75〕而內監求書者更多，應接無暇。〔註 76〕晚年聲名大躁，「人得片楮，珍著兼金」。〔註 77〕

翁曾自言「沈酣翠墨中如中酒」，〔註 78〕生平沈浸於碑帖，字畫金石之鑑賞；惟不時自省，警惕自己，認爲「作此無益害有益也」。〔註 79〕翁雖以書法名重當時；但自謙於書法茫然無知：

> 世人盛推吾書，實則吾於書法，茫然無知，去伯寅（潘祖蔭）甚遠……蓋四十後，方有意學書，筆性即拙，又苦無多暇，是以終無成就。〔註 80〕

並勉後學應在未入翰林時習書，期以古人爲徒。〔註 81〕

同龢於學問之道，自課甚嚴，並能深自反省，讀書則覺仰俯泰然，無展卷之暇則心煩氣躁。〔註 82〕尤其是回籍後，廬墓七年，更是閉門思過，謝絕

〔註 72〕 楊佛士，〈狀元宰相翁同龢的生平〉，頁 11。

〔註 73〕《常昭合志列傳》，頁 2；《國朝書畫家筆錄》，頁 405；胡思敬，《戊戌履霜錄》，卷 4，收入楊家駱編《戊戌變法文獻彙編》（台北：鼎文書局，民國 62 年），冊四，頁 77。

〔註 74〕《翁同龢日記》，冊一，頁 278（同治四年，四月四日、七日）；冊二，頁 585、733、925（同治十年元月十八日；十三年四月十三日；光緒三年七月廿四日）。

〔註 75〕《翁同龢日記》，冊二，頁 936（九月十八日）。

〔註 76〕《翁同龢日記》，冊四，頁 1819（光緒十九年四月十五日）。

〔註 77〕 胡思敬，《戊戌履霜錄》，見楊家駱，《戊戌變法文獻彙編》，冊四。頁 77：「晚歲書名大噪，斷縑零墨，都人爭寶重之」。又，《常昭合志列傳》，頁 2，上述引文。

〔註 78〕《翁同龢日記》，冊一，頁 476（同治八年元月十五日）。

〔註 79〕《翁同龢日記》，冊一，頁 442（同治七年六月廿三日）；冊二，頁 583（同治十年一月十五日）。

〔註 80〕 王伯恭，《蜷盧隨筆》，頁 99。

〔註 81〕 王伯恭，《蜷盧隨筆》，頁 99。

〔註 82〕《翁同龢日記》，冊一，頁 368，（同治六年一月廿五日）；冊二，頁 561（同治九年八月十四日）。

賓客，以筆墨自娛。翁常自謂晚年常「作畫自娛，題詩志慨」，〔註83〕時人稱其「日臨漢魏碑帖數十字，月讀法華經一周」。〔註84〕因躭於禪學，故晚年自署松禪。對於畫，亦頗自期許：

> 鶴廬小隱畫中禪，不獨人傳畫亦傳，風雨閉門太蕭瑟，會添一鶴兩詩仙。〔註85〕

翁以狀元宰相帝王師之尊而落至編管，晚年更因避禍而壓抑自己的感情，情境淒涼。傳世詩文更顯示出其內蘊的悲哀。

第三節　宦　途

翁同龢從咸豐八年（1858）初仕到光緒二十四年（1898）被黜，前後有四十年左右的輝煌政治生命。由狀元而拜相，歷任同治、光緒兩朝帝師，恩眷之隆冠絕諸臣；晚年卻遭革職，交地方官嚴加管束，境遇淒涼。本節擬從翁氏宦途的起伏過程，論及翁氏的思想抱負，並剖述其晚年心境。

同龢字聲甫，又字叔平，號瓶生又號瓶廬，晚年自署松禪。道光十年（1830）四月廿七日生，〔註86〕由長姊啓蒙授四子書、毛詩，〔註87〕幼時並曾與同里曾闍谷辦詩文之社。〔註 88〕道光二十三年（1843），時年十四，應府試，試未畢，聞姊卒之消息，棄筆硯而走。〔註89〕道光三十年（1850）以選拔貢生廷試，列第一，時年二十一。〔註90〕咸豐六年丙辰（1856）殿試中一甲一名進士、授修撰。以二十七歲中狀元，可謂少年掇高科，同龢曾以此自詡。〔註91〕是年四月，充實錄館協修。〔註92〕八年六月，放陝甘鄉試副考

〔註83〕《翁同龢日記》，冊五，頁2396（光緒廿九年四月三日）。

〔註84〕胡思敬，《戊戌履霜錄》（楊家駱，《戊戌變法文獻彙編》，冊四，頁77）。

〔註85〕翁同龢，《瓶廬詩稿》，卷8，頁46，見《翁文恭公遺集》。

〔註86〕朱尚文編，《翁同龢先生年譜》（台北：商務印書館，民國60年，人人文庫），頁1。

〔註87〕翁同龢，〈適俞氏姊墓土銘〉，見《瓶廬文鈔》（收入《翁文恭公遺集》），頁17。

〔註88〕翁同龢，〈明瑟山莊圖記〉，見《瓶廬文鈔》，頁5a。

〔註89〕翁同龢，《瓶廬文鈔》，〈適俞氏姊墓志銘〉，頁17a。

〔註90〕翁同龢，《瓶廬文鈔》，〈戴文節席帽心樵圖跋〉，頁12b。

〔註91〕《清史》，〈列傳〉，卷223，頁4901。及《翁同龢日記》，冊一，頁141（同治元年三月卅日）。

〔註92〕朱尚文，《翁同龢先生年譜》，頁4。

官，出闈後任陝甘學政，〔註 93〕此年科場案發，心存因慮及同龢被牽連，諭同龢開缺。〔註 94〕九年回京調理，十年留翰林院補修纂。〔註 95〕同治元年，開坊轉右贊善，派實錄館幫總纂，〔註 96〕七月派山西正考官，是年底丁憂返家。同治四年三月服闋起復，補右贊善，六月轉左贊善，旋升右中允，十一月派在弘德殿行走，同事者有倭仁、徐桐、李鴻藻。五年八月充日講起居注官。七年晉國子監祭酒。九年陞太僕寺卿。十年七月遷內閣學士，十二月丁母憂回籍。十三年起復，仍在弘德殿行走。〔註 97〕

光緒元年署刑部右侍郎，派順天武鄉試正考官，入値毓慶宮授光緒讀；二年正月遷戶部右侍郎兼管錢法堂事務，八月兼署兵部右侍郎。四年擢都察院左都御史，五年升刑部尚書，再調工部尚書。六年派會試副考官。七年管理國子監，加太子少保銜。八年派在軍機大臣上行走。九年教習庶吉士。十年因法事出軍機（甲申罷樞事件），仍值毓慶宮。十一年調戶部尚書，派順天鄉試副考官。十二年十月派會典館副總裁。十三年再派教習庶吉士。十四年派順天鄉試副考官，會典館總裁。十五年再派教習庶吉士。十九年任順天鄉試正考官，國史館副總裁。二十年四月復派教習庶吉士，十一月授軍機大臣，派方略館總裁。二十一年六月在總理各國事務衙門行走，七月管理同文館事務。二十三年以戶部尚書協辦大學士。二十四年四月廿七日，「以辦事多不允協，漸露攬權狂悖情狀，開缺回籍」，〔註 98〕八月政變作，又諭革職永不敍用，交地方官嚴加管束。〔註 99〕三十年卒，享年七十五歲。宣統元年，詔復原官，追謚文恭。

同龢屢司文柄，三典順天鄉試，並派殿試、朝考、散館、大考、舉人覆

〔註 93〕《清史》，〈列傳〉，卷 223，頁 4901。及《翁同龢日記》，冊一，頁 1、6、9（咸豐八年六月廿一日、八月十三日、十月六日）。

〔註 94〕此即戊午科場案。見王嵩儒，《掌固零拾》（台北：文海出版社，近代中國史料叢刊），卷 3，頁 287～293。又，翁在日記中記到：「得家書，讀嚴諭數四，進退維谷」，見《翁同龢日記》，冊一，頁 10（咸豐八年十月十七日）。同年十二月，翁即陳請開缺，見《翁同龢日記》，冊一，頁 14。

〔註 95〕《翁同龢日記》，冊一，頁 43（咸豐十年六月廿九日）。

〔註 96〕《翁同龢日記》，冊一，頁 145、153（同治元年四月廿一日、六月廿五日）。及《清史》，〈列傳〉，卷 223，頁 4901。

〔註 97〕以上俱見，《清史》，〈列傳〉，卷 223，頁 4901。

〔註 98〕《清史》，〈列傳〉，卷 223，頁 4901，及《大清德宗景皇帝實錄》，卷 418，頁 18。

〔註 99〕《大清德宗景皇帝實錄》，卷 432，頁 8。

試、御史……等閱卷大臣，〔註 100〕延攬人才，有好士名。丁憂回籍時，曾赴書院開課。〔註 101〕

〔註 100〕表二，翁同龢典試經歷。

官職		年號	年	月	日
陝甘鄉試副考官		咸豐	8.	6.	21.
山西鄉試正考官		同治	元	7.	8.
順天武鄉試	正考官	光緒	元	10.	13.
	監射、較射	〃	11.	10.	4.
順天鄉試	副考官	〃	11.	8.	6.
	正考官	〃	14.	8.	6.
鄉試覆試	擬　題	〃	元	10.	4.
	閱卷大臣	〃	2.	2.	14.
		〃	17.	9.	25.
		〃	20.	2.	27.
		〃	20.	9.	23.
		〃	21.	3.	20.
		〃	23.	9.	24.
鄉試補覆試閱卷大臣		〃	15.	2.	24.
		〃	16.	閏 2.	26.
		〃	18.	3.	29.
		〃	24.	3.	22.
宗室鄉試覆試	擬題	〃	元	8.	25.
	閱卷大臣	〃	23.	8.	29.
會試	同考官	同治	元	3.	6.
	副考官	光緒	6.	3.	6.
	正考官	〃	18.	3.	6.
殿試讀卷大臣		〃	12.	4.	20.
		〃	16.	4.	20.
		〃	18.	4.	20.
		〃	20.	4.	20.
武殿試讀卷大臣		〃	18.	9.	29.
貢士覆試閱卷大臣		〃	9.	4.	17.
		〃	15.	4.	14.

官職		年號	年	月	日
貢士覆試閱卷大臣		光緒	16.	14.	17.
		〃	21.	4.	17.
		〃	24.	閏 3.	15.
宗室貢士覆試閱卷大臣		〃	16.	3.	27.
		〃	24.	3.	29.
朝考閱卷大臣		〃	15.	4.	29.
		〃	16.	4.	29.
		〃	18.	5.	6.
		〃	20.	4.	29.
		〃	21.	5.	29.
優貢朝考閱卷大臣		〃	15.	6.	7.
		〃	21.	6.	3.
翰詹大考閱卷大臣		〃	20.	3.	28.
散館考試	擬題	〃	2.	4.	18.
	閱卷大臣	〃	18.	4.	18.
		〃	20.	4.	19.
蔭生考試閱卷大臣		〃	15.	4.	5.
		〃	15.	12.	7.
		〃	16.	9.	8.
		〃	17.	3.	19.
翰林孔目考試閱卷大臣		〃	17.	3.	19.
御史考試閱卷大臣		〃	15.	11.	4.
		〃	21.	7.	27.
		〃	23.	5.	27.
南書房考試閱卷大臣		〃	16.	5.	25.
		〃	23.	9.	29.
試差考試閱卷大臣		〃	23.	4.	17.
漢內閣中書考試閱卷大臣		〃	15.	5.	24.
漢教習考試閱卷大臣		〃	15.	6.	17.
滿軍機章京考試閱卷大臣		〃	22.	8.	28.

資料來源：《清史》、《清代七百名人傳》、《翁同龢日記》。

〔註 101〕同治三年、四年，翁曾赴文安書院、昇平書院開課。見《翁同龢日記》，冊

由以上同龢之宦迹，可知相當順利。從日記中可看出他深深關懷國家。咸豐十年，家鄉失守，翁「不禁魂斷」，〔註102〕是年除夕，翁在日記中流露出關懷倉生之意：

夜闌靜坐，爆竹甚稀，蟻蝨微臣，上念先帝雲霄之隔，俯覽東南水火之深，百感塡膺，慷慨思奮矣！〔註103〕

同治三年七月得知克復金陵，感言「東南之民從此出水火矣」。〔註104〕翁氏更常嘆時事之艱，躬省愧對先人，而「涑汗不能自已」。〔註105〕同治十年，因連日乾旱，「望雨之情結於夢寐，其如民膏何」。〔註106〕光緒三年任戶部尚書時，關懷山西飢饉，自謂「身居曹農不能少極，負罪多矣」。〔註107〕

光緒十年中法之役，翁覺無以自容；二十年甲午之役，翁亦深自檢討：

自念以菲材而當框要，疆事如此，上無以對大造之恩，下無以慰薄海之望，於講帷則無補救，於同列則致猜疑，疾病纏綿，求死不得，悠悠蒼天，曷其有極。〔註108〕

翁亦是位熱衷仕途的官僚，渴望自己能飛黃騰達。從日記中更顯示出他的抱負。咸豐十年（中狀元後兩年）日記：

欲立一誓，從身體上著力，凡富貴利達之念，掃除淨盡，然後能任得事，然後能見得理，勛之哉」！〔註109〕

同治三年元旦，自勉曰：

自念華髮垂顚，修名未立，自會以始，當以著誠去妄爲第一事，日夕自勉而已。〔註110〕

光緒二年，任戶部侍郎，作出入款項表，提及「職事豈在此哉，竟日不懌」。〔註111〕當翁在宦途步步高昇時，自信會帶來「紫禁城騎馬」的榮譽。光

一，頁226、268。

〔註102〕《翁同龢日記》，冊一，頁54（咸豐十年九月三日）。

〔註103〕《翁同龢日記》，冊一，頁124（同治三年十二月卅日）。

〔註104〕《翁同龢日記》，冊一，頁241（同治三年七月廿九日）。

〔註105〕《翁同龢日記》，冊二，頁541（同治九年四月十四日）。

〔註106〕《翁同龢日記》，冊一，頁380（同治三年四月廿日）。

〔註107〕《翁同龢日記》，冊二，頁944（十月廿六日）。

〔註108〕《翁同龢日記》，冊三，頁1275、1304（光緒十年三月八日、七月六日）；冊四，頁1933（光緒廿年十二月卅日）。

〔註109〕《翁同龢日記》，冊一，頁124（十二月卅日）。

〔註110〕《翁同龢日記》，冊一，頁223。

〔註111〕《翁同龢日記》，冊二，頁884（十月廿五日）。

緒二年，自承習騎「其實命意別有所在」，〔註112〕四年十月，終於獲得久盼之恩典。光緒十七年，賞西苑門內騎馬，隔日即與騎從入西苑門，〔註113〕顯示其熱衷於仕途。

此外，日記屢次詳述參與廷臣宴的細節，包括席次安排，出席人員。而對於未蒙派之差使，亦相當在意。〔註114〕皇室賜與的種種恩典與榮寵，亦屢書不絕。尤其是有別於常人的賞識。〔註115〕如光緒九年，翁入值軍機，因萬壽節賞聽戲，記道：

> 在東邊第三間，二十年來由第五間至此，鈞天之夢長矣，一間惇恭二王，二間……，三間軍機四人，四間……。〔註116〕

光緒二十年，派釋奠禮分獻官：

> 咸豐癸丑二月，文宗躬行釋奠，先公於亞聖位前分獻，今予小子亦得在駿奔之列，竊自幸又愧也。〔註117〕

翁曾兩蒙賜壽——光緒五年（五十歲）及光緒十五年（六十歲），〔註118〕並賞戴雙眼花翎、紫韁。〔註119〕光緒三年回籍修墓，令從陸路回京，無庸拘定期限。〔註120〕十七年再請假回籍修墓，令馳驛回京，並有「日侍講帷，深資啓沃」之諭。〔註121〕翁記當時情景「上意黯然，臣於此時方寸激昂如波濤也」。〔註122〕二十三年，光緒遣人間疾兩次。〔註123〕均見恩眷之隆。

〔註112〕翁於同治十年習騎，見《翁同龢日記》，冊二，頁548（元月十三日），又，頁856，（光緒二年四月廿七日）。

〔註113〕《翁同龢日記》，冊四，頁1737（十一月三、四日）。

〔註114〕《翁同龢日記》，冊三，頁1267、1342、1401（光緒十年一月十七日，十一年一月十六日，十二年一月十六日）記廷臣宴禮節。又，光緒元年記未派閱卷，三年未派隆福寺行禮；十七年未賜衣料；皆見《翁同龢日記》，冊二，頁824、946；冊四，頁1710。

〔註115〕光緒十一年七月記賜船，十二年記賜御筆福壽字，「其他同人未與也」，十六年六月記進膳。以上皆見《翁同龢日記》，冊三，頁1371、1458；冊四，頁1665。

〔註116〕《翁同龢日記》，冊三，頁1236（光緒九年六月廿五日）。

〔註117〕《翁同龢日記》，冊四，頁1902（光緒九年八月三日）。

〔註118〕《清史》，〈列傳〉，卷223，頁4901。

〔註119〕《清史》，〈列傳〉，卷223，頁4901。《翁同龢日記》，冊四，頁1861（光緒廿年元月一日）。

〔註120〕《翁同龢日記》，冊二，頁923（七月十六日）。

〔註121〕《翁同龢日記》，冊四，頁1609（七月十六日）。

〔註122〕《翁同龢日記》，冊四，頁1609（七月十六日）。

〔註123〕《翁同龢日記》，冊五，頁2119（九月十九日）。

正因受兩朝恩寵，翁屢提及同治、光緒天資聰穎，「天心仁愛」。〔註124〕而於同治冥誕、忌辰，常「撫時感痛」。〔註125〕而在聞派毓慶宮授讀、軍機大臣時皆懇請收回恩命，〔註126〕由前述可知翁熱衷仕途，所以此舉不免有矯情之嫌。

翁的思想，見解和當時接受傳統儒學薰陶的士大夫並無不同。當國家或個人遭逢危殆時，常祈助於神明，將自然現象歸於天道示儆，如前所述相信乩仙之典故。〔註127〕同治元年，翁心存逝世，則歸於屋內椿樹被拔的不祥之徵。〔註128〕同治十年，廣東傳妖異之說，爲之憂心。〔註129〕光緒十四年地震，午門失火歸於天災。次年其侍妾重病，翁祈於關帝廟。〔註130〕而中日甲午之戰，翁釋一夢，認爲是將「伏於夷」的惡兆。〔註131〕

因爲浸淫於儒學傳統中，翁相當維護傳統制度與文化。如他堅守居喪之禮，而斥時人常越禮。〔註132〕對於自己之修繕房舍，更自省爲奢侈；〔註133〕至於事親至孝之情，則流露於字裡行間，論者謂「事親終身之慕」。〔註134〕除了常躬省策勵外，翁並能不昧人之長，對於批評能虛心接受。〔註135〕

同龢以「攬權狂悖」遭黜，交地方官嚴加管束。回常熟舊居後，在白鴿峯

〔註124〕翁在日記中屢記同治帝祈雨，無不立沐甘霖，於此見天心之仁愛，見《翁同龢日記》，冊一，頁198、328、335、382（同治二年五月十三日；五年四月十一日、五月廿七日；六年五月三日）。

〔註125〕《翁同龢日記》，冊二，頁891（光緒二年十二月五日）。

〔註126〕《翁同龢日記》，冊二，頁833（光緒元年十二月十二日）；冊三，頁1196、1197（光緒八年十一月五、六日）。

〔註127〕《翁同龢日記》，冊一，頁30～31（咸豐十年元月廿七日）。

〔註128〕《翁同龢日記》，冊一，頁180（同治元年十一月廿一日）。

〔註129〕《翁同龢日記》，冊二，頁612（七月七日）。

〔註130〕《翁同龢日記》，冊四，頁1575（十二月廿九日）；頁1622（十五年十月九日）。

〔註131〕《翁同龢日記》，冊四，1914（光緒廿年九月廿七日）。

〔註132〕《翁同龢日記》，冊一，頁200、266（同治二年五月廿三日，四年二月六日）；冊二，頁722（十三年元月廿七日）。

〔註133〕《翁同龢日記》，冊一，頁353（同治五年十月十八日）；冊二，頁883、918、946（光緒二年十月十二日、三年六月三日、十二月十六日）；冊四，頁1818（十九年四月二日）。

〔註134〕《常昭合志列傳》，頁2。

〔註135〕咸豐十年，翁記友人箴其才鋒太露；同治六年聞有毀翁者，則一笑置之；光緒四年，張佩綸劾翁的姪子曾桂，京察不該列爲一等，翁認爲「甚切實，眞講官也」；光緒九年御史劉瑞祺條陳，涉及軍機大臣，同僚不以爲然，而翁則「獨以爲語甚切直」。以上俱見《翁同龢日記》，冊一，頁58、394；冊二，頁919；冊三，頁1209。

廬墓七年，閉門思過，謝絕訪客。〔註 136〕每念時艱，輒復流涕。〔註 137〕惟不時意圖開復處分，重登仕途。由未編管前，猶習起跪，可明顯看出。〔註 138〕他自稱「臣在江湖，心依魏闕」。〔註 139〕並假託夢境說明自己的忠心：

夢人持示一詩，首句「寂寂仁義圃，坦坦道德途」，眞至言哉！〔註 140〕

又：

夢至均天，天書有「實乃宮府之廉貞」一句。〔註 141〕

翁並在日記中表達了對光緒帝及慈禧太后的忠誠，特別是對光緒帝。如逢兩宮誕辰，仍「望闕焚香九叩，遙祝萬壽無福」。〔註 142〕光緒二十四年感激朝廷能讓他安享餘年——以有罪之身：

謁墓敬告，默念罪戾之身猶得長依邱壟，眞大造之仁，感激無已。〔註 143〕

二十七年，兩宮由西安啓蹕回鑾，翁「遙仰秦雲，不勝私祝」；〔註 144〕光緒還都，翁日記：

繫念之懷至此少慰，旋乾轉坤，四海蒙福矣。〔註 145〕

翁晚年對於自己在變法運動中所扮演的角色似乎頗爲悔恨，光緒二十五年（1899）八月記：

看《淮南子》……是書〈精神訓〉一篇淺近易行，讀是書而顯違之，不如不讀矣，其言變法而不知何由變，最切於時事。〔註 146〕

對於是年十一月翁極薦康有爲之論旨則又加以辯駁：

竊念康逆進身之日，已微臣去國之後，且屢陳此人居心叵測……。

〔註 136〕《常昭合志列傳》，頁 2。又，翁於光緒廿七年避賑務；廿九年避美國人求見。見《翁同龢日記》，冊五，頁 2324（光緒廿七年六月廿八日），2424（光緒廿九年十一月十一日）。

〔註 137〕《常昭合志列傳》，頁 2。

〔註 138〕《翁同龢日記》，冊五，頁 2194（光緒廿四年七月廿八日）。

〔註 139〕《翁同龢日記》，冊五，頁 2196（光緒廿四年八月八日）。

〔註 140〕《翁同龢日記》，冊五，頁 2196（八月九日）。

〔註 141〕《翁同龢日記》，冊五，頁 2229（光緒廿五年五月八日）。

〔註 142〕《翁同龢日記》，冊五，頁 2188、2205、2235、2248、2279、2293、2324、2350、2364、2375、2408、2420（光緒廿四年～廿九年，六月廿六日及十月十日）。

〔註 143〕《翁同龢日記》，冊五，頁 2211（光緒廿四年十二月三日）。

〔註 144〕《翁同龢日記》，冊五，頁 2330（光緒廿七年八月廿四日）。

〔註 145〕《翁同龢日記》，冊五，頁 2339（光緒廿七年十一月卅日）。

〔註 146〕《翁同龢日記》，冊五，頁 2240（光緒廿五年八月八日）。

〔註147〕

並且爲自己因而獲罪，頗爲不滿：

> 厥後臣若在列，必不任此逆猖狂至此，而轉而因此獲罪，惟有自艾而已。〔註148〕

翁又借夢之隱喻表對康有爲獲光緒信任的不滿：

> 夜夢人持示一詞，有「掃盡雙蛾渾不解，向靈和別種纖柳」之句。〔註149〕

就在同一天，翁因避禍而開始修改日記，〔註150〕光緒卅年，更流露出期盼已久的願望——開復原官：

> 見初八日報，奉太后恩諭……凡戊戌案內革職人員皆開復原官，監禁交地方管束者概釋……逋臣如將邀此寬典，雖一息當伏謁君門也。〔註151〕

但他終未能實現此一願望。

翁之晚年心境相當淒涼，編管之後不離白鴿峯山居，避絕外人，〔註152〕只能從申報、新聞報汲取世事，對於輿論之評議，常有駁斥。〔註153〕自謂「以筆墨破悶，但不免構思，而致頭旋心跳」。〔註154〕

翁休致中，記載兩次奇遇，而竟然皆應驗。光緒二十四年七月遇一僧預測翁只有六歲的餘年；二十六年夢兆則曰「辰時未吉」；翁逝於光緒三十年（甲辰），〔註155〕眞是奇事。

〔註147〕《翁同龢日記》，冊五，頁2253（光緒廿五年十一月廿一日）。

〔註148〕《翁同龢日記》，冊五，頁2253（光緒廿五年十一月廿一日）。

〔註149〕《翁同龢日記》，冊五，頁2259（光緒廿六年元月十日）。

〔註150〕《翁同龢日記》，冊五，頁2259、2261～62、2287、2298（光緒廿六年元月十日、廿五、廿六、廿八日、二月二、四日；閏八月七日，廿七日）。從日記中可看出翁一日只檢一本，到後來只是「看日記」，故翁似乎不可能全面改寫。

〔註151〕《翁同龢日記》，冊五，頁2448（五月十一日）。

〔註152〕《翁同龢日記》，冊一，頁353（同治五年十月十八日）；冊二，頁883、918、946（光緒二年十月十二日、三年六月三日、十二月十六日）；冊四，頁1818（十九年四月二日）。

〔註153〕《翁同龢日記》，冊五，頁2209、2248、2253、2255（光緒廿四年十一月十六日、廿五年十月十二日、十一月廿五日、十二月九日、十二月十五日）。

〔註154〕《翁同龢日記》，冊五，頁2269（光緒廿六日四月四日）。

〔註155〕《翁同龢日記》，冊二，頁2193、2299（光緒廿四年七月廿五日、廿六年十一月廿八日）。

由本節之討論，可知翁同龢家世顯赫，門第鼎盛，惜後繼乏人。基本上，翁的思想、見解與當時接受傳統儒學薰陶的士大夫並無不同；但翁氏並未一貫地遵循程朱學派的信條，一度對陸王學派深感興趣，且能注意經世之學——有助於翁的改革思想。他忠君愛國，熱衷仕途，且屢蒙恩寵，惟晚年遭黜，境遇淒涼。翁之生平，實乃世事無常之寫照，正如其絕筆詩所云：「淒涼到蓋棺」。〔註156〕

〔註156〕翁同龢，《瓶廬詩稿》，卷8，頁46，見《翁文公恭公遺集》。

第三章　翁同龢與時人的淵源及關係

官場上之派系紛爭，往往隱藏在和諧的外表之下。表面上彬彬有禮，私底下卻夾雜著私人恩怨及朋黨關係。想在政治舞台上獲得成功，勢必援引政治勢力，且爲了個人前途、私利，不得不調整自己的信念、原則，尤其是面對個人政治生命瀕於危急之時。

本章擬從翁氏與時人之淵源及關係中，探討當時之政治勢力。從翁的人際關係，瞭解他的道德信念、政治原則。第一節敍述翁與前輩士人之淵源及關係，翁尊崇林則徐、胡林翼、左宗棠、倭仁、文祥、祁寯藻；但卻未給予曾國藩同等的地位。第二節說明翁氏與同時人之淵源及關係，翁和郭嵩燾、孫家鼐、潘祖蔭、閻敬銘、夏同善保持密切的關係，並與丁日昌、曾國荃，曾紀澤、馬建忠、劉坤一、都興阿等人維時著友好的關係。而與李鴻藻的關係是貌合神離；與榮祿則是由合而分。徐桐、張之洞、李鴻章則與翁處於敵對的關係。第三節則探討翁之獎掖後進，翁援引之青年才俊，對他並沒有積極的帮助，如張謇、文廷式；有些甚至對翁有害，如張蔭恒、袁世凱及康有爲。

第一節　前輩士人

翁同龢是儒家傳統培養出來的人物，自然具備了一般士大夫的道德信條，他忠於朝廷，且嚴守立身處世正道。但爲了政治前途及利益，也調整看法及態度。這可從其對前輩士大夫的尊崇、評價不一中看出。正如前述，要想在複雜的官場上出人頭地，維繫私人間的關係，往往是利害重於感情；至於所謂「心術複雜、信念不堅」，〔註1〕或亦係難以避免。

〔註 1〕 蕭公權撰，楊肅獻譯，《翁同龢與戊戌維新》，頁 9。

翁氏對於倭仁、文祥、林則徐、左宗棠、胡林翼、祁寯藻等前輩士大夫表達了相當的敬意，此乃因他們與翁的利害不相衝突。而對曾國藩則未予以相當的評價，此也許滲入了私人恩怨。

一、林則徐

林則徐（乾隆五十年～道光三十年），字元撫，一字少穆，福建侯官人。嘉慶十六年進士。鴉片一役，被謫戍伊犂（道光廿一年），廿五年自伊犂釋回，先後任陝甘總督，陝西巡撫，雲貴總督。〔註2〕

林氏究心西事，在廣東時，翻譯外人刋物，蒐集西洋文獻材料，其後魏源將這些材料編入「海國圖志」。〔註 3〕此書主張「以夷制夷」，「師夷長技以制夷」，所論多爲時人所不能道，未曾聞。可惜其在中國之影響遠不及在日本——促成了日本的明治維新，〔註4〕史稱林氏「啓迪之功不可沒」。〔註5〕林雖有不同於時人的遠見，但終不肯公開提倡，此乃因怕清議之指責。論者稱林缺乏大無畏之精神，不肯犧牲自己之名譽與時人奮鬪。〔註6〕

翁同龢對林則徐之才略，深爲欽佩。光緒二年（1876）翁讀林氏所著「畿輔營田水利」，對其徵引材料的豐富，印象極深，〔註7〕四年，讀「林文忠集」，更評曰：「何其偉也」。〔註8〕除林則徐外，翁對中興名臣胡林翼亦頗佩服，亦與左宗棠保持密切之關係。

二、胡林翼

胡林翼，字潤之，湖南益陽人，道光十六年進士。〔註9〕咸豐五年，擢湖北布政使，一生功業，繫於克復安慶一役，曾國藩推胡爲首功。〔註 10〕

〔註 2〕《清史》，〈列傳〉，卷 156，頁 4542 - 4549。Authur W. Hummel. *Eminent Chinese of Ching Period.* Vol. 1, p.511.

〔註 3〕《清史》，〈列傳〉，卷 156，頁 4542 - 4549。Authur W. Hummel. *Eminent Chinese of Ching Period.* Vol. 1, p.511.

〔註 4〕蔣廷黻，《中國近代史大綱》（台北：驚聲文物供應公司，民國 61 年），頁 29。

〔註 5〕《清史》，〈列傳〉，卷 156，頁 4549。

〔註 6〕蔣廷黻，《中國近代史大綱》，頁 30。

〔註 7〕林則徐曾上〈畿輔水利議〉，請於京畿植稻，用蘇東南民力，即所謂本原中之本原也，見《清史》，〈列傳〉卷 156，頁 4549，及趙中孚編，《翁同龢日記》，冊二，頁 846（二月廿八日）。

〔註 8〕《翁同龢日記》，冊二，頁 979（咸豐四年八月廿九日）。

〔註 9〕胡林翼傳略，參見《清史》，〈列傳〉，卷 193，頁 4722～4726。Hummel, *Eminent Chinese of ch'ing Period* Vol. 1, pp. 333-5.

〔註10〕《清史》，〈列傳〉，卷 193，頁 4725。

胡氏治軍務、明紀律，留意將才，曾有「國之需才，猶魚之需水，鳥之需林，人之需氣，草木之需土」之言，尤以拔擢左宗棠，更可見其砥礪賢才之心——胡氏稱左爲「橫覽九州，更無才出其右者」。曾國藩稱胡氏薦賢滿天下。〔註 11〕

胡氏家田數百畝，初入官時，於先人墓前發誓，不以官俸自益，〔註 12〕史稱其「綜覈名實，幹濟冠時，治事之寬嚴疏密，若不相侔」。〔註 13〕而對於西方科技之進步，亦有深刻之體認，主張購置洋礮；咸豐十一年二月，在安慶江岸目睹江中火輪行駛如飛，爲之色變嘔血，幾至墜馬，可見輪船對其刺激之深。〔註 14〕

翁同龢欽服胡林翼，常讀「胡文忠集」，稱道曰：

> 太阿出匣，不敢逼視，惜不獲與此人遊也。〔註 15〕

更佩服其「見事透澈，筆力轉絕，至性淋漓」。〔註 16〕

三、左宗棠

左宗棠（嘉慶十七年～光緒十一年），字季高，湖南湘陰人。〔註 17〕一生事功，在平定陝甘回亂、西捻及收復新疆。〔註 18〕史稱其「志行忠介，待將士以誠信，有霸才，而以王道治民」。〔註 19〕時人謂其由乙榜入相——東閣大學士，爲前所未有。〔註 20〕

左氏初爲湖南巡撫駱秉章幕客，頗見信用，將吏忌之。咸豐六年，駱秉章劾總兵樊燮，樊構左於湖廣總督官文，官文欲逮宗棠，幸賴郭嵩燾（時值

〔註 11〕《清史》，〈列傳〉，卷 199。〈左宗棠〉，頁 4761。

〔註 12〕《清史》，〈列傳〉，卷 193，頁 4726。

〔註 13〕《清史》，〈列傳〉，卷 193，頁 4726。

〔註 14〕黃濬，《花隨人聖盦摭憶》（香港：龍門書店影印，民國 54 年），頁 94，及郭廷以，《近代中國史綱》（台北：南天書局，民國 69 年），頁 192。

〔註 15〕《翁同龢日記》，冊一，頁 293（同治四年六月廿日）。

〔註 16〕《翁同龢日記》，冊一，頁 432（同治七年閏四月廿日）。冊三，頁 1026（光緒五年九月三日）。

〔註 17〕左宗棠傳略，參見《清史》，〈列傳〉，卷 199，頁 4761～66。Hummel, Op. cit. Vol, 2. pp. 762～767.

〔註 18〕《清史》，〈列傳〉，卷 199，頁 4761～66。Hummel, Op. cit. Vol, 2. pp. 762～767.

〔註 19〕《清史》，〈列傳〉，卷 199，頁 4761～66。Hummel, Op. cit. Vol, 2. pp. 762～767.

〔註 20〕葉昌熾，《緣督廬日記》（台北：學生書局，民國 53 年），卷 1，頁 19。及李慈銘，《越縵堂日記》（台北：文海出版社影印，民國 52 年），同治十三年八月八日。

南書房)、潘祖蔭(時為詹事)於咸豐前力為辯護,加上駱秉章、胡林翼、曾國藩上疏力爭,始得不逮。〔註21〕後卻因閩粵籌餉事,而與郭嵩燾嫌隙終身。〔註22〕

光緒七年(1881),左宗棠入值軍機處,與同列不合,遂引疾乞退。〔註23〕十年,中法之役,左氏主戰,史稱其「鋒穎凜凜向敵矣,士論以此益附之」。〔註24〕而中興諸將大抵皆尊事曾國藩,然左氏與曾氏時合時不合,人稱其「好自矜誇」。〔註25〕左並與丁日昌、曾國荃不合,〔註26〕論者謂宗棠,天性剛峻,忠耿有餘而深沈不足,喜諛惡諫,使氣恃功,賢者之過,實乃精闢之論。〔註27〕

左宗棠入值軍機處,翁同龢曾與他保持密切之接觸,左初抵京師,翁即遣人送禮;〔註28〕翁更在日記中屢次稱許左氏,如初次見面時:

> ……其豪邁之氣,俯視一世,思之深耳,論天下之大勢……實純廟萬古之遠猷。〔註29〕

而在京官與左氏不合時,翁嘆曰:「正人在位之難也」。〔註30〕又服左氏之「經術氣」;〔註31〕並於光緒十年,左氏引疾開缺回籍前,前往探視,〔註32〕左且向翁辭行,翁記道:

> 左侯來辭行……極言輔導聖德為第一事,默自循省,愧汗沾衣也。

〔註21〕《清史》,〈列傳〉,卷199,頁4761。及〈郭嵩燾傳〉,卷223,頁4944。黃濬,《花隨人聖盦摭憶》,頁100~106。

〔註22〕黃濬,《花隨人聖盦摭憶》,頁102~106。

〔註23〕《清史》,〈列傳〉,卷199,頁4765。

〔註24〕《清史》,〈列傳〉,卷199,頁4765。左宗棠籠絡之士大夫,如王闓運,獨稱許左「未嘗自以為人才也」,並嘗欲調和左氏和曾國藩,見王闓運,《湘綺樓日記》(台北:台灣學生書局,民國55年),冊一,頁81~82(同治十年九月二日、十日);頁354(光緒八年七月廿四日)。

〔註25〕《清史》,〈列傳〉,卷199,頁4765。

〔註26〕左曾言丁日昌為反覆小人,而且不滿曾國荃,翁曾試圖調和左氏與曾國荃。以上俱見《翁同龢日記》,冊三,頁1114、1295、1308(光緒七年五月十日、十年閏五月廿九日、七月廿五日)。

〔註27〕黃濬,《花隨人聖盦摭憶》,頁106。

〔註28〕《翁同龢日記》,冊三,頁1094(光緒七年元月廿六日)。

〔註29〕《翁同龢日記》,冊三,頁1095(光緒七年二月四日)。

〔註30〕寶鋆曾稱左氏為一團茅草,見《翁同龢日記》,冊三,頁1104(光緒七年三月十九日)。

〔註31〕《翁同龢日記》,冊三,頁1114(光緒七年五月十日)。翁認為左氏得力於養氣。

〔註32〕《翁同龢日記》,冊三,頁1300(光緒十年六月廿一日)。

其言衷於理而氣特壯……悵惘而別。〔註33〕

十一年，翁聽到左宗棠逝世福州的消息，深感痛惜：

聞左相竟……星隕於福州，公於余情意拳拳，瀕行尚過我長揖，傷已，不僅爲天下惜也。〔註34〕

而同爲中興名臣的曾國藩，翁氏卻未給予其他人同等的尊崇。

四、曾國藩

曾國藩（嘉慶十六年～同治十一年），字滌生，湖南湘鄉人，〔註35〕道光十八年進士，官至禮部侍郎。〔註36〕平生究心義理與經世之學，擁護道德名教。道、咸之際，太平軍起於湖南、廣西，曾氏籌辦團練——湘軍，集儒生農夫，爲衛護道統名教而戰，爲自衛而戰。國藩初曾受祁嶲藻、彭蘊章之中傷，使湘軍在討伐太平軍時施展不開。〔註37〕而平定太平天國之亂後，曾氏惟恐功高震主，憂讒畏譏，決心裁撤湘軍。〔註38〕

曾氏晚年謹愼小心，善保功名，但卻因辦理天津教案（同治九年），而受上下之陵轢詆毀，幾乎不能自存。〔註39〕其實曾氏實是衡量厲害得失，忍辱爲國，使大事化小；但當時士大夫既不以殺外人爲非，亦不公然主戰；但以詆毀曾氏之主和爲能。曾氏常自謂「外慙清議，內疚神明」，「拼卻聲名以顧大局」。〔註40〕而當時清議好痛詆和局、輕言戰爭的氣息，更可於以後甲申、

〔註33〕《翁同龢日記》，冊三，頁1308（光緒十年七月廿五日）。

〔註34〕《翁同龢日記》，冊三，頁1375（光緒十年七月廿八日）。

〔註35〕曾國藩傳略，見《清史》，〈列傳〉，卷192，頁4714。Authurw. Hummel. *Eminent Chinese of Ching Period* Op. cit. Vol. 2, pp. 751～5.

〔註36〕《清史》，〈列傳〉，卷192，頁4714。Authurw. Hummel. *Eminent Chinese of Ching Period* Op. cit. Vol. 2, pp. 751～5.

〔註37〕國藩之起，乃因穆彰阿之提拔，而大受重用，則由於肅順，後受祁寯藻、彭蘊章所抑。參見：薛福成《庸盦文續編》（台北、文海出版社。民國62年），卷下，頁4a、5a-b、6a；《清史》，〈祁寯藻列傳〉，卷172，頁4622；黃鴻壽，《清史紀事本末》（台北：三民書局，民國48年），卷50，頁327；黃濬，《花隨人聖盦摭憶》，頁55、136。

〔註38〕王闓運，《湘綺樓日記》，冊一，頁5（同治八年元月卅日）：「江寧之克，朝廷未嘗求金帛，而曾氏上言一無所有，豈藏珠而有愧心乎，是立言之謬也」。《清史》，〈列傳〉，卷192，頁4717，及郭廷以《近代中國史綱》，頁170。

〔註39〕黃鴻壽，《清史紀事本末》，卷54，頁373～377。黃濬，《花隨人聖盦摭憶》，頁179、187、229～230。徐珂，《清碑類鈔》（台北：商務印書館，民國55年），〈外交類〉，34，頁22。

〔註40〕黃鴻壽，《清史紀事本末》，卷54，頁373～377。黃濬，《花隨人聖盦摭憶》，

甲午兩役中看出。

曾氏以再造元勳，晚年卻遭重謗。但其事功學問，世人稱道；時以薦舉人才爲己任。〔註 41〕中興名臣中，唯沈葆楨、左宗棠與曾氏不合。王闓運曾試圖調和曾、左；但國藩認爲左氏「方踞百尺樓，何從攀談」，〔註 42〕雖彼此嫌隙；但曾國藩仍相當重視左氏。〔註 43〕而曾、沈不合，乃因釐捐軍餉之爭。〔註 44〕

翁同龢不願予曾國藩以同等之尊崇，可能有兩個原因，其一是個人的恩怨，如第二章所述，同龢長兄同書因定遠失守及苗沛霖案爲曾國藩所劾，幾至不測，後謫放新疆。〔註 45〕其二是由於意見的衝突，前述曾國藩因天津教案，備受清議所詆，即使王闓運爲幕客亦有微詞，〔註 46〕翁氏更堅決反對妥協的態度，甚至於當面相譏；〔註 47〕很難斷定翁氏之反對是否也夾雜著私人恩怨。

從翁同龢日記中很少提及曾國藩，可知其對曾的評價，且從未循例以「字」稱曾國藩以表示尊敬。如同治十一年，於聽到曾氏逝世時，只記道「大學士曾國藩卒於兩江」。〔註 48〕由以上諸跡，足見翁對曾國藩無景仰、欽服之意。

五、倭　仁

倭仁，字艮峯，烏齊格里氏，蒙古正紅旗人，〔註 49〕道光九年進士，官

頁 179、187、229～230。徐珂，《清碑類鈔》，〈外交類〉，34，頁 22。

〔註 41〕《清史》，〈列傳〉，卷 192，頁 4718。

〔註 42〕王闓運，《湘綺樓日記》，頁 81～82（同治十年九月二日、十日）。

〔註 43〕王闓運，《湘綺樓日記》，頁 81～82（同治十年九月二日、十日）。

〔註 44〕咸，同之間，國藩軍餉，倚江西釐金，沈葆楨撫江西時，以本省軍事方殷，奏留自給。曾氏爲爭此事之疏，調氣激烈，生平所未有。參見，《清史》，〈沈葆楨列傳〉，卷 200，頁 4769，及黃濬，《花隨人聖盦摭憶》，頁 228；《翁同龢日記》，冊一，頁 230（同治三年三月廿三日）。

〔註 45〕翁同書傳略，參見，《清史》，〈列傳〉，卷 204，頁 4858。及 Authur W. Hummel. *Eminent Chinese of the Ch'ing Period*, Vol, 2. pp. 858～859.

〔註 46〕王闓運，《湘綺樓日記》，冊一，頁 39（同治九年七月廿三日）。

〔註 47〕《翁同龢日記》，冊二，頁 568（同治九年十月六日）。

〔註 48〕《翁同龢日記》，冊二，頁 637（二月十三日）。翁在日記中，提到曾國藩大抵直稱其名，或稱曾相、曾帥、曾湘鄉。

〔註 49〕倭仁傳略，參見《清史》，〈列傳〉，卷 178，頁 4647。及 Hummel, *Eminent Chinese of the Ch'ing Period.* Vol. 2, pp. 861-3.

至工部尚書、文淵閣大學士，入值弘德殿。曾輯古帝王事蹟、古今名臣奏議進講，賜名「啓心金鑑」。〔註50〕倭仁素以理學名臣自命，講求宋儒之學，一生忠實維護「正統」理學，任帝師時，正色不阿，穆宗常懼之。〔註51〕道、咸之間，崇尚宋儒之學、身體力行者，即以倭仁爲首。〔註52〕同治六年，同文館議考選正途之京外官，入館學習天文算學，聘兩人爲教習；倭上疏請罷議，謂「根本之途，在人心，不在技藝」，尤以西人教習爲不可，疏上，一時傳誦，以爲至論。後命倭仁在總理衙門行走兼管同文館事；但屢請辭，並於騎馬時故意墜馬，以足疾請休，終於免其職，仍在弘德殿行走。〔註53〕

如前章所述，翁同龢服膺程朱之學可能受倭仁之影響，且翁與倭同爲帝師，對倭仁之尊敬流露於字裏行間。翁曾讀倭仁日記，稱許其「刻苦自勵，異於空談無實之學」。〔註54〕而同治六年同文館案，倭仁准開缺後，翁「爲之額手」。〔註55〕同治九年天津教案，倭仁、李鴻藻等清流力詆曾國藩，而軍機對倭仁的詆毀，翁則加以聲援。〔註56〕翁並稱倭仁之進講皆「嶽嶽正論」；〔註57〕而對於倭仁之勛勉，亦虛心接受。〔註58〕同治十年，倭仁逝世，翁嘆曰：

> 嗚乎，哲人云亡，此國家之不幸，豈獨後學之士失所仰哉。〔註59〕

六、文　祥

文祥（嘉慶廿三年～光緒二年），字博川，瓜爾佳氏，滿洲正紅旗人。道光廿五年進士，官至吏部尚書、武英殿大學士。〔註60〕同治初年，與恭親王主持洋務，採堅決的對外立場，史稱其「正色立朝，爲中外所嚴憚」。〔註61〕

〔註50〕《清史》，〈列傳〉，卷178，頁4647～48。

〔註51〕《清史》，〈列傳〉，卷178，頁4647～48。

〔註52〕匡輔之，〈翁文端公別傳〉，見繆荃孫纂，《續碑傳集》，卷5，頁31a。

〔註53〕《清史》，〈列傳〉，卷178，頁4648。黃鴻壽，《清史紀事本末》，卷50，頁329～330。

〔註54〕《翁同龢日記》，冊一，頁359（同治五年十二月二日）。

〔註55〕《翁同龢日記》，冊一，頁387（六月十二日）。

〔註56〕《翁同龢日記》，冊二，頁563（八月廿七日），頁575（十一月四日）。

〔註57〕《翁同龢日記》，冊二，頁575（同治九年十一月四日）。

〔註58〕《翁同龢日記》，冊一，頁523（同治八年十二月廿日）。

〔註59〕《翁同龢日記》，冊二，頁601（四月廿一日）。

〔註60〕文祥傳略，參見《清史》，〈列傳〉，卷173，頁4627。*Hummel, Eminent Chinese of the Ch'ing Period*. Vol. 2, pp833～5.

〔註61〕《清史》，〈列傳〉，卷173，頁4627。*Hummel, Eminent Chinese of the Ch'ing Period*. Vol. 2, pp833～5.

恭王以阻圓明園工程，忤旨斥罷職，文祥涕泣力諫，恭王始復職；而文祥則自此屢遭挫折，任事不能如初。〔註62〕

翁氏對文祥的評價甚高，可能受其堅決的對外態度影響。因此，直至同治末年，翁一直採取著相同之排外立場。同治八年，翁聞文祥疾，流露出關心之情，認爲「此人關繫甚重，不可失也」。〔註63〕翁並讚許文祥：「爲人忠懇，於中外事維持不少」；〔註64〕但認爲其未具知人之明。〔註65〕

七、祁寯藻

祁寯藻，字春圃，山西壽陽人。嘉慶十九年進士，官至戶、禮部尚書，體仁閣大學士。〔註66〕道光年間，論洋務與穆彰阿不合。咸豐初年，與肅順同掌戶部，湘軍初起，肅力言可用；祁氏則力詆之。後因與肅順常齟齬，乃稱疾請罷，終於致仕（咸豐四年）。〔註67〕同治初，入値弘德殿，授穆宗讀。〔註68〕論者稱祁寯藻，性迂濶，好爲細微之論，救何桂清，扼曾國藩，世頗譏其偏。〔註69〕

祁寯藻爲翁同龢之父執輩，祁氏與翁心存同爲同治帝師，且二人皆與肅順不合。咸豐九年初同龢開缺回京侍親，五月翁心存以病致仕，皆因顧慮政治環境之變遷；〔註70〕而十年，肅順查辦戶部官票所案，心存終因而革職。〔註

〔註62〕《清史》，〈列傳〉，卷173，頁4627。*Hummel, Eminent Chinese of the Ch'ing Period*. Vol. 2, pp833～5.

〔註63〕《翁同龢日記》，冊一，頁509（九月廿日）。

〔註64〕《翁同龢日記》，冊一，頁857（光緒二年五月五日）。

〔註65〕《翁同龢日記》，冊一，頁857（光緒二年五月五日）。

〔註66〕祁寯藻傳略，參見《清史》，〈列傳〉，卷172，頁4622。Hummel, *Eminent Chinese of the Ch'ing Period*. Vol. 1. p.125.

〔註67〕《清史》，〈列傳〉，卷172，頁4622。Hummel, *Eminent Chinese of the Ch'ing Period*. Vol. 1. p.125.

〔註68〕《清史》，〈列傳〉，卷172，頁4622。Hummel, *Eminent Chinese of the Ch'ing Period*. Vol. 1. p.125.

〔註69〕費行簡，《近代名人小傳》（台北：文海出版社，民國56年，近代中國史料叢刊），頁88。兩江總督何桂清之受大用，因彭蘊章之極薦，咸豐十年，江寧大營潰及蘇常相繼陷，何遭逮問。下列部獄，論者皆謂恐有餘罪，獨祁寯藻上疏力救，爲言路下寶第，王蓉所糾。以上參見《清史》，〈列傳〉，卷172，頁4625；《翁同龢日記》，冊一，頁152（同治元年六月廿二日）；陳善之等，《滿清野史續編》（台北：文橋書局，民國61年），冊四，頁1237，〈咸同將相瑣聞〉。

〔註70〕《清史》，〈列傳〉，卷172，頁4624；《翁同龢日記》，冊一，頁10、14（咸豐八年十月十七日、十二月十四日）。

〔註71〕《清史》，〈列傳〉，卷172，頁4624。

71〕其間同龢曾訪祁寯藻，祁告之以「進退之道」，〔註 72〕說明政治環境之不可爲。

祁氏提倡樸學，認爲通經之學，義理與訓詁不可偏重，翁同龢亦深爲佩服。〔註 73〕

大體言之，翁同龢對於前輩士人，大致皆能尊崇；惟獨對曾國藩未給予同等之地位，此乃牽涉及私人恩怨。祁寯藻、倭仁、文祥皆是翁心存之摯友，同龢故當敬服；而林則徐、胡林翼、左宗棠，則未與翁發生利害衝突，所以能敬重之。

第二節 故舊朋僚

翁同龢與時人的關係複雜，其中有始終維持良好者，也有分合無定者，更有一直處於敵對立場者，本節擬從翁之人際關係中，探究翁的心理狀態及處世態度。

一、郭嵩燾

郭嵩燾（嘉慶廿三年～光緒十七年），字筠仙，湖南湘陰人，道光廿七年進士。〔註 74〕初從曾國藩治軍，獻編練水師議，後入値上書房。咸豐九年，英人犯天津、大沽，僧格林沁撤北塘備，嵩燾力爭之，議不合而辭官。同治初，署廣東巡撫，與總督瑞麟及瑞之幕僚徐灝意見不合，上疏劾逐徐灝，事下左宗棠，左言嵩燾跡近負氣；旨令逐徐灝，而將郭、瑞申飭。〔註 75〕如前所述，左曾受厄於官文，幸賴嵩燾力救才獲免，後左、郭因閩粵籌餉事不合〔註 76〕，至此時左竟不爲郭疏辨，嵩燾念皆因督撫同城所誤，翌年遂解職；而左宗棠卻以親信蔣益澧代郭撫粵，郭乃終身致憾。〔註 77〕

〔註 72〕《翁同龢日記》，冊一，頁 34（咸豐十年三月廿二日）。

〔註 73〕《清史》，〈列傳〉，卷 172，頁 4623。《翁同龢日記》，冊一，頁 245（同治三年七月廿七日）。

〔註 74〕郭嵩燾傳略，見《清史》，〈列傳〉，卷 233，頁 4944；Hummel, *Eminent Chinese of the Ch'ing Period*. Vol. 1, pp438～9.

〔註 75〕《清史》，〈列傳〉，卷 233，頁 4944；Hummel, *Eminent Chinese of the Ch'ing Period*. Vol. 1, pp438～9。及《翁同龢日記》，冊一，頁 300、304（同治四年八月廿二日、十月十四日）。

〔註 76〕參見註 21、22。

〔註 77〕《清史》，〈列傳〉，卷 233，頁 4944；《翁同龢日記》，冊一，頁 322（同治五

光緒元年，雲南馬嘉理案發，郭劾岑毓英，一時士論大譁，謂郭媚外，〔註78〕第二年派郭出使英法，開中國公使駐外之先。〔註79〕後因副使劉錫鴻之傾陷，事事齕齕，遂乞病歸。〔註80〕五年，中俄伊犂交涉，崇厚簽約，多昧於俄情及新疆形勢，而致喪失權益，朝議大譁，崇厚以辱國論死。群臣多主戰，尤以「清流黨」之張之洞最爲激昂，隱爲主持者爲李鴻藻（軍機大臣），左宗棠時駐紮哈密，尤力主武力規復伊犂；郭卻主張不宜開戰。〔註81〕其後中法之戰，郭亦主張當直接與法談判。〔註82〕

郭嵩燾素以外交能手自負，嘗自謂七百年來所無。〔註83〕出使英法回國後，對於洋務認識之透澈，實爲全國第一。其時號稱清議者，皆奮臂爭斥嵩燾。而出使英法時，自言「以老病之身，奔走七萬里，自京師士大夫，及鄉里父老相與痛詆之」，英人且認爲是爲滇案謝罪。〔註84〕王闓運謂郭負此謗名，湖南至羞與爲伍，〔註85〕並撰聯罷郭：

> 出乎其類，拔乎其萃，不容於堯舜之世，未能事人，焉能事鬼，何必去父母之邦。〔註86〕

而郭對於清議之持朝政亦有所議論，曾言：

> 宋以來士大夫好名，致誤人家國事，託攘外美名，圖不次峻擢，洎事任屬，變故興，遷就倉皇，周章失措，生心害政，莫斯爲甚。〔註87〕

嵩燾通達外情，卻被目爲媚外、漢奸，當時士大夫充滿虛矯之氣，橫生議論，國事遂不可爲。郭嵩燾可能是第一個使翁同龢對變法維新發生興趣的人，光

年二月廿七日）；黃濬，《花隨人聖盦摭憶》，頁100～106。

〔註78〕《清史》，〈列傳〉，卷233，頁4944。

〔註79〕《清史》，〈列傳〉，卷233，頁4944。

〔註80〕《清史》，〈列傳〉，卷233，頁4944。

〔註81〕《清史》，〈列傳〉，卷233，頁4944。郭廷以，《近代中國史綱》，第六章，頁22。

〔註82〕《清史》，〈列傳〉，卷233，頁4944～4945；黃濬，《花隨人聖盦摭憶》，頁107。

〔註83〕黃濬，《花隨人聖盦摭憶》，頁106。

〔註84〕黃濬，《花隨人聖盦摭憶》，頁106～107。

〔註85〕王闓運，《湘綺樓日記》，冊二，頁159（光緒二年八月三日）。

〔註86〕同上，又汪康年，《江穰卿筆記》（台北：文海出版社，民國56年），卷4，〈雜記〉，頁21，將此聯改成，「岑毓英出乎其類……，郭嵩燾，未能事人……」。

〔註87〕《清史》，〈列傳〉，卷233，頁4945。

緒二年郭氏未出使英法之前，曾與翁有數度晤談，〔註 88〕並提出改革的主張，表示「欲徧天下皆開煤礦，又欲中國皆鐵路」；且將自己的著作《瀛海論》送給翁氏。〔註 89〕而翁氏對郭的觀點，多表示贊同：

> 看郭筠仙瀛海論，大略亦可取，而言外推重洋法，言各有當，而比西之同，未愜於中也。〔註 90〕

翁同龢一直與郭嵩壽維持著非常友好的關係。〔註 91〕

二、丁日昌

丁日昌（道光三年～光緒八年），字雨生，廣東豐順人。早年參曾國藩戎幕，後任蘇松太道，李鴻章倚以辦理外交。光緒元年，任福建巡撫，兼督船政。〔註 92〕是年五月，授北洋帮辦大臣，協助李鴻章與日本、秘魯談判，〔註 93〕後撫靖臺灣生番亂事，建設台灣。四年辦理福州烏石山教案有功；五年加總督銜，駐南洋，會辦海防，兼理總理衙門。〔註 94〕

翁同龢和丁日昌於光緒元年春季曾有密切之往來，曾數度「深談」，翁稱許丁氏爲「霸才」。〔註 95〕翁與丁關係之密切可從丁氏自台灣致函翁長達千言中看出。〔註 96〕而翁對丁日昌評價之高，可從光緒三年謠傳丁氏去世，翁深感悲痛中看出：

> 聞丁雨生卒於香港：爲之於邑，雨生卞急其天性，而意氣激昂，才不可及，又遇余獨厚，斯才爲世惜已。〔註 97〕

〔註 88〕翁在日記中首次提及郭嵩燾爲咸豐十年元月十五日，翁記道：「談甚洽」。見《翁同龢日記》，冊一，頁 30。

〔註 89〕《翁同龢日記》，冊二，頁 879（光緒二年九月十四日）。

〔註 90〕《翁同龢日記》，冊二，頁 879（光緒九月十七日）；880（光緒二年九月十九日）。

〔註 91〕《翁同龢日記》，冊二，頁 906（光緒三年三月一日），翁得郭氏海外寄來之書，非常珍惜。

〔註 92〕丁日昌傳略，見《清史》，〈列傳〉，卷 235，頁 4691～4691。及 Hummel, *Eminent Chinese of the Ch'ing Period*. Vol. 2, pp. 271～2.

〔註 93〕《清史》，〈列傳〉，卷 235，頁 4691～4691。及 Hummel, *Eminent Chinese of the Ch'ing Period*. Vol. 2, pp. 271～2.及《翁同龢日記》，冊二，頁 804（光緒元年五月九日）。

〔註 94〕《清史》，〈列傳〉，卷 235，頁 4692。

〔註 95〕《翁同龢日記》，冊二，頁 797～805（光緒四年三月廿六日～五月廿五日）。

〔註 96〕《翁同龢日記》，冊二，頁 904（光緒三年二月十九日）。

〔註 97〕《翁同龢日記》，冊二，頁 930（光緒三年八月廿日）。

後得知消息係誤傳，翁極為興奮。〔註 98〕光緒八年丁日昌去世，翁表現出相同的悲痛之情。〔註 99〕

三、曾國荃

曾國荃，字沅甫，湖南湘鄉人。國藩之弟，以討伐太平軍而嶄露頭角。〔註 100〕金陵克復後，為言者所詆，引疾而退。後曾任山西、湖北巡撫，陝甘、兩廣、兩江總督。〔註 101〕翁同龢對曾國藩態度冷淡；但卻頗欣賞曾國荃之能力。

翁氏於光緒元年（曾氏因病告假）、九年（曾氏署理禮部尚書）和國荃來往密切。屢次提及曾的學問淵源，而自嘆不如，認為曾的成功並非僥倖，佩服其對中法戰爭的看法。〔註 102〕翁並試圖調和左宗棠與曾國荃之間的衝突。〔註 103〕光緒十九年，曾氏去世，翁認為對「東南全局」將有影響。〔註 104〕可見其對曾國荃的讚許頗高。

四、曾紀澤

曾紀澤，字劼剛，國藩子，〔註 105〕光緒四年，出使英法；六年，使俄大臣崇厚因伊犂交涉案獲罪，以紀澤兼使俄。〔註 106〕如前所述，當時清議瀰漫好戰氣氛，左宗棠亦主武力收復伊犂；但紀澤通曉時事，不主用兵，幾經折衝後爭回伊犂南境。憑藉外交收回部份領土，誠屬難能可貴，曾氏的聲望亦為之提高。光緒十一年還朝，入總理各國事務衙門，任戶部侍郎。〔註 107〕

〔註 98〕《翁同龢日記》，冊二，頁 944（光緒三年十一月四日）。

〔註 99〕《翁同龢日記》，冊三，頁 1166（三月十五日）。

〔註 100〕曾國荃傳略，見《清史》，〈列傳〉，卷 200，頁 4766～4769。Hummel, *Eminent, Chinese of Ching Period*. Vol. 2, pp. 749～751.

〔註 101〕《清史》，〈列傳〉，卷 200，頁 4766～4769。Hummel, *Eminent, Chinese of Ching Period*. Vol. 2, pp. 749～751.

〔註 102〕《翁同龢日記》，冊二，頁 793（光緒元年二月廿九日），冊三，頁 1261、1268、1271（光緒九年十二月五日、十二月八日、十年一月九日、二月十日）。

〔註 103〕《翁同龢日記》，冊三，頁 1295、1308（光緒十年閏五月廿九日、七月廿五日）。

〔註 104〕《翁同龢日記》，冊三，頁 1681（光緒十年十月四日）。

〔註 105〕《清史》，〈列傳〉，卷 233，頁 4946，及 Hummel, *Eminent, Chinese of Ching Period.*, Vol. 2, pp. 747～748.

〔註 106〕《清史》，〈列傳〉，卷 233，頁 4946，及 Hummel, *Eminent, Chinese of Ching Period.*, Vol. 2, pp. 747～748.

〔註 107〕《清史》，〈列傳〉，卷 233，頁 4946，及 Hummel, *Eminent, Chinese of Ching*

翁同龢與曾紀澤於同治九年（1870）首度會晤即注意到他的「不群」。〔註 108〕光緒四年，曾出使英法前，訪翁談其外交政策，翁氏記載詳盡。〔註 109〕曾氏回國後，翁讚其處理外國事務之能力，對於曾氏治河之策，亦頗稱許。〔註 110〕

曾紀澤對翁氏的改革思想可能有所啓發。光緒十四年（1888），曾氏贈送翁氏十六部由赫德所譯，討論「西學」的書籍，〔註 111〕此舉或許影響翁之思想。約半年後，翁向光緒帝介紹改革思想。〔註 112〕光緒十六年，曾紀澤去世，翁爲之深感惋惜：

> 此人通敏，亦嘗宣勞，而止於此，可傷也。〔註 113〕

五、馬建忠

馬建忠，字眉叔，江蘇丹徒人，通經史，憤外患日深而究心西學。〔註 114〕馬氏曾赴西洋各國使館學習洋務，常上書言借款造路、辦海軍，通商開礦，興學儲才。著有「適可齋記言」四卷，「適可齋記行」六卷（光緒廿二年出版）。〔註 115〕

光緒八年，朝鮮「壬午事變」，時李鴻章丁憂，由張樹聲代理北洋大臣，張氏採馬建忠之議，派吳長慶，丁汝昌、馬氏東援朝鮮，平定亂黨。〔註 116〕十年，中法戰起，馬氏恐海舶來往有礙，且招商局本購自旗昌洋行，不如歸該行暫管，李鴻章從其請，於是江海各商輪悉改美國旗幟，清議譁然，以馬氏擅將招商局賣與外人，將奏請提解；惟以馬氏乃李鴻章所薦，投鼠忌器。後經翁同龢電召赴京詳問原委，馬保證停戰即可還原來旗幟，始無事。但清廷終以馬氏

Period., Vol. 2, pp. 747～748.

〔註 108〕《翁同龢日記》，冊二，頁 545（同治九年五月十二日）。

〔註 109〕《翁同龢日記》，冊二，頁 979（光緒四年八月廿九日）。

〔註 110〕《翁同龢日記》，冊三，頁 1453、1507（光緒十二年十一月廿一日、十三年九月廿六日）。

〔註 111〕《翁同龢日記》，冊四，頁 1556（光緒十四年七月廿九日）。

〔註 112〕《翁同龢日記》，冊四，頁 1577～1578（光緒十五年正月六、七日）。

〔註 113〕《翁同龢日記》，冊四，頁 1646（閏二月廿三日）。

〔註 114〕馬建忠傳略，見《清史》，〈列傳〉，卷 233，頁 4947～4948；Hummel, *Eminent Chinese of the Ch'ing Period*. Vol.2, p. 950.

〔註 115〕《清史》，〈列傳〉，卷 233，頁 4947～4948；Hummel, *Eminent Chinese of the Ch'ing Period*. Vol.2, p. 950.

〔註 116〕《清史》，〈列傳〉，卷 233，頁 4947～4948；Hummel, *Eminent Chinese of the Ch'ing Period*. Vol.2, p. 950.

爲不可恃，加派盛宣懷爲招商局督辦，而馬遂不能久任其位。〔註 117〕

翁同龢與馬建忠再次會晤，爲光緒十五年翁請假回籍修墓，由海道回常熟時（時馬氏爲招商局道員），〔註 118〕其後兩人即保持友好關係。〔註 119〕光緒廿三年，在日記中讚美馬建忠之才華：

前十年人爭欲殺之，要之是儁才。〔註 120〕

翁並經馬氏之推薦而知當時精通「西法」之人物（包括嚴復、羅豐祿、陳熾等）。〔註 121〕

六、劉坤一

劉坤一，字峴莊，湖南新甯人。〔註 122〕起自軍旅，先後任兩廣、兩江總督，帮辦海軍事務。光緒廿五年，朝野傳聞將有廢立之事，坤一致書榮祿，認爲「君臣之分久定，中外之口宜防」。〔註 123〕廿六年拳亂，劉偕李鴻章、張之洞，會東南疆吏與各國領事訂保護東南章程，〔註 124〕此舉雖爲人指斥爲「海外叛臣」；卻因而使亂事未至擴大，黃河以南得免兵燹。〔註 125〕

光緒六年，翁同龢與劉氏見面，即讚其「具深議遠見」，〔註 126〕後更嘉其「精細」，稱許他對台灣、越南的經營策略。〔註 127〕光緒二十年，甲午之戰，北洋海軍失利，遣使議和，劉奉詔出關督軍，坤一以兩宮意見未洽爲憂，瀕行時曾請翁調和兩宮：

送劉峴莊，談宮禁事，不愧大臣之言也，瀕行以手擊余背，曰君任比余爲重。〔註 128〕

〔註 117〕王伯恭，《蜷廬隨筆》，頁 32～35。

〔註 118〕《翁同龢日記》，冊四，頁 1610（光緒十五年七月廿四日）。

〔註 119〕《翁同龢日記》，冊四，頁 1708（光緒十七年四月七日）翁致函謝馬氏之饋贈。

〔註 120〕《翁同龢日記》，頁 2096（光緒廿三年六月二日）。

〔註 121〕《翁同龢日記》，頁 2096（光緒廿三年六月二日）。

〔註 122〕劉坤一傳略，見《清史》，〈列傳〉，卷 200，頁 4770～4772。Hummel, *Eminent Chinese of the Ch'ing Period*. Vol. 1. pp. 523 -4.

〔註 123〕《清史》，〈列傳〉，卷 200，頁 4770～4772。Hummel, *Eminent Chinese of the Ch'ing Period*. Vol. 1. pp. 523 -4.

〔註 124〕《清史》，〈列傳〉，卷 200，頁 4770～4772。Hummel, *Eminent Chinese of the Ch'ing Period*. Vol. 1. pp. 523 -4.

〔註 125〕郭廷以，〈近代中國史綱〉，第九章，頁 341。

〔註 126〕《翁同龢日記》，冊三，頁 1056（光緒六年五月廿日）。

〔註 127〕《翁同龢日記》，冊四，頁 1700（光緒十七年二月十一日）。

〔註 128〕《翁同龢日記》，冊四，頁 1932（十二月廿四日）及《清史》，〈列傳〉，卷

光緒廿八年，翁於常熟得劉坤一逝也之消息，記道：

人之云亡，邦國殄瘁，不能不爲之隕涕也。〔註129〕

可見翁劉的關係不僅密切，且翁對劉，極爲讚佩。

七、都興阿

都興阿，字直夫，郭爾貝氏。滿洲正白旗人，〔註130〕以剿太平軍崛起。咸豐十年，督辦江北軍務；同治三年，陝甘回亂作，調陝甘總督，與穆圖善會剿，但兩人不合。穆圖善主撫，同治五年，劾都興阿殺降，詔斥都興阿剿撫無定見，革職留任。後平奉天馬賊有功。七年，西捻擾直隸、河南、山東，召都興阿入京管理神機營，列名在李鴻章、左宗棠之上。〔註131〕

都興阿在楚功名最盛，史稱其「樂用楚軍」，胡林翼許爲「有故家遺風，滿洲諸將所不逮」。〔註132〕而翁同龢與其淵源起於同治三年，翁同書因苗沛霖案遣戍新疆，都興阿奏請留甘肅軍營效力，〔註133〕翁感念其對同書之眷顧；同治五年首度會晤，即「叩頭涕泣而不能自已。〔註134〕翁並稱都興阿「樸實通達」、「沈靜有通氣」，許爲「所見武將之第一人」。〔註135〕光緒元年，都興阿去世，翁「爲之感慨」。〔註136〕

八、孫家鼐

孫家鼐，字燮臣，安徽壽州人，〔註137〕咸豐九年一甲一名進士。歷侍讀，入值上書房。光緒四年，任職毓慶宮。先後任左都御史、工部尚書，兼管順天府尹。二十年，中日戰起，力言不可開戰。廿四年以吏部尚書協辦大學士，廿六年拜體仁閣大學士。家鼐屢蒙賜壽，賜紫韁，紫禁城內坐人暖轎，恩眷優渥。〔註138〕

200，頁4771。

〔註129〕《翁同龢日記》，冊五，頁2372（光緒廿八年九月七日）。

〔註130〕都興阿傳略，見《清史》，〈列傳〉，卷204，頁4790～4791。

〔註131〕《清史》，〈列傳〉，卷204，頁4790～4791。

〔註132〕《清史》，〈列傳〉，卷204，頁4790～4791，及閔爾昌錄，《碑傳集補》（台北：文海出版社，民國55年，近代中國史料叢刊），卷29，頁15a。

〔註133〕《清史》，〈翁同書列傳〉，卷204，頁4858；《翁同龢日記》，冊一，頁346（同治三年五月十四日）。

〔註134〕《翁同龢日記》，冊一，頁322（同治五年二月廿三日）。

〔註135〕《翁同龢日記》，冊一，及頁432（同治七年閏四月十七日）。

〔註136〕《翁同龢日記》，冊二，頁788（二月十四日）。

〔註137〕孫家鼐傳略，見《清史》，〈列傳〉，卷230，頁4930。

〔註138〕《清史》，〈列傳〉，卷230，頁4930。

孫氏與翁同龢，同以世族由狀元起家，爲帝師。且視同龢「至高至深」，〔註 139〕而同龢更以兄事之。〔註 140〕翁與時人的關係中，以與孫氏最爲密切，翁稱許其沈潛好學，而對於孫服膺陽明之書，亦相當佩服。〔註 141〕至於孫之道德信念，翁更屢書不絕，如：

訪燮臣，曰吾輩當體聖人中和之旨，勿與人競尺寸，則私念自清，此名言也。〔註 142〕

同治十年，孫氏以母老乞養，翁讚其「進退倬然」，並接受其諍言：

其議論和平中正，洵有道之士矣，其言曰傲爲惡德，其病根在於驕且吝，徧於詞章考據者往往如是，即經濟道德一涉此病，即無進境，意蓋箴余也。〔註 143〕

孫家鼐還事鎮定，論者謂其「無疾遽色」，〔註 144〕翁亦頗讚賞。〔註 145〕

翁、孫兩人出身、仕途大致相同。兩人屢持文柄，翁喜拔擢名士；孫則雜賓遠迹，推避權勢。二者位望相同；但喧寂異致，翁推孫爲益友，〔註 146〕但孫氏之淡泊明志似未影響翁之熱衷仕途。

九、潘祖蔭

潘祖蔭，字伯寅，江蘇吳縣人。〔註 147〕咸豐二年一甲三名進士，授編修，入值南書房；十年，上疏力解左宗棠之獄，且薦其能，左之獄乃解。〔註 148〕官至工部尚書、軍機大臣，先後數掌文衡。典會試二次，鄉試三次。〔註 149〕禮賢下士，愛才若渴，時與翁同龢並稱翁潘。〔註 150〕

〔註 139〕費行簡，《近代名人小傳》，頁 142。

〔註 140〕《翁同龢日記》，冊一，頁 141（同治元年四月三日）。

〔註 141〕《翁同龢日記》，冊一，頁 140（同治元年三月廿七日）。

〔註 142〕《翁同龢日記》，冊一，頁 233（同治三年四月十四日）。

〔註 143〕《翁同龢日記》，冊二，頁 608（同治十年六月七日）。

〔註 144〕《清史》，〈列傳〉，卷 230，頁 4930；又見金梁，《四朝佚聞》（台北：廣文書局，民國 67 年），頁 46～47。

〔註 145〕《翁同龢日記》，冊四，頁 1572（光緒十四年十二月十日）。

〔註 146〕《翁同龢日記》，冊一，頁 200（同治二年五月廿四日）。

〔註 147〕潘祖蔭傳略，見《清史》，〈列傳〉，卷 228，頁 4920～4921。Hummel, *Eminent Chinese of the Ch'ing Period*. Vol. 2, pp. 608～9.

〔註 148〕《清史》，〈列傳〉，卷 228，頁 4920～4921。Hummel, *Eminent Chinese of the Ch'ing Period*. Vol. 2, pp. 608～9；郭嵩燾傳，卷 223，頁 4944；黃濬，《花隨人聖盦摭憶》，頁 100～6。

〔註 149〕《清史》，〈列傳〉，卷 228，頁 4921。

〔註 150〕《清史》，〈列傳〉，卷 228，頁 4921；吳長瑛輯，《清代名人手札》，〈甲集小

論者謂祖蔭「表裏不欺，好士重賢而性坦率」。〔註151〕與翁同龢曾二度共事，一爲咸豐八年，陜甘鄉試（潘爲正考官，翁爲副考官），二爲光緒八年，同時入値軍機處。世稱翁潘乃因二人皆同時之貴公子，又有好士名。而翁自謂與潘「意氣相合，眞如弟昻」；〔註152〕但對潘不如對孫家鼐之尊崇，日記中甚少提及潘之道德信念及學問，而二人個性不同，更可由以下證之：其一，翁乃出拔貢出身，潘爲監生。陝甘鄉試，二人同閱卷，翁喜罵監生卷必劣卷，潘不堪，而告知翁，翁雖一時改口，但隔數日罵如初。〔註153〕其二，潘曾言：

> 叔平專以巧妙用事，未可全信之也，吾與彼皆同時貴公子，總角之交，對我猶用巧妙，他可知矣。其人實無知人之才，而欲博公卿好士之名，實亦愚不可及。〔註154〕

時人謂潘氏不好詣人，客如非端人正士，則嚴氣正性待之；而翁則一味藹然，雖門下士無不答拜，且多下輿深談。〔註155〕可見二人性情之差異。

由翁、潘逝世時之情景，更可窺出二人在當時名望之不同。光緒十一年，畿輔水災，潘祖蔭請賑，並廣設粥廠，手寫告災乞賑之書，多至千數百件，十六年，以積勞成疾逝世，百姓感恩，送殯時，聚集天橋痛哭，〔註156〕李慈銘謂「近百年來公卿蒙逝未有能得人心如此者也」，〔註157〕死後哀榮，爲翁淒涼至終所不及。

十、閻敬銘

閻敬銘，字丹初，陝西朝邑人；道光廿五年進士。〔註158〕咸豐九年，胡林翼奏由戶部主事調湖北，又薦閻氏之才，授湖北按察使。同治二年，署山東塩運使、巡撫。六年，以疾乞歸。光緒三年，命視察山西賑務。八年，任

傳〉，卷6，頁499。

〔註151〕費行簡，《近代名人小傳》，頁120。

〔註152〕《翁同龢日記》，冊一，頁8（咸豐八年九月十八日）。

〔註153〕徐柯，《清碑類鈔》，冊五，〈考試類〉，頁82。

〔註154〕王伯恭，《蜷盧隨筆》，頁93。

〔註155〕王伯恭，《蜷盧隨筆》，頁93。

〔註156〕《清史》，〈列傳〉，卷228，頁4921；《翁同龢日記》，冊四，頁1689（光緒十六年十一月十日）。翁記當時情景：「俗民數百在天橋歔之，萬民傘甚多，亦一時煊赫者矣」。

〔註157〕李慈銘，〈潘文勤公墓志銘〉，見閔爾昌，《碑傳集補》，卷4，頁291～2。

〔註158〕閻敬銘傳略，見《清史》，〈列傳〉，卷225，頁4908～9。

戶部尚書；十年，充軍機大臣、總理衙門行走，晉協辦大學士。十一年，授東閣大學士；以衰老，辭軍機大臣，專任戶部尚書。〔註 159〕

閻敬銘論治以節用爲本，曾上疏停修園工，加上會議錢法失慈禧旨意，光緒十二年革職留任，十三年復職，後又乞休。〔註 160〕史稱其質樸廉潔，善理財。〔註 161〕翁同龢與其初次接觸是光緒八年，〔註 162〕時閻任部尚書，是年底翁入値軍機處，十一年，翁任戶部尚書，十二年閻辭軍機專任戶部，兩人來往密切。

翁氏非常佩服閻氏，稱其「學術正，閱歷多」，〔註 163〕「眞讀書談道君子人也」。〔註 164〕光緒十四年，訪閻談時事，閻涕泗橫流，翁深感慚愧，認爲閻氏「畢竟君子，畢竟讀書人」。〔註 165〕而對於閻之節儉，亦加以讚揚：如光緒十一年，閻定新年團拜之例，免彼此投刺，以省繁文；〔註 166〕十二年，閻七十賜壽，屏絕賀客及送禮。〔註 167〕

閻在財政上之才華，亦爲翁同龢所讚賞。翁任職戶部尚書時，常向閻請益理財政策，尤其是有關鴉片、釐金、關稅方面——當時國家歲入的大宗款項；〔註 168〕閻氏對鑄錢之看法，翁稱其爲「切論」。〔註 169〕在日記中提及閻敬銘有三大願：內庫積銀千萬；京師盡換制錢；天下錢糧徵足。〔註 170〕閻去職後，內庫終於積銀千萬，翁嘆閻未能目睹也。〔註 171〕

閻氏自願解除軍機大臣，而專管戶部，此爲清代絕無僅有之事。因爲，大學士値軍機始爲眞宰相，何以竟辭要職，其用意無非在以超然之地位，監

〔註 159〕《清史》，〈列傳〉，卷 225，頁 4908～9。
〔註 160〕《清史》，〈列傳〉，卷 225，頁 4908～9。
〔註 161〕《清史》，〈列傳〉，卷 225，頁 4908～9。
〔註 162〕《翁同龢日記》，冊三，頁 1172（光緒八年五月十二日）。
〔註 163〕《翁同龢日記》，冊三，頁 1218（光緒九年三月九日）。
〔註 164〕《翁同龢日記》，冊三，頁 1521（光緒十三年十二月廿九日）。
〔註 165〕《翁同龢日記》，冊三，頁 1573（光緒十四年十二月十八日）。
〔註 166〕《翁同龢日記》，冊三，頁 1339（光緒十一年元月二日）。
〔註 167〕《翁同龢日記》，冊三，頁 1441（光緒十二年九月十六日）。
〔註 168〕《翁同龢日記》，冊三，頁 1443～7（光緒十二年十月五、七、八、十四、廿六日）。
〔註 169〕《翁同龢日記》，冊三，頁 1428、1534（光緒十二年六月廿三日、十四年三月八日）。
〔註 170〕《翁同龢日記》，冊三，頁 1537（光緒十四年四月四日）。
〔註 171〕《翁同龢日記》，冊三，頁 1633（光緒十五年十二月廿六日）。

督部款的用途。翁氏曾數度勸請毋退，以為「老成人先去位，非國之福」。〔註172〕其後閻以行動表示抗議，主張停辦頤和園工程（光緒十四年初開工），堅決求去，奏章四上始准回籍；〔註173〕翁力勸「毋退，支此難局」，〔註174〕並言「相公一騾去，余能匹馬追」。〔註175〕而早在十四年底，翁曾訪閻談頤和園工程：

> 晤閻丹翁，所談皆切時事，惜余健忘耳。〔註176〕

十五年，聞閻將離京，乃以野服訪之：

> 訪閻公長談，一時多猶未盡也，惜談過即忘耳。〔註177〕

二人所談之內容當指園工，翁當然並非如此健忘，而是因為翁被逐回籍之後，恐因文字賈禍，曾將日記刪改。而由翁閻二人所談之事，可知其關係較之別人不同，且較深厚。

翁同龢對於閻之去職，慨嘆：「賢人去國」，而「心怏怏」；〔註178〕光緒十八年，閻敬銘去世，翁更是悲痛，〔註179〕甚至於數年後乃懷念，更可見兩人關係之密切：

> 看國史大臣傳，至閻文介（敬銘謚號）不覺興歎，當時破格用人，故能削平禍亂。文介治事刻覈，故人多怨之，然待余最密，愧不能副所期也。〔註180〕

十一、夏同善

夏同善，字子松，浙江仁和人，咸豐六年進士。〔註181〕任日講起居注官，同治六年任少詹事，諫止臨幸惇親王府及召梨園事。後出督江西學政，兵部右侍郎。〔註182〕光緒元年，入值毓慶宮授讀，四年，復命視學江蘇。六年，

〔註172〕同上，頁1433（光緒十二年八月五日）。

〔註173〕《清史》，〈列傳〉，卷225，頁4909；郭廷以，《近代中國史綱》，第七章，頁256。

〔註174〕《翁同龢日記》，冊四，頁1533（光緒十四年三月四日）。

〔註175〕《翁同龢日記》，冊四，頁1593（光緒十五年四月二日）。

〔註176〕《翁同龢日記》，冊四，頁1567（光緒十四年十一月四日）。

〔註177〕《翁同龢日記》，冊四，頁1593（光緒十四年四月三日）。

〔註178〕《翁同龢日記》，冊四，頁1593（光緒十五年四月二日）。

〔註179〕《翁同龢日記》，冊四，頁1754（光緒十八年二月廿二日），「丹初相國於二月初九日卒於虞鄉，為之哽塞，人之云亡，邦國殄瘁，可歎也」。

〔註180〕《翁同龢日記》，冊五，頁2065（光緒廿二年十二月十八日）。

〔註181〕夏同善傳略，見《清史》，〈列傳〉，卷442，頁4922。

〔註182〕《清史》，〈列傳〉，卷442，頁4922。

卒於任所。〔註 183〕

夏爲翁同龢之同年知交，又同值毓慶宮，翁佩服其「堅忍無習氣」，〔註 184〕稱其爲「仁人」。〔註 185〕同治六年，諫止臨幸演戲案，翁更讚其爲「有心人」，〔註 186〕諭旨罷演戲時，翁「爲之額手」。〔註 187〕光緒四年，夏同善忽簡放江蘇學政；而早在同治初年，夏即當過此差使，如今身爲帝師忽有此命，無怪乎翁氏「爲之駭詫」，〔註 188〕推斷其遭疏斥之因，可能是見嫉於中官、內府，翁曾記中官不滿於夏氏。〔註 189〕時江西學政林錫三亦係以帝師（值弘德殿）簡放，且卒於任所，〔註 190〕夏之命運竟與林氏同。

翁同龢對夏之簡放似有難言之隱；初聞消息，則「百感交集」，〔註 191〕記其送夏同善出都曰：

夜送子松，揮淚而別，世有眞摯識大體如此君者乎。〔註 192〕

可見隱藏之情事及感慨。光緒六年，聞夏氏逝世，慟記：

不覺失聲，朝失正人，我喪良友，天乎傷哉。〔註 193〕

而光緒帝對夏同善之眷戀更可從翁日記中看出：

上問夏某何以不來，敬對已放學臣，爲之不適良久，百方開譬始讀。〔註 194〕

當翁告知光緒帝夏同善已逝世時，光緒「嗟嘆隕涕者兩次」。〔註 195〕

夏之去職，或可識當時政府南北兩派之間鬪爭之結果，因夏、翁皆屬南派。

十二、李鴻藻

李鴻藻，字蘭孫，直隸高陽人，咸豐二年進士，〔註 196〕典山西鄉試、督

〔註 183〕《清史》，〈列傳〉，卷 442，頁 4922。
〔註 184〕《翁同龢日記》，冊二，頁 880（光緒二年九月十五日）。
〔註 185〕《翁同龢日記》，冊二，頁 812（光緒元年七月十七日）。
〔註 186〕《翁同龢日記》，冊一，頁 368（同治六年元月廿三日）。
〔註 187〕《翁同龢日記》，冊一，頁 369（同治六年二月四日）。
〔註 188〕《翁同龢日記》，冊二，頁 987（光緒四年十一月十八日）。
〔註 189〕《翁同龢日記》，冊二，頁 945（光緒三年十一月八日）。
〔註 190〕《翁同龢日記》，冊二，頁 988（光緒四年十一月十九日）。
〔註 191〕《翁同龢日記》，冊二，頁 987（光緒四年十一月十八日）。
〔註 192〕《翁同龢日記》，冊二，頁 991（光緒四年十二月十八日）。
〔註 193〕《翁同龢日記》，冊三，頁 1067（光緒六年八月七日）。
〔註 194〕《翁同龢日記》，冊二，頁 988（光緒四年十一月十九日）。
〔註 195〕《翁同龢日記》，冊三，頁 1067（光緒六年八月十日）。

河南學政。十一年，授大阿哥讀。同治初，入值弘德殿；四年，值軍機；五年，任禮部、戶部右侍郎，丁母憂，懿旨，援乾隆故事，移孝作忠，守孝百日後，仍授讀兼授機務；鴻藻再疏懇終制，倭仁、徐桐、翁同龢等亦代爲陳情，遂得終制。〔註197〕起復後仍值弘德殿及軍機，歷左都御史、工部尚書。光緒二年，兼總署大臣，以兵部尚書協辦大學士，後調吏部。十年，因法越事出軍機，後遷禮部尚書。二十年，再授軍機大臣，兼總理各國事務大臣。二十年卒。〔註198〕

李鴻藻爲當時所謂「北派」的領袖之一，世推爲清流之首。張之洞、張佩綸、陳寶琛、吳大徵等清流皆以李鴻藻馬首是瞻。〔註199〕如前所述，中俄伊犂交涉，清流派主戰，即後來之中法戰爭、中日甲午戰爭，亦皆主硬態度。翁同龢和李鴻藻之關係，可說是貌合神離，表面上維持懇摯親密之關係；實際上兩人派系敵對，重要情事之意見亦常相反。

從翁同龢日記中，可知翁李二人經常酬酢往返。同治五年，李氏丁母憂請終制案，恭王認爲是倭仁、翁同龢、徐桐迫使李鴻藻不得不請終制；〔註200〕但翁力爲辯護。如前所述，翁對守制相當堅持，並常斥道德淪喪之風氣，〔註201〕而且這時翁才於北京官場上堀起，似乎不致於對鴻藻產生敵意；何況同爲北派領袖之徐桐，和翁氏、倭仁之看法也相同。

從日記中可看出，大致在翁入軍機前（1882），翁極力拉攏李鴻藻；同治八、九年之間，翁、李鴻藻、徐桐、倭仁同爲帝師，翁徐曾爲皇帝之教育方式，發生數度衝突，而李鴻藻給予翁大力支持，因此，使翁獲得勝利。〔註202〕翁在此一時期，極力稱許李氏，認爲李侍讀之勤非他人所能及，是上書房最

〔註196〕李鴻藻傳略，見《清史》，〈列傳〉，卷223，頁4900～1；Hummel, *Eminent Chinese of the Ch'ing Period*. vol. 1, pp. 471～2.

〔註197〕《清史》，〈列傳〉，卷223，頁4900～1；Hummel, *Eminent Chinese of the Ch'ing Period*. vol. 1, pp. 471～2.

〔註198〕《清史》，〈列傳〉，卷223，頁4900～1；Hummel, *Eminent Chinese of the Ch'ing Period*. vol. 1, pp. 471～2.

〔註199〕李宗侗、劉鳳翰著，《李鴻藻先生年譜》（台北：中國學術著作獎助委員會，民國58年），頁369。黃濬，《花隨人聖盦摭憶》，頁55～56。

〔註200〕《翁同龢日記》，冊一，頁343（同治五年七月廿二日）。

〔註201〕《翁同龢日記》，冊一，頁200、266（同治二年五月廿三日、四年二月六日）；冊二，頁722（十三年元月廿七日）。

〔註202〕《翁同龢日記》，冊一，頁489、506（同治八年四月十五日、八月廿六日）；冊二，頁541～3（同治九年四月四日、十二日、十四日、十九日、廿六日）。

重要之帝師，〔註 203〕並讚許李氏「有俠氣」，〔註 204〕對於李氏之問疾，非常感動。〔註 205〕光緒五年，翁訪李長談，記道：

平生吐肝膽，惟此公耳。〔註 206〕

學者推斷翁入值弘德殿及軍機處皆是李鴻藻之大力推薦；但這可能忽略了慈禧太后之推恩於翁心存，及翁身爲帝師，應有比別人較佳之機會入值軍機處。

光緒初年，翁任帝師，開始與李鴻藻有意見上之衝突，包括時事、邊防、借款、西事各方面，〔註 207〕其至在李氏去世後，翁記其從友人信中得知李「致憾於他」。〔註 208〕雖然曾有齟齬，李氏逝世時，翁仍十分哀傷：

爲朝廷惜正人，爲吾儕悲直道。〔註 209〕

對於李之謚「文正」，則「不勝感涕」，向光緒帝說明此正是李鴻藻之爲人。〔註 210〕

十三、榮　祿

榮祿，字仲華，瓜爾佳氏，滿州正白旗人。〔註 211〕初以蔭生賞主事，晉員外郎。同治時，歷工部、戶部侍郎兼總管內務府大臣。光緒元年，兼步兵統領，累遷左都御史、工部尚書、西安將軍、兵部尚書、協辦大學士，二十四年，晉大學士，直隸總督。政變後，太后復臨朝訓政，召爲軍機大臣。二十六年，拳匪亂作，兩宮西幸，詔詣西安，寵禮有加；回京後，轉文華殿大學士。〔註 212〕

翁同龢與榮祿之關係可說是由合而分；但日記中似看不出兩人有過嚴重

〔註 203〕《翁同龢日記》，冊一，頁 330、340（同治五年四月廿三日、七月四日）。

〔註 204〕《翁同龢日記》，冊三，頁 996（光緒五年元月十九日）。

〔註 205〕《翁同龢日記》，冊二，頁 902（光緒三年二月七日）。

〔註 206〕《翁同龢日記》，冊三，頁 996（光緒五年元月十一日）。

〔註 207〕《翁同龢日記》，冊一，頁 808、860（光緒元年六月廿日、二年五月廿八日）；冊二，頁 1096、1243、1250、1254（六年八月廿二日、九年八月十一日、九月廿五日、十月廿日、十一月廿七日）；冊四，頁 1931、2002（廿年十二月廿日、廿二年一月四日）；冊五，頁 2024（廿二年五月廿八日）。

〔註 208〕《翁同龢日記》，冊五，頁 2205（光緒廿四年十月三日）。

〔註 209〕《翁同龢日記》，冊五，頁 2101（光緒廿三年六月廿七日）。

〔註 210〕《翁同龢日記》，冊五，頁 2102（光緒廿三年七月三日）。

〔註 211〕榮祿傳略，參見《清史》，〈列傳〉，卷 224，頁 4903～4。Hummel, *Eminent Chinese of the Ch'ing Period*. Vol. 1, p. 405.

〔註 212〕《清史》，〈列傳〉，卷 224，頁 4903～4。Hummel, *Eminent Chinese of the Ch'ing Period*. Vol. 1, p. 405.

之衝突，反而顯現兩人關係密切。如光緒元年，同被派陵工（勘同治墓地），常深夜長談。〔註 213〕二年，二人同任戶部侍郎，常有密切之私人往來。〔註 214〕四年翁聞榮祿被罷，便立即前往造訪。〔註 215〕翁與榮祿互有禮物之饋贈，更表示兩人關係密切；因爲，翁氏常拒絕交誼較疏之人所贈之禮物。〔註 216〕

翁與榮祿之友好關係維持得並不長久。光緒二十年，翁與榮祿爲訓練洋槍隊事而意見不合，榮祿稱翁奸狡成性，是僞君子。〔註 217〕二十四年，翁之

〔註 213〕《翁同龢日記》，冊二，頁 772～796（同治十三年十二月十五日～光緒元年三月廿一日）。

〔註 214〕《翁同龢日記》，冊二，頁 837（光緒二年元月九日）。

〔註 215〕《翁同龢日記》，冊二，頁 992（光緒四年十二月廿七日）。關於翁氏與榮祿關係之惡化，陳夔龍，《夢蕉亭雜記》（台北：文海出版社，民國 60 年，近代中國史料叢刊），頁 111～117，指出是因南北兩派鬥爭的結果，同治崩逝時，恩詔哀詔由榮祿擬，沈桂芬（南派領袖）忌榮祿擅動樞筆（詔書例由軍機大臣所擬，時李鴻藻，寶鋆，文祥與沈同爲軍機）。且李鴻藻又拉攏榮祿，兩派遂成水火。傳言榮祿進言慈禧，派沈桂芬外放貴州巡撫，但軍機大臣皆言有違體制才作罷。沈桂芬疑此事乃由榮祿促成，派翁同龢去試探，翁先醜詆沈氏使榮祿以爲翁可信而將實情告訴翁，翁將情形告之沈桂芬，從此榮、沈結怨愈深，才有光緒四年底榮祿被罷之事。按：沈氏外放之事語焉不詳，翁日記光緒四年十月載當時沈因病請假，或許給榮祿可乘之機（見《翁同龢日記》，冊二，頁 985、十月廿日），翁氏曾探沈氏，談良久，也許正是談此事（《翁同龢日記》，十月廿六日）。陳夔龍稱翁告密之事是由榮祿面告，果如此，如何解釋翁榮兩人仍然保持的友好關係（如光緒十一年榮得子，翁前往祝賀，並送禮物，十六年榮氏送翁氏禮物。見《翁同龢日記》，冊三、頁 1361；冊四，頁 1645）。榮祿罷職可解釋爲南北兩派相爭的結果，但絕非純由翁居間探聽告密所致。翁同龢日記中記載著兩派衝突尚有以下兩案：其爲翁之姪曾桂得京察一等，爲張佩綸所劾（張氏爲北派大將）；其二爲夏同善以帝師之尊簡放江蘇學政。翁曾桂案，經吏刑部奏稱合例，旨諭「張佩綸所奏毋庸議」，故南北兩派各勝一場。（以上俱見《翁同龢日記》，冊二，頁 988，光緒四年十一月十八日、十二月五日；頁 991，十二月十八日）。另外，羅惇曧，《賓退隨筆》，見楊家駱主編，《戊戌變法文獻彙編》（台北：鼎文書局，民國 62 年），冊四，頁 321，〈翁同龢榮祿交惡〉條，亦稱翁密告之事，至於「數日而西安將軍出缺，文定（沈桂芬）力保榮祿，遂外任西安」，則是時日顛倒；因爲榮祿放西安將軍乃光緒十七年事（見《翁同龢日記》，冊四，頁 1740，十一月廿八日）。羅氏更言榮祿怨翁極深，戊戌翁被罷，諭言以居心險詐，即指翁密告之事，此種說法證諸翁日記，更知不確。

〔註 216〕《翁同龢日記》，冊二，頁 933（光緒三年七月十六日），冊四，頁 1645（光緒十六年閏二月十八日）、冊五，頁 2111（光緒廿三年八月十五日）。翁記載榮氏送食物、及如意（以爲翁任協辦大學士之賀意）。

〔註 217〕洋槍隊事，英使歐格納力薦赫德，翁則主張利權、兵權不能盡歸赫德，且力

罷黜，有人認爲和榮祿有關；〔註 218〕另有一說，認爲因榮祿之說情，才使翁得以保全性命——僅交地方官嚴加管束，〔註 219〕此事詳見後文。二十九年，榮祿去世，翁表示了對他的不滿。

> 報傳榮仲華………長逝，爲之於邑，吾故人也，原壤登木，聖人不絕，其平生可不論矣。〔註 220〕

官場上之友誼，或只是政治權宜之結合，榮祿係戊戌政變之要角，且政變後飛黃騰達；翁同龢卻落寞以終，難免對榮祿有所不滿。雖於日記中並未記載二人曾有嚴重之衝突；然基本上，兩人派系不同，榮爲北派，翁爲南派。而翁和敵對派系之榮祿保持友好關係，也許是因爲榮祿深獲慈禧眷顧的原因。

十四、徐　桐

徐桐，字蔭軒，漢軍正藍旗人，道光卅年進士，〔註 221〕同治初，入值弘德殿；光緒初，授禮部尚書，歷充翰林院掌院學士；十五年，以吏部尚書協辦大學士，廿二年拜體仁閣大學士。廿六年，義和拳亂作，徐桐庇拳匪，聯軍入京，徐氏倉皇失措，其子承煜請殉國，徐桐遂投環死。〔註 222〕

徐氏崇宋儒學說，守舊，惡西學如讎，門人言新政，則削弟子籍。〔註 223〕嘗游倭仁門，但倭仁操行甚嚴，餽遺纖毛不入其門，徐桐則取冰炭敬，〔註 224〕

保德國漢納根練洋槍隊。榮祿則連漢納根也反對。榮祿稱翁氏誤國之處，勝於孫毓汶，與李鴻章可並論。李氏甘爲小人，翁氏則作僞君子。榮氏謂不能將兵權、利權皆歸外人，翁則稱此爲雄圖萬不可失之機會，榮並稱「豈堂堂之中國，其欲送之於合肥、常熟二子之手耶」。翁、榮曾爲此事相爭，榮氏言翁先取得光緒之首肯。以上見，《翁同龢日記》，冊四，頁 1918、1919（光緒廿年十月十五、十七日）。及李宗桐等，《李鴻藻年譜》，冊下，頁 711～2，〈榮祿致鹿傳霖函〉（光緒廿年十一月三日）。

〔註 218〕費行簡，《慈禧傳信錄》，收入楊家駱，《戊戌變法文獻彙編》，冊四，頁 465。

〔註 219〕陳夔龍，《夢蕉亭雜記》，卷 2，頁 150。

〔註 220〕《翁同龢日記》，冊五，頁 2394（光緒三月十六日）。引文所云原壤登木之事，意指無惡逆之事不與至交故舊絕交。見《禮記》，「檀弓下」（楊家駱編，《禮記注疏及補正》，台北：世界書局，民國 52 年），冊一，頁 33。

〔註 221〕徐桐傳略，見《清史》，〈列傳〉，卷 252，頁 5065 - 6；Hummel, *Eminent Chinese of the ching Period*, Vol. 1, p. 470.

〔註 222〕《清史》，〈列傳〉，卷 252，頁 5065 - 6；Hummel, *Eminent Chinese of the ching Period*, Vol. 1, p. 470.

〔註 223〕《清史》，〈列傳〉，卷 252，頁 5065 - 6；Hummel, *Eminent Chinese of the ching Period*, Vol. 1, p. 470。費行簡《近代名人小傳》，頁 131。

〔註 224〕費行簡，《慈禧傳信錄》，見楊家駱，（戊戌變法文獻彙編），冊一，頁 469。

時士論大都稱翁潘、徐桐以謭陋，素爲翁等所嗤；而博學之士，多出翁潘門下，徐則戒眾勿通有言。〔註225〕

同治初，翁氏與徐桐同爲帝師，如前述，翁、徐二人在教學上數度發生衝突，但翁獲李鴻藻大力支持，而得到決定性的勝利。〔註226〕翁曾批評徐「好使氣」、「議論偏而愎，眞難處也」，〔註227〕光緒十九年，京畿水災，二人因辦賑之策而有衝突。〔註228〕廿六年，翁聞徐殉國之事，竟「憤歎不能已」，〔註229〕足見翁對徐桐之不滿。

十五、張之洞

張之洞，字香濤，直隸南皮人。同治二年，一甲三名進士。〔註230〕同治年間，典試浙江、四川，督湖北、四川學政。光緒六年，授侍講學士；七年，升閣學、授山西巡撫、移督兩廣；十二年，兼署巡撫；十五年，調湖廣總督。廿一年，代劉坤一督兩江，後又還湖廣總督。廿六年，同袁世凱、李鴻章、劉坤一與外國領事定保護東南之約。廿八年，充督辦商務大臣，再署兩江總督。卅二年，晉協辦大學士、體仁閣大學士。卅四年，督辦粵漢鐵路。宣統元年卒。〔註231〕

光緒初年，張之洞、寶廷、陳寶琛、張佩綸，號爲清流、四諫，皆喜糾彈時政，〔註232〕四年皆奉李鴻藻爲清之首。清流對外交素主強硬政策。光緒四年，伊犂交涉事件，主戰，頗得士大夫之贊同；十年，中法戰爭，更是給清流大肆議論的機會，張之洞力主開戰，張佩綸甚至前往福州負責海防。結果，馬江之役張佩綸狼狽而逃，身敗名裂；〔註233〕加上言官盛煜劾軍機大臣，

〔註225〕費行簡，《慈禧傳信錄》，見楊家駱，（戊戌變法文獻彙編），冊一，頁469。

〔註226〕《翁同龢日記》，冊一，頁489、506（同治八年四月十五日、八月廿六日）；冊二，頁541～3（同治九年四月四日、十二日、十四日、十九日、廿六日）。

〔註227〕《翁同龢日記》，冊一，頁344（同治五年八月五日）；冊二，頁544（同治九年四月廿九日）。

〔註228〕《翁同龢日記》，冊一，冊四，頁1833（六月廿九日）。

〔註229〕《翁同龢日記》，冊一，冊五，頁2289（九月三日）。

〔註230〕張之洞傳略，參見《清史》，〈列傳〉，卷224，頁4905～7。

〔註231〕《清史》，〈列傳〉，卷224，頁4905～7。

〔註232〕《清史》，〈列傳〉，卷224，頁4905～7。四諫之說，亦有其他兩種說法，其一是張佩綸、寶廷、陳寶琛、鄧承修；其二是張之洞、張蔭桓、寶廷、黃體芳。參見黃濬，《花隨人聖盦摭憶》。頁129。

〔註233〕《清史》，〈列傳〉，卷224，頁4906；郭廷以，《近代中國史綱》，頁222、241；黃濬，《花隨人聖盦摭憶》，頁57。

促使恭王、李鴻藻遭罷黜，此即所謂的「清流毀於甲申」；〔註 234〕而獨張之洞得以保全，時人稱張之洞工於宦術，援引黨援才能免禍，〔註 235〕並譏張爲「經營八表」。〔註 236〕戊戌政變後，張之洞大詆王安石以明其志，凡此矯柔造作，皆爲避禍及逢迎慈禧。〔註 237〕廿六年，拳亂，張倡議「東南自保」，雖被諷爲「非疆臣之義」、「陷篡殺而不自知」；〔註 238〕但至少可使東南免於兵燹。

翁同龢與張之洞之關係至光緒十年轉爲緊張、惡劣。在此之前，根據翁自己之記載，頗欣賞張之洞，同維持著密切之關係。〔註 239〕光緒七年，聞張之洞特擢山西巡撫，大爲高興；〔註 240〕十年，翁從邸抄中讀張之奏摺，極爲推崇：

> 灑灑千言，典則博辨，余於此眞低頭而拜矣。〔註 241〕

並稱張爲「磊磊君子」。〔註 242〕

光緒十年，張之洞出任兩廣總督，根據其說法，翁阻撓他的現代化運動：

> 己丑、庚寅間（光緒十五～十六年），大樞某、大司農某，立意爲難，事事詰責，不問事理。大抵粵省政事，無不翻駁者，奏咨字句無不吹求者。〔註 243〕

所謂「大司農某」「指戶部尙書」，當然是翁同龢，因爲翁自光緒十一年以來，一直擔任戶部尙書。〔註 244〕而十五～十六年間，張之洞在廣東積極進行多項

〔註 234〕四諫之中，寶廷最先以納妓自劾，求自免禍；陳寶琛以薦徐延旭、唐炯案降五級；加上張佩綸、李鴻藻，故有「清流毀於甲申」之說。見黃濬，《花隨人聖盦摭憶》，頁 57。

〔註 235〕黃濬，《花隨人聖盦摭憶》，頁 57。

〔註 236〕王闓運，《湘綺樓日記》，冊一，頁 429（光緒十年十月十三日）。

〔註 237〕《清史》，〈列傳〉，卷 224，頁 4906；黃濬，《花隨人聖盦摭憶》，頁 57。另外，庚子兩宮西幸時，張之洞曾進貢慈禧喜愛的物品，故大博歡心。見《廣雅堂詩集》一，收入《張文襄公全集》（台北：文海出版社，民國 59 年，近代中國史料叢刊），卷 224。

〔註 238〕王闓運，《湘綺樓日記》，冊二，頁 713、715（七月一日、八月十七日）。

〔註 239〕同治八年，張氏曾寄五十金予翁氏，見《翁同龢日記》，冊一，頁 491（四月廿八日）。

〔註 240〕《翁同龢日記》，冊三，頁 1150（光緒七年十一月十四日）。

〔註 241〕《翁同龢日記》，冊三，頁 1285（光緒七年四月廿四日）。

〔註 242〕《翁同龢日記》，冊三，頁 1285（光緒七年四月廿六日）。

〔註 243〕《抱冰堂弟子記》（收張之洞，《張文襄公全集》，卷 228），頁 28。本書號稱是張氏弟子所寫，其實乃出自張氏手筆。

〔註 244〕《清史》，〈翁同龢列傳〉，卷 223，頁 4901。

現代化事業，包括兵工廠、煉鐵廠、紡織廠、鑄幣廠及一所船政學堂。〔註245〕在此之前（光緒十三年），翁在回答慈禧詢問時，即稱張之洞「恢張」，〔註246〕可見翁對張推動現代化運動的不滿。另有人認爲翁之阻撓張之洞，曾使醇親王不滿，而告訴翁曰：「勿藉樞廷勢，恐喝張某」。〔註247〕張之洞認爲他無法瞭解，翁對其爲何由友好轉爲敵對，此疑問在張之「送同年翁仲淵殿撰從尊甫藥房先生出塞一首」（收入《廣雅堂詩集》）表露出來：

> 藥房先生詔獄時，余兩次入獄省視之，錄此詩，以見余與翁氏分誼不淺，後來叔平相國一意傾陷，僅免於死，不亞奇章之於贊皇，此等孽緣不可解也。〔註248〕

由於兩人的敵對日趨尖銳，光緒廿四年發生張之洞「覲見不遂」的事情。此年張氏奉詔入覲（時任湖廣總督），以備諮詢；到達上海時，卻又奉詔回武昌處理湖北沙市教案，〔註249〕沙市教案很快便解決，但覲見一事卻不了了之。與張氏同時的蘇繼祖對此事提出解釋：

> 南皮張制軍，久矣簡在帝心，自甲午權署兩江，更信重之，欲召入輔政，爲翁相國、孫萊山尚書所阻。……〔註250〕
>
> ※今春上既決意革故圖新，乃召張公來京，輔翊新政；守舊大臣，恐張異已，百計阻尼，得借沙市教案，令回兩湖本任。〔註251〕

蘇氏指出光緒廿～廿四年之間，翁同龢極力阻止張之洞內召，廿四年四月又破壞了張氏晉京的機會。

關於此事，翁在日記中記道，召張之洞入京，乃是徐桐提議的，且得到慈禧太后的同意：

〔註245〕張之洞，《奏稿》（收《張文襄公全集》），卷17～18。

〔註246〕《翁同龢日記》，冊三，頁1467（二月十四日）。

〔註247〕許同莘編，《張文襄公年譜》（台北、商務印書館，民國58年），卷3，頁66。

〔註248〕見《張文襄公全集》，卷225，頁1a-b。張之洞與翁曾源爲同治二年同榜，一狀元，一探花，張氏並與翁曾源訂兄弟之約。見《翁同龢日記》，冊一，頁207（同治二年八月一日）。張之洞之詩注，當是晚年所加。

〔註249〕張之洞，《奏稿》，卷30。《翁同龢日記》，冊五，頁2167、2171（閏三月二日、廿四日）。《大清德宗景皇帝實錄》，冊六，卷416，頁12。

〔註250〕孫毓汶傳略，參見《清史》、〈列傳〉，卷223，頁4902～3；Hummel, *Eminent Chinese of the Ch'ing Period*. Vol. 2, p. 685.

〔註251〕引文參見蘇繼祖，《清廷戊戌朝變記》，收楊家駱編《戊戌變法文獻彙編》，冊一，頁334。蘇氏推測，張氏未能到京，是上天之祐，因張若涉足北京官場，將受傷害。

……令湖督來京陛見，從徐桐請也，蓋慈覽後，聖意如此。〔註 252〕

眾所週知，徐桐是大頑固派，厭惡革新，不齒西學〔註 253〕爲何提議召張之洞晉京？有學者認爲，徐桐的目的在援引翁的主要敵手入京，以打擊翁氏。〔註 254〕而爲何選上張之洞，學者認爲張氏爲溫和改良派領袖，徐以爲要抵制翁同龢、康有爲的變法運動，張之洞是最佳人選。〔註 255〕

因此，「覲見不遂」事件可視爲兩種勢力鬥爭的結果。張之洞曾電請宣示面詢何事，〔註 256〕可見他非常小心，避免介入北京兩派的黨爭。張故意延宕了兩週的行程；〔註 257〕而沙市教案正給予不願張氏入京的人一個藉口。

當時有些大臣把張之洞視爲抵制翁同龢對光緒帝影響力的人物，這可從安徽布政使于蔭霖的「時務疏」中看出，翁日記中記下此事：

安徽藩司于蔭陳時政，謂宜速用公正大臣，舉徐桐、崇綺、邊寶泉、陶模、張之洞、陳寶箴挽回國是；而痛斥李鴻章、臣龢、張蔭桓誤國無狀……其詞嚴厲。〔註 258〕

于氏竟然將頑固派（徐桐）和熱心推動現代化運動的人（陳寶箴、張之洞）相提並論，可見其目的是，提高張之洞的地位，以打擊翁同龢。

十六、李鴻章

李鴻章，字少荃，安徽合肥人，其先本許姓。道光廿七年進士。〔註 259〕曾從曾國藩游，講求經世之學。李氏起於討伐太平軍之役，建立淮軍，討平捻亂。光緒六年，授湖廣總督；七年以湖廣總督協辦大學士；九年調直隸總督兼北洋通商事務大臣；十二年授武英殿大學士；十三年調文華殿大學士；十五年平熱河教匪；廿二年奉使致賀俄皇加冕；廿四年出督兩廣，廿六年拳

〔註 252〕《翁同龢日記》，冊五，頁 2167（光緒廿四年閏三月二日）。

〔註 253〕參閱徐桐傳略，本節頁 48。

〔註 254〕吳相湘，〈翁同龢康有爲關係考實〉，《學術季刊》，卷 4 期 2（民國 44 年），頁 104。另參見黃濬，《花隨人聖盦摭憶》，頁 332。

〔註 255〕蕭公權撰，楊肅獻譯，《翁同龢與戊戌維新》，頁 21～22。

〔註 256〕《翁同龢日記》，冊五，頁 2169（光緒廿四年閏三月十一日）。

〔註 257〕《翁同龢日記》，冊五，頁 2169（光緒廿四年閏三月十一日）。

〔註 258〕《翁同龢日記》，冊五，頁 2168（光緒廿四年閏三月八日）。翁記曰，此摺留中，未歸檔。原摺見《于中丞遺書》、〈悚齋奏議〉卷 3，頁 7。于蔭霖爲咸豐九年進士，從倭仁學，後晉爲湖北巡撫，常反對張之洞的新政，他認爲救時之計，在「正人心，辨學術」，「若用夷蠻夏，恐異日之憂愈大」。見《清史》，〈列傳〉，卷 235，頁 4965。

〔註 259〕李鴻章傳略，參見《清史》，〈列傳〉，卷 198，頁 4756～60。

亂，充議和全權大使，兼直隸總督，廿七年卒。〔註260〕

李鴻章的政治生涯與中日鬪爭相終始，〔註261〕同治九年（任直隸總督兼北洋大臣）至光緒廿年，他是政治上的中心人物，主掌外交大權、國防建設。其模依西法的精神是消極防禦的、保守的；而其一生治兵及對外政策，皆以「能戰而後能守，能守而後能和」爲根本方針——一面模仿西法，一面務求避去對外戰爭。〔註262〕雖然如此，李氏在當時之士大夫中仍是一特具見解的人物，如同治十一年，上奏反對停止福建造船，曾有「此三千餘年來一大變局」之名言。〔註263〕而李之政治生命毀於甲午一役，成爲眾矢之的，飽受士大夫的譏評，幸賴慈禧的保全，才免於不測。甲午之役，翁爲主戰派，論者謂此役乃翁和李鴻章二人的私人恩怨所促成，翁明知海軍不可爲，而力主開戰，其目的在使李難以下台。〔註264〕

翁同龢與李鴻章原有世交之誼，李服事翁心存，稱同龢爲「世叔」，〔註265〕二人原保持密切的關係。光緒五年及七年，翁奉派陵工，李常饋贈禮物；並互相往訪、長談。〔註266〕但光緒十二年，翁任戶部尚書後，二者之間之衝突漸趨明朗，國家財政方面之意見相左更促成二人的不睦，如翁日記中記載，二人曾爲洋藥釐金之事而有爭辯。〔註267〕十五年，翁反對李之鐵路計畫，李也批評同龢，兩人有公開的爭執。〔註268〕

北洋海軍不堪一擊爲甲午戰敗之主因。而海軍之弱，部份原因爲慈禧移海軍款建頤和園，對此事翁有「以昆明（頤和園湖名）換渤海」之諷。〔註269〕根據時人的說法，翁曾試圖阻止李鴻章之籌建海軍，曾有「十五年之內，不

〔註260〕《清史》，〈列傳〉，卷198，頁4756～60。

〔註261〕李劍農，《中國近百年政治史》（台北：商務印書館，民國65年），冊上，頁156。

〔註262〕李劍農，《中國近百年政治史》，冊上，頁137～138。

〔註263〕李鴻章撰，《李文忠公全集》（台北：文海出版，民國54年），冊一，〈奏稿〉卷19，頁677上，同治十一年五月十五日）。

〔註264〕王伯恭，《蜷廬隨筆》，頁1，〈光緒甲申朝鮮政變始末〉，及黃濬，《花隨人聖盦摭憶》，頁441～3。

〔註265〕李鴻章撰，于晦若編，《李文忠公尺牘》（台北：文海出版社影印，民國52年），頁160。黃濬，《花隨人聖盦摭憶》，頁136～7。

〔註266〕《翁同龢日記》，冊三，頁1103、1005、1137、1140（光緒五年三月廿二日、廿七日、廿八日、七年九月一日、九月十日）。

〔註267〕《翁同龢日記》，冊三，頁1436、1443（光緒十二年八月十八日、十月五日）。

〔註268〕《翁同龢日記》，冊四，頁1557（光緒十五年元月六日）。

〔註269〕《翁同龢日記》，冊三，頁1447（光緒十二年十月廿四日）。

得添置一鎗一砲」之奏，使海軍建設停頓。〔註 270〕考諸翁日記，光緒十七年戶部有「暫停南北洋購買外洋槍砲船隻機器兩年」之奏，〔註 271〕時翁正為戶部尚書，或許翁有意阻止；但推測此舉也可能是慈禧之意。論者謂翁同龢並沒有抗拒慈禧挪用軍費於頤和園，只是為文譏諷「以昆明換渤海」，應為甲午海軍之敗負責。〔註 272〕這可能犯了過分強調頤和園經費之偏見，應該考慮的尚有海軍人事的弊端、指揮權不統一等原因。

如前述，李鴻章的政治生命結束於甲午之役。翁李二人對日本的和戰之爭，使衝突達於極點，相互批評，不再掩飾厭惡之情。翁斥李為「邪佞」，〔註 273〕批評他在處理國事時「事事落後」；〔註 274〕光緒廿年九月，翁奉懿旨前往天津，曾嚴責李喪師辱國，〔註 275〕時人所稱翁「多方掣李文忠公之肘」。〔註 276〕廿一年，翁與張謇聯手指控李氏「戰不備，敗和局」，〔註 277〕藉以倒李。

相對的，李鴻章也看不起翁同龢，他批評翁氏「性多猜疑，沒有腦筋，只有顆半信半疑的心」。〔註 278〕翁李之間的爭端，有學者指出兩人之間早有夙怨，先是李在討伐太平軍之役時，在常熟獲得不利於翁家之資料，並曾利用這些資料向翁家勒索，〔註 279〕此事之眞確性有待商榷，因係得之於傳聞。

本節之討論，大體可明瞭翁同龢之交友和樹敵情形。其間之分合，夾雜著私人恩怨及派系鬪爭。官場上之明爭暗鬥，更顯示出當時政局之混亂。想在政

〔註 270〕王伯恭，《蜷廬隨筆》，頁 31～32。

〔註 271〕《翁同龢日記》，冊四，頁 1710（光緒十七年四月廿二日）。

〔註 272〕黃濬，《花隨人聖盦摭憶》，頁 441。

〔註 273〕《翁同龢日記》，冊四，頁 1898（光緒廿年七月十四日）。

〔註 274〕《翁同龢日記》，冊四，頁 1096（光緒廿年八月十八日）。

〔註 275〕《翁同龢日記》，冊四，頁 1908（光緒二十年九月二日）。

〔註 276〕王照，《方家園雜詠紀事》（台北：文海出版社，民國 57 年近代中國史料叢刊），第 11 冊，頁 21。並見於王照口述，王樹枬筆錄，《德宗遺事》（台北：學生書局，民國 62 年影印），頁 45～46。

〔註 277〕張謇，《嗇翁自訂年譜》，頁 37，收入張孝若，《南通張季直先生傳記》（台北：學生書局，民國 63 年）。另，頁 60、62，張孝若云：早在光緒八年，張謇已看出日本的野心，建議李鴻章應有堅決的策略，翁同龢與潘祖蔭同意張氏的看法，但李氏認為是杞人憂天。

〔註 278〕Timothy Richard, *Forty-five years in China; reminiscence*, London 1916. p. 146.

〔註 279〕曾士莪，〈書翁李相傾事〉，《國聞週報》，第 12 期（民國 24 年七月十五日），收入吳相湘等編《中國近代史論叢》（台北：正中書局，民國 62 年）第二輯第五冊，頁 135～138。

治舞台上爭得一席之地，勢必要調整自己的處世觀點；至於因私利而逾越道德原則，以本身利益來交友或樹敵，〔註 280〕想亦係情勢所逼，難以避免的。

第三節　門生後進

翁同龢爲鞏固自己的政治勢力，必須儘可能招攬有才幹的人；但翁援引年輕朋友，對他個人而言，並沒有顯露出積極的成效。翁熱中名位，卻不善知人。袁世凱、張蔭桓、康有爲不僅未促成翁的勢力，反而有害於翁的聲望。張謇、文廷式雖始終和翁保持友好的關係；但兩人在翁政治生涯最重要時，一去職，一回籍守制，故對翁未有多大的助益。

一、文廷式

文廷式，字芸閣，江西萍鄉人。光緒十六年一甲二名進士，累遷至侍讀學士。嘗從志銳家，爲德宗所習之。〔註 281〕殿試時，拆封至廷式名，德宗大喜，曰：「此人有名，作得好」。〔註 282〕廿三年爲御史楊崇伊所劾，革職永不敍用，驅逐回籍。〔註 283〕

文廷式爲江南名士，最早識拔文廷式者係汪鳴鑾，光緒十五年考試中書，文氏爲汪氏取爲第一名，翁同龢此時已注意及文氏之聲名。〔註 284〕十六年殿試，文廷式得一甲二名，時人謂文之得鼎甲，爲翁極力拔擢，按文氏於殿試中誤作「閭閻」爲「閭闔」，本議剔出，列入三甲，但翁氏力爭，才得一榜眼；〔註 285〕即令如此，清議仍頗不滿。〔註 286〕不久，乃有御史劉綸襄劾殿試弊端，文廷式閭闔未經籤出，經查封原卷，各讀卷官皆罰俸處分。〔註 287〕

〔註 280〕蕭公權，《翁同龢與戊戌維新》，頁 42。Hummel, *Eminent Chinese of the Ch'ing Period*. Vol. 2. p.855.

〔註 281〕文廷式傳略，參閱，《清史》，〈列傳〉，卷 229，頁 4926。

〔註 282〕《清史》，〈列傳〉，卷 229，頁 4926。《翁同龢日記》，冊四，頁 1656（光緒十六年四月廿四日）。

〔註 283〕《清史》，〈列傳〉，卷 229，頁 4926。

〔註 284〕《翁同龢日記》，冊四，頁 1602（光緒十五年五月廿九日）。徐桐，李鴻藻認爲文氏之卷意思游移，翁和汪鳴鑾堅持，才定爲第一。

〔註 285〕黃濬，《花隨人聖盦摭憶》，頁 80～83；王嵩儒，《掌固零拾》，卷 3，頁 41；徐珂，《清碑類鈔》，〈考試類〉，頁 130。

〔註 286〕《翁同龢日記》，冊四，頁 1658（光緒十六年五月八日）。

〔註 287〕《翁同龢日記》，冊四，頁 1667、1670（光緒十六年七月六日、七月廿五

文廷式中榜眼後，於禮部「恩榮宴」，忽有驚人之舉，文不願行叩拜禮，力言古者拜非稽首，只行三揖之禮，翁氏當時答以一揖，觀者皆驚愕，徐桐欲申斥，但翁則認爲「何足道也」，〔註288〕可見翁對文廷式的愛護與欣賞。

光緒廿年，甲午大考，文廷式被指「交通宮禁」，〔註289〕廿二年楊崇伊劾文廷式，即提及文廷式與太監聞得興結爲兄弟。就在楊劾文的前一天，太監寇萬才，因上封事被戮於市，而寇之被殺，可能也與文廷式有關。〔註290〕

前述，清流毀於甲申，後進的名士，如文廷式、張謇皆爲翁同龢所援引，甲午之後，翁深受張謇、文廷式堅持主戰的影響，〔註291〕力詆李鴻章之主和策略，海軍的慘敗，使李氏一生之功名勳業，付之流水。故廿二年文廷式被逐回籍，或可視爲李氏派系之報復。

二、張　謇

張謇，字季直，江蘇南通人。〔註292〕張謇爲翁同龢最得意之門生，光緒二十年翁氏擢張謇爲狀元，翁之對日政策深受張謇主張強硬態度的影響。翁氏戊戌罷官之後，謝絕賓客，獨與張謇保時至深不渝的師弟情誼。

張氏在三十歲（光緒九年）以前，已是聲名大噪，時稱爲江南名士，〔註293〕光緒十一年，翁同龢與潘祖蔭同主順天鄉試，北元劉若曾、南元張謇皆爲翁所取中；〔註294〕鄉試之前（五月），翁先見到張氏之優貢試卷，即欣賞張之才華，親自造訪，兩人劇談朝鮮事。〔註295〕

鄉試中式後，張謇參加十二、十五、十六、十八年四科會試皆落第。十五年潘祖蔭、十六年高蔚光、十八年翁同龢主會試，三人皆在闈中摸索張氏之卷，

日）。

〔註288〕《翁同龢日記》，冊四，頁1656（光緒十六年四月廿六日）。

〔註289〕葉昌熾，《緣督盧日記》（台北：學生書局，民國53年），卷7，頁218。

〔註290〕《翁同龢日記》，冊五，頁2011～2（光緒廿二年二月十七日、廿日）。黃濬，《花隨人聖盦摭憶》，頁80～83。

〔註291〕光緒二十年，翰林學士文廷式等三十八人聯銜密奏，聯英德抗日。見《翁同龢日記》，冊四，頁1910（九月九日）。及郭廷以，《近代中國史事日誌》（台北：正中書局，民國52年），頁886。又根據葉昌熾《緣督盧日記》，卷7，頁220，翰林聯銜由文廷式主稿。

〔註292〕張謇，《嗇翁自訂年譜》，頁1，見張孝若，《南通張季直先生傳記》。

〔註293〕張季若，《南通張季直先生傳記》，頁20。

〔註294〕張謇，《嗇翁自訂年譜》，頁28。

〔註295〕張謇，《嗇翁自訂年譜》，頁28。《翁同龢日記》，冊三，頁1365（光緒十一年五月廿五日）。

但皆誤中他人——十五年孫叔和、十六年陶世鳳、十八年劉可毅。〔註296〕光緒二十年，張謇已四十二歲，功名之心已淡，不意中第六十名貢士；覆試第十，殿試，居然大魁天下，〔註297〕張氏在日記中記道：

棲門海鳥，本無鐘鼓之心；伏櫪轅駒，久倦風塵之想；一旦予以非分，事類無端矣。〔註298〕

張謇之得狀元，乃出於翁同龢的特意安排；翁在日記中敍述得一佳卷，同人（讀卷官）皆以翁之卷爲第一，惟張之萬不同意，但後來還是定翁之卷爲第一，〔註299〕拆封時，翁並在光緒之前稱讚張謇爲江南名士，且是孝子。〔註300〕

光緒二十年，中日關係因朝鮮問題而惡化；張謇在這方面的經歷與知識，自然爲翁所極端看重，〔註301〕因而成了主戰派的大將，聯合翰林疏請恭王秉政，劾李鴻章「戰不備、敗和局」；〔註302〕不意此時，卻因丁憂回籍守制，至二十四年閏三月才服闋入都。張守制之時，正是翁同龢主政之時，未能得張氏相助，實是翁氏之憾。翁在張服闋後，曾與張氏數度深談，對於張氏江北建設之議極力稱許，評張謇爲「霸才」、「奇才」。〔註303〕

翁被黜回常熟後，張謇數度往訪，師弟之誼正如翁所稱的「情意拳拳」。〔註304〕光緒三十年，張氏聞翁逝世，輓曰：

公其如命何，可以爲朱大興，是弗能比李文正；世不足論矣，豈眞有黨錮傳，或者期之野獲篇。〔註305〕

三、袁世凱

從翁同龢與袁世凱的關係中，可窺出翁之不善知人。翁於光緒二十年首次

〔註296〕張謇，《嗇翁自訂年譜》，頁32；張孝若，《南通張季直先生傳記》，頁20～21。

〔註297〕張謇，《嗇翁自訂年譜》，頁32；張孝若，《南通張季直先生傳記》，頁20～21。

〔註298〕張謇，《柳西草堂日記》（台北：文海出版社影印，民國58年），冊五，頁204。

〔註299〕《翁同龢日記》，冊四，頁1882（光緒廿年四月二十二～二十四日）。

〔註300〕《翁同龢日記》，冊四，頁1882，（光緒廿年四月廿四日）。

〔註301〕張謇曾在吳長慶幕府任職，光緒九年曾隨軍前往朝鮮處理「任午事變」。見張孝若，《傳記》，頁44～45。及郭廷以，《近代中國史綱》，頁225。

〔註302〕郭廷以，《近代中國史事日誌》，頁886。

〔註303〕《翁同龢日記》，冊五，頁2175、2177（光緒廿四年四月一日、十八日、廿日）。

〔註304〕《翁同龢日記》，冊五，頁2218、2312（光緒廿五年二月八日、廿七年三月八日）。張謇，《柳西草堂日記》，冊八，頁986（光緒卅年五月十七日）。

〔註305〕張謇，《柳西草堂日記》，冊八，頁989（光緒卅年五月廿七日）。

提到袁世凱，提及袁出使朝鮮「頗得人望」。〔註 306〕二十一年與袁世凱晤面，認爲袁具才幹，卻「欠誠實」。〔註 307〕數月後，卻認爲袁氏「此人不滑，可任也」。〔註 308〕二十三年八月，與袁世凱長談，稱許曰：「此人究竟直爽可取」。〔註 309〕百日維新的一次會晤加深了翁對袁世凱的好感。當時，袁曾「慷慨自誓」爲朝廷效力。〔註 310〕但三個月之後，翁被罷，途經天津南返，當時袁正在天津，卻藉口時機不宜未拜訪翁氏，只派專人致函及致贈厚禮，翁立即回信：

袁慰亭專函……致厚贐，即覆書告以斷不受也，擾擾無片暇。〔註 311〕

可見翁對袁的看法又轉變了，不再視袁爲密友。學者批評翁氏：

性疏濶、不達人僞，動爲人欺。〔註 312〕

或者說明了翁之不善知人。翁同龢爲博好士之名，援引名士、後進不遺餘力，卻未能充實自己的政治勢力。

四、張蔭桓

張蔭桓（道光十七年～光緒二十六年），字樵野，廣東南海人。〔註 313〕以納貲知縣起家，受丁日昌、閻敬銘、丁寶楨等人之賞識，數薦至道員。光緒八年，入值總理衙門。十一年，出使美、日、秘三國。十六年返國，遷戶部侍郎。二十年中日議和，命與日使議商約，二十三年，奉使賀英。二十四年主持礦務鐵路總局，戊戌政變時獲譴，謫戍新疆。二十六年拳亂，兩宮西幸，用事者矯詔僇異已，蔭桓論斬於戍所。〔註 314〕

張蔭恒爲人精敏，熟知外務，爲當時之洋務專家，比翁氏小七歲，乃北京達官貴人中之後輩。翁同龢與張蔭恒之關係，可分爲三個階段，第一階段是光緒十年，張入值總理衙門時，此一階段的關係，不過是友朋往歸；但初

〔註 306〕袁世凱爲河南項城人。傳略見佚名，《袁世凱全傳》（沈雲龍主編，《袁世凱史料彙刊》，續集 17，台北：文海出版社，民國 55 年）。《翁同龢日記》，冊四，頁 1898（光緒廿年七月十六日）。

〔註 307〕《翁同龢日記》，冊四，頁 1965（光緒廿一年閏五月廿九日）。

〔註 308〕《翁同龢日記》，冊四，頁 1976（光緒廿一年八月十一日）。

〔註 309〕《翁同龢日記》，冊五，頁 2108（光緒廿三年八月四日）。

〔註 310〕《翁同龢日記》，冊五，頁 2158（光緒廿四年二月廿五日）。

〔註 311〕《翁同龢日記》，冊五，頁 2181（光緒廿四年五月十四日）。

〔註 312〕費行簡，《近代名人小傳》，頁 123。

〔註 313〕張蔭桓傳略，參見，《清史》、〈列傳〉，卷 229，頁 4928～9；Hummel, *Eminent Chinese of the Ch'ing Period*. Vol. 1, pp. 60～63.

〔註 314〕《清史》，〈列傳〉，卷 229，頁 4928～9。

次會晤，翁即很欣賞張氏之才華：

張樵野來長談，此人仍有文采，熟海疆情形，其言切實。〔註315〕

光緒十八年，張氏調任戶部侍郎，開始與翁同龢共事，此爲第二階段，其時關係良好。張氏以資用豪侈，饌食豐美，又好收藏書畫，爲同僚所不及，〔註316〕這些條件、嗜好更使翁樂於交遊。翁曾受張邀宴，贊其家厨精緻。〔註317〕二十一年，翁以軍機大臣入總理衙門，以闇於外事，對張倚任日深，〔註318〕並稱讚張氏「才調究勝於吾」，〔註319〕兩人關係密切，此爲第三階段。但其後之膠澳事件卻使兩人關係產生裂痕，翁首次提及對張氏的不滿：

張君與余同辦一事，而忽合勿離，每至彼館則偃卧談笑，余所不喻也。〔註320〕

學者認爲翁、張關係變惡，乃因翁想聯合張氏在膠澳事件時排除李鴻章，取得外交的領導權，但張氏卻和李氏合作，破壞翁所達成的談判協定〔註321〕（關於膠澳事件的討論詳見後文）。

翁、張關係交惡，至光緒二十四年更加強烈。御史王鵬運劾張蔭桓與翁氏在辦理膠澳案時「朋謀納賄」，翁氏自己也後悔與張氏之交往，在日記中強烈顯示不滿：

薰蕕同器、涇渭雜流、元規污人，能無嗟詑。〔註322〕

〔註315〕《翁同龢日記》，冊三，頁1286（光緒十年四月卅日）。

〔註316〕黃濬，《花隨人聖盦摭憶》，頁 465。又費行簡，《近代名人小傳》，頁 126，亦稱張蔭桓喜交名士。

〔註317〕《翁同龢日記》，冊四，頁1787（光緒十八年九月廿一日）。

〔註318〕吳永，《庚子西狩叢談》（台北：文海出版社，民國55年近代中國史料叢刊），卷1，頁42。

〔註319〕《翁同龢日記》，冊四，1986（光緒廿一年十月六日）。

〔註320〕《翁同龢日記》，冊五，頁2134（光緒廿三年十一月廿九日）。

〔註321〕蕭公權，《翁同龢與戊戌維新》，頁38。又汪康年稱張氏曾劾李鴻章，其後李氏刻意籠絡，張氏丁憂時，李氏曾賻之千金。張氏並娶李氏之女爲妻。以上俱見《汪穰卿筆記》（台北、文海出版社，民國58年，近代中國史料叢刊）。卷4，頁2；卷5，頁20。另外何炳棣則認爲張氏並非全然阿附李鴻章，尤其是膠澳事件時兩人更是意見相左，見何炳棣，〈張蔭恒事蹟〉，收入《中國近代史論叢》，第一輯第七冊，頁91～113。

〔註322〕《翁同龢日記》，冊五，頁2175（光緒廿四年四月十日）。薰蕕涇渭是對張蔭桓的感慨。「元規」則是指李鴻章，見《晉書》（百衲本，台北：商務印書館，民國56年版），〈列傳〉，卷35，頁6：「庾亮雖居外鎮而執朝廷之權，既據上流擁疆兵，趣向者多歸之，導內不能平，常遇西風塵起，舉扇自蔽，徐曰：『元規之塵污人』」。

翁、張交惡，顯示因翁在外交知識之不足，促使張蔭桓大受倚恃，而當張氏轉向李鴻章懷抱時，翁未能察覺，致使翁想利用膠澳事件取得外交領導權之計畫失敗。

五、康有為

翁同龢和康有爲之關係，翁氏在日記中多所隱諱，學者對於翁康關係，亦是眾說紛云。〔註 323〕其中當然不免有黨派成見及私人偏見。

二人之關係，開始時翁對康氏冷淡或懷有敵意；繼而是一段誠摯的關係；最後則是公開懷疑康有爲，並與其斷絕往來。光緒十四年，康有爲開始致力於爭取翁之支持，首次向翁氏表明自己的觀點，要求與翁面談被，翁日記記道：

南海布衣康祖詒上書於我，意欲一見，拒之。〔註 324〕

約於同時，盛昱要求翁將康之上書轉呈光緒，也遭拒絕。根據翁的說法，因康的言語「太訐直」，呈給皇帝太過輕率。〔註 325〕二十年，翁對康氏有關儒經之「野狐禪」式的解釋深表驚駭：

看康長素《新學僞經考》，以爲劉歆古文無一不僞，竄亂六經，而鄭康成以下皆爲所惑云云，眞說經家一野狐也，驚詫不已。〔註 326〕

二十一年夏，翁氏拒絕接見梁啓超，明指其爲「康之弟子」。〔註 327〕然而，不久，翁即改變了他對康有爲的態度，開始了短暫密切的關係，直至二十四年初。〔註 328〕此一時期正是翁積極推動變法的時期，因此與康交好。但，二十四年一月，康奉召至總理衙門，翁對康的變法主張卻又批評：

傳康有爲到署高談時局，以變法爲主，立制度局、新政局、練民兵、

〔註 323〕如蕭公權，《翁同龢與戊戌維新》，第四章，頁 71～116；吳相湘，〈翁同龢康有爲關係考實〉；陳恭祿，〈甲午戰後庚子亂前中國變法運動之研究〉，《文哲季刊》，3 卷 1 期（民國 22 年），頁 57～128；Ho Ping-ti, “Went Ting-ho and One Hundred Days of Reform” p.127.

〔註 324〕《翁同龢日記》，冊四，頁 1564（光緒十四年十月十三日）。

〔註 325〕《翁同龢日記》，冊四，頁 1566（光緒十四年十月廿七日）。

〔註 326〕《翁同龢日記》，冊四，頁 1884（五月二日）。另，吳相湘，〈翁同龢康有爲關係考實〉，引用上文認爲「翁對康之說經，雖非有正統之感，然並無惡棄之意」，而其特往答拜（光緒廿年五月五日，但未見到康），「正以證明翁已賞識其獨立特行的精神了」。吳氏的解釋，難以闡明爲何翁在光緒十四年～二十四年間很少提到康有爲——翁對於欣賞之人，一向不吝書於日記之中。

〔註 327〕《翁同龢日記》，冊四，頁 1962（光緒廿一年閏五月十日）。

〔註 328〕Ho Ping-ti, “Weng Tung-ho and One Hundred Days of Reform”, p. 127.

開鐵路、廣借洋債數大端，狂甚。〔註 329〕

爲何翁在二十年及二十四年兩度改變對康有爲的態度？

第一次改變的明顯解釋是，甲午戰爭時的政治危機使翁從事政治革新，並尋找幹才來幫助他，且康之年紀、官秩皆比翁低，不可能對翁之領導構成挑戰。學者認爲，翁懷著以下的希望：「藉著他對皇帝的影響力，他可成爲領導變法的人，而康則是主要助手」。〔註 330〕因此，翁選擇康來幫助他推動改革。翁同龢對康有爲的態度，由嫌惡轉爲熱絡，尚有其他理由：翁在甲午戰時爲主戰派，康曾於光緒二十一年五月二日聯合當時在京會試之舉人「公車上書」，要求朝廷拒簽和約。〔註 331〕翁可能欣賞康對其「主戰」政策的支持。根據康之說詞，翁曾造訪康氏，磋商政務，並爲光緒十四年未能將康之上書奏呈表示歉意。〔註 332〕

翁同龢第二次改變態度（由熱絡轉爲嫌惡）的原因是，當時情勢已變。光緒二十四年初，康有爲的全面改革理論已引起傳統派士人的疑懼，而翁當時已爲康有爲的贊助者以及變法的主要推動者，因而迅即成爲「保守派」攻擊的目標。許多人連續參劾他。〔註 333〕翁開始對光緒表示對康氏之憎惡，係是年四月，翁記道：

上命臣：康有爲所進書，令再寫一份遞進。臣對：與康不往來。上問何也？對以「此人居心叵測」，曰：前此何以不說？對：臣近見其孔子變制考知之。〔註 334〕

康有爲的《孔子改制考》出版後，造成士大夫的反對，翁氏爲表明其立場，惟有擺脫與康之關係。〔註 335〕

康有爲之激進思想早於二十四年元月參與總理衙門之會談時即使翁有所警惕，根據康自己之描述：

榮祿曰：「祖宗之法不能變」。我答之曰：「祖宗之法，以治祖宗之地

〔註 329〕《翁同龢日記》，冊五，頁 2147（光緒廿四年一月初四）。

〔註 330〕Ho Ping-ti, “Weng Tung-ho and One Hunered Days of Reform”, pp. 129～130.

〔註 331〕康有爲，〈第二書〉，見楊家駱，《戊戌變法文獻彙編》，冊二，頁 133。

〔註 332〕康有爲，《康南海自編年譜》，見楊家駱，《戊戌變法文獻彙編》，冊四，頁 132。

〔註 333〕參劾翁的人主要有：于蔭霖、王鵬運、高燮曾。見《翁同龢日記》，冊五，頁 2168、2175、2177（光緒廿四年閏三月八日、四月十日及廿一日）。

〔註 334〕《翁同龢日記》，冊五，頁 2175（光緒廿四年四月七日）。又張孝若，《南通張季直先生傳記》，頁 63～64，證實了翁的說法。

〔註 335〕Ho Ping-ti, “Weng Tung-ho and One Hundred Days of Reform” p. 129.

也，今祖宗之地不能守，何有於祖宗之法乎？……

廖（壽恒）問宜如何變法？答曰：「宜變法律、官制爲先」。

李（鴻章）曰：「然則六部盡撤，則例盡棄乎？」？

答以：「今爲列國並立之時，非復一統之世，今之法律官制，皆一統之法，弱亡中國，皆此物也，誠宜盡撤，則一時不能盡去，亦當斟酌改定，新政乃可推行」。

翁問籌款，則答以：「日本之銀行紙幣，法國印花，印度田稅……」並言日本維新，依效西法，法制甚備，與我相近，最易模仿。……至昏乃散。〔註 336〕

當然，康的大瞻言論就當時的標準來看，令人難以接受。故翁在日記中提及此事，則以「狂甚」、「憤甚」來表示對康氏的不滿。〔註 337〕

促使翁氏改變對康態度的另一重要因素是：當反對勢力愈來愈大時，康氏反對太后之態度亦愈來也明顯。而多年來，翁一直在嘗試調和兩宮；〔註 338〕康氏則想利用光緒帝對抗慈禧太后，故翁視此爲危險之舉，而改變對康之態度。

翁對變法的興趣源自他對光緒帝與朝廷的忠誠；但其中不無混雜著自私的動機，他希望藉變法使自己獨步於北京官場；然而出乎意料之外，康有爲竟獲得皇帝之完全信任，此一情況，終於使翁和康日漸疏遠。

有關翁薦康一事，翁同龢曾一再否認其曾保薦康有爲，第一次否認是光緒二十四年九月：

新聞報等皆荒謬，今日所刊康逆語，謂余論薦尤奇。想我拒絕，欲傾陷我耶？〔註 339〕

一年後，當翁從新聞報見及朝廷嚴拿康有爲的詔論中指書翁曾「極薦」康給皇帝時，他再次否認：

伏書悚惕，竊念康逆進身之日，已微臣去國之後，且屢陳此人居心叵測，臣不敢與往來。上索其書至再至三，卒傳旨由張蔭恒轉索，

〔註 336〕康有爲，《康南海自編年譜》，收入楊家駱，《戊戌變法文獻彙編》，冊四，頁 130。

〔註 337〕《翁同龢日記》，冊五，頁 2147（光緒二十四年一月初四）。

〔註 338〕《常昭合志》，〈翁同龢傳〉，見《翁文恭公遺集》（台北：維新書局，民國 59 年），頁 1～2。

〔註 339〕《翁同龢日記》，冊五，頁 2201（光緒廿四年九月初四）。

送至軍機處，同寮公封遞上，不知書中所言何如也！厥後臣若在列，必不任此逆猖狂至此，轉而因此獲罪，惟有自艾而已。〔註340〕

雖然翁否認推薦康有爲；但康卻強調係翁把他引薦給光緒帝。或許翁沒做過任何正式之引薦，但於給康氏機會以獲得光緒完全信任這一點上，他要負主要的責任。〔註341〕因爲，在政變後康被視爲「叛逆」，基於個人安全之考慮，翁當然要和康畫界限。因此，翁早於光緒十五年即已向光緒帝介紹變法，而結果卻「扮演了變法運動反對者而非領導者的角色」，〔註342〕實是一大諷刺。

本章之討論，可明瞭翁與時人的淵源及關係。作爲一個現實的政治人物，翁常調整其人際關係，其交友或樹敵，常基於本身之利益，而從他與時人忽合忽離的關係中，更可看出北京官場上派系紛爭、個人恩怨。傳統知識分子面對西力衝激，而有不同的反應。對於外交政策、內政改革等看法，常因本身對國際事物了解的多寡而有不同，其間更參雜著派系鬥爭、私人恩怨等因素。而個人的政治利益可能高於國家利益，所以一有外交、政治等重大事件發生時，彼此常互相攻訐，大都未考量國家的整利益——如中法、中日戰爭時的清議。

翁同龢爲了鞏固自己的政治勢力，不得不拉攏前輩士人、故舊朋僚及援引後進，並隨時調整和他們之間的關係。情勢之變化，導致翁與時人間的分合。援引後進（張蔭恒、康有爲）以期取得外交及變法運動的領導權；但卻因張氏轉向李鴻章及康氏的難以駕馭而失敗。學者認爲翁氏須爲他與張之洞、李鴻章的緊張關係負大部份之責任，〔註343〕但是在政治競爭之下，原有的派系衝突、個人恩怨本來就會因政治、外交等因素而趨於緊張，很難論斷誰的責任較大。至於爲了本身利益而逾越道德信念及政治原則，〔註344〕也是難免的。不獨翁如此，觀李鴻章在膠澳事件交涉中破壞翁所達成的協定，亦夾雜著私人恩怨及本身利益。

〔註340〕《翁同龢日記》，冊五，頁2253（光緒廿五年十一月廿一日）。

〔註341〕蕭公權，《翁同龢與戊戌維新》，頁97，另，張子揚〈關於翁同龢與康梁關係的一件史料〉《光明日報史學》，第61期，《轉引自劉鳳瀚（袁世凱與戊戌政變），台北：傳記文學出版社，民國68年，頁227，註55》，則稱翁承認推薦康有爲，但筆者未見此資料，故予存疑。

〔註342〕Ho Ping Ti, “Weng Tung-ho and One Hundred Days of Reform”, p. 129.

〔註343〕蕭公權，《翁同龢與戊戌維新》，頁39。

〔註344〕蕭公權，《翁同龢與戊戌維新》，頁42。

第四章　翁同龢在晚清政局所扮演的角色——政治及外交事件部分

翁同龢在晚清政局中究竟扮演何種角色？其對晚清政局的影響力爲何？本章擬從翁氏對晚清政治、外交事件的看法，探討其所扮演的角色。

第一節敍述翁氏對西方的體認，翁的對外態度與對外政策，在長期的宦途中，因情勢之不同而有所改變。第二節試就光緒十年以前之政治、外交事件，析論翁之地位。如戊午科場案、戶部官票所案、苗沛霖案、楊乃武案、伊犂交涉案、天津教案及雲南報銷案。第三節則論翁氏在光緒十年後的角色，如中法戰爭、甲午戰爭、膠澳案、變法維新、拳亂及日俄戰爭等。

戊午科場案、戶部票所案及苗沛霖案因涉及翁同龢之父兄——心存、同書，故翁同龢之看法略失公允。楊乃武案之平反，實得力於翁氏之力主駁議，詳細閱卷。雲南報銷案及變法維新，翁則扮演著積極的角色。至於外交事件中，天津教案、甲午戰爭、拳亂及日俄戰爭，翁主強硬態度；而伊犂交涉、中法戰爭及膠澳事件，翁則採取妥協的立場。

第一節　對西方的體認

翁的思想、見解和當時接受傳統儒學薰陶的士大夫們並無不同。當國家或個人遭逢危殆時，常祈助於神明，將自然現象歸於天道示儆。〔註 1〕翁基本上即是個「自以爲是的愛國者」，〔註 2〕視中國高於他國，對列強主張強硬政

〔註 1〕 參見第二章第三節，頁 20，及註 127～131。

〔註 2〕 蕭公權撰，楊肅獻譯，《翁同龢與戊戌維新》（台北：聯經出版公司，民國 72 年），頁 9。

策。咸豐十年英法聯軍之役，北塘失守，翁「瞻仰昊天，惟有愾歎」。〔註 3〕北京陷落，見法國士兵，歎道：

前門過咈夷兵，何物腥羶，污我城郭，爲之歎息泣下。〔註4〕

翁並仇視洋教，咸豐十一年，見到天主教堂，認爲：

仁義衰息，禮教寖微，而豺狼橫行於轂下矣，可勝歎耶。〔註5〕

由其對曾國藩以妥協的手段處理同治九年（1870）天津教案公開表示不滿，更可見翁之仇視洋。〔註6〕由此等等，可略窺翁之基本思想背景，進而揣知其對政治、外交事件的看法。

翁更時時表露出排外的態度。同治三年，獲悉英法士兵和民眾爭鬥，認爲「通商衙門之事，眞不堪聞問耳」。〔註 7〕身爲清廷大員，翁常參加總理衙門之新年團拜（外國公使團亦至總署賀節），或赴各國使館賀年，日記所載，顯示其對外人的憎惡。如認爲外語「啁啾不已」，〔註 8〕外使無非是「一隊貔貅」、「一群鵝鴨雞雜遝而已」。〔註 9〕事實上，遲至光緒十七年擔任戶部尚書時，翁仍認爲江蘇、安徽各地排外的亂事，是「公憤」的表現；雖然翁並非不知此類事件對國內的和平、安定絕無助益。〔註 10〕

光緒二十二年，翁以總理衙門大臣的身分，參與英法公使有關築路、開礦的談判，再度吐露對外人的惡感，因外使之需索無度而憤憤不平，認爲「四夷鴟張」、「貪如狼，狠如虎，眞異類也」，與他們往來，不啻是與「犬彘爲徒，人生不幸」。〔註 11〕翁氏最著名的排外舉動是甲午年鼓吹對日作戰，激烈反對割讓台灣，而當獲知其主張無法實現時，甚至悲痛落淚。〔註 12〕

〔註 3〕《翁同龢日記》，冊一，頁 44（七月八日）。

〔註 4〕《翁同龢日記》，冊一，頁 56（九月十二日）。

〔註 5〕《翁同龢日記》，冊一，頁 67（一月五日）。

〔註 6〕《翁同龢日記》，冊二，頁 547～554，562（五月廿五日～六月廿九日、八月廿一日，廿五日）。有關翁對天津教案的看法，詳見下節。

〔註 7〕《翁同龢日記》，冊一，頁 230（同治三年三月十四日）。

〔註 8〕《翁同龢日記》，冊二，頁 949（光緒三年十二月十七日），冊三，頁 1462（光緒十三年元月十日）。

〔註 9〕《翁同龢日記》，冊三，頁 1340、1399（光緒十一年一月九日、十二年一月八日）。

〔註 10〕《翁同龢日記》，冊四，頁 1713（光緒十七年五月初六）。

〔註 11〕《翁同龢日記》，冊五，頁 2030（光緒廿二年六月五日）、2061、2065（十一月廿五日、十二月十六日）。

〔註 12〕《翁同龢日記》，冊四，頁 1892、1908、1921（光緒二十年六月十六日、九月二日、十月廿九日）。關於翁氏在甲午戰爭中的角色，詳見本章第三節。

然而，翁同龢之對外態度與對外政策，在其長期的宦途中，也有所改變，並非一貫地維持敵對態度。光緒六年中俄伊犂交涉時，有重大的轉變，支持恭親王而反對醇親王、徐桐、李鴻藻、張之洞等人的好戰態度。謂：「一戰即和，貽誤更大」。〔註 13〕九年，清廷正爲越南問題所引起之中法爭議擬定決策時，翁很明顯地採取審愼的態度，曾謂：「言者皆稱，用兵越南，可以得志，抑何不量力耶！」。〔註 14〕更明顯的例子是，光緒二十三年（1897）翁與德國公使談判膠澳事件時，當獲悉德艦已入膠州灣，即以光緒帝名義下達兩道電文，命令山東巡撫不得先行挑釁，並訓令駐柏林中國公使與德國政府交涉。次日，再度電令山東巡撫不得「輕言決戰，貽誤大局」。〔註 15〕翁是主持此次妥協政策的主要人物，因爲，當時李鴻章亦於總署，對此事卻毫無所知。翁乃於張蔭桓之協助下，與德公使達成協議。翁在日記中記載此協議時表示：

此等語何忍出口，特欲弭巨禍，低顏俯就耳！〔註16〕

爲何翁氏在伊犂交涉、中法戰爭、膠澳事件時，改變其對外態度呢？此乃因與外人接觸愈密切，對外國事務瞭解愈透澈後，在外交上，便採取較「現實」之觀點；且認清與列強交涉時過於急躁是不智的。此外，伊犂交涉時，翁對俄國採取妥協政策，或許是爲取悅恭親王，及擊敗政敵徐桐。學者認爲翁在甲午戰爭時主戰，膠澳戰爭中又主妥協，乃爲排除李鴻章以取得外交上的領導權。因爲，翁、李兩人素來不和，膠澳事件更是打擊李氏外交聲望的最佳機會。〔註 17〕翁同龢是否係依據私人的利害作決斷，而未一貫的，根據清廷的利益來作決策，〔註 18〕本章第三節將詳細討論。但，顯而易見，翁所致力達成的交涉卻遭受李鴻章的極力破壞；而李氏的聯俄政策所造成的國家利益損害，恐怕也不是一切以國家利益爲重所作的決策。

雖然翁極力排外；但對於西方科技的便利卻極爲讚賞，如同治元年，翁首次從友人處得知輪船之速，〔註19〕七年，目睹輪船，嘆其快速。〔註20〕光

〔註13〕《翁同龢日記》，冊三，頁 1068（光緒六年八月十八日）。
〔註14〕《翁同龢日記》，冊三，頁 1223（光緒九年四月十一日）。
〔註15〕《翁同龢日記》，冊五，頁 2128（光緒廿三年十月二十二日、二十三日）。
〔註16〕《翁同龢日記》，冊五，頁 2132（光緒二十三年十一月十一日）。
〔註17〕蕭公權，《翁同龢與戊戌維新》，頁 12。
〔註18〕蕭公權，《翁同龢與戊戌維新》，頁 12。
〔註19〕《翁同龢日記》，冊一，頁 131（同治元年二月廿六日）。
〔註20〕《翁同龢日記》，冊一，頁 458（同治七年九月十七日）。

緒三年，回籍修墓，首次搭乘輪船，對其驚人的速度有所評論。〔註21〕此外，對電氣機、照相機、火車等亦極爲誇讚，如同治三年，對電氣機感到驚奇，〔註22〕同年，翁拒絕照相，但光緒十三年卻不能免俗而拍照。〔註23〕光緒三年，首次見火車，驚詑其速度之快；二十四年遭罷黜回籍，首次搭乘火車，云：「平生奇遊矣」。〔註24〕

翁氏對變法維新的態度也有轉變。在某種意義上，翁是個保守派，他決心維護帝制的傳統價值，並堅決反對西化。〔註25〕同治七年，開始注意洋務，〔註26〕但對洋務派領袖所謂的「採行西法有利國家」的觀念，不表贊同。如光緒元年，各大臣奉諭看海防覆奏稿，翁評論丁日昌、左宗棠、李鴻藻之奏摺，認爲「不痛不痒」、「眞如兒戲」。〔註27〕直到十四年（1889），仍持這態度，是年除夕在日記中表明：

> 今年五月地震，七月西山發蛟，十二月太和門火，皆天象示儆。……況火輪馳驚於昆湖，鐵軌縱橫於西苑，電鐙照耀於禁林，而津通開路之議，廷論譁然，朱邸之意漸回，北洋之議未改。歷觀時局，憂心忡忡，忝爲大臣，能無愧恨。〔註28〕

此種情緒與保守份子相比並無軒輊。除反對李鴻章之津通鐵路外，亦反對張之洞之蘆漢鐵路取代津通鐵路之議。〔註29〕然而，就在此時，翁對洋務的態度有了重大的轉變。十四年七月，曾紀澤贈翁氏十六種有關「西學」的書籍（赫德

〔註21〕《翁同龢日記》，冊二，頁926（光緒三年七月廿六日）。

〔註22〕《翁同龢日記》，冊一，頁229（同治三年八月八日）。

〔註23〕《翁同龢日記》，冊一，頁245（同治三年七月廿八日）；冊三，頁1479（光緒十三年四月十六日）。

〔註24〕《翁同龢日記》，冊二，頁941（十月七日）；冊五，頁2181（光緒廿四年五月十三日）。

〔註25〕陳鍫，〈戊戌政變時反變法人物之政治思想〉，《燕京學報》，第25期（民國28年），見吳相湘等編，《中國近代史論叢》（台北：正中書局，民國45年），第一輯第七冊，頁148～170。

〔註26〕《翁同龢日記》，冊一，頁438（同治七年六月二日）：「看夷務一冊，館中稿本也」。

〔註27〕《翁同龢日記》，冊二，頁788～792（光緒元年二月廿五日）。

〔註28〕《翁同龢日記》，冊四，頁1575（光緒十四年十二月廿九日）。

〔註29〕《翁同龢日記》，冊四，頁1574（光緒十四年十二月廿三日），頁1580、1625（光緒十五年一月廿二日、十月廿三日）。李鴻章的提議及其對翁的答覆部分可見於李鴻章，《李文忠全集》（台北：文海出版社，民國54年），〈海軍函稿〉，卷3，頁9b、10b～31b與〈譯署函稿〉，卷19，頁23b～24a。

Robert Hart 翻譯），〔註 30〕這些書或許對翁的思想產生相當的影響，很快的改變其對外態度，轉而支持變法，並鼓勵年輕的光緒帝接受。光緒十五年元月，就在翁寫下上述引文的消極文字後，與孫家鼐以帝師的名義向光緒提出建議：

敬以義利之辨陳說，大略謂聖賢之治，迹不盡同，而治法不可無所本。〔註 31〕

是日，翁從友人處得馮桂芬《校邠廬抗議》，次日，即向光緒進呈此書；〔註 32〕約半個月後，又將此書呈給慈禧：

蒙皇太后皇上同召見……次及洋務，對此第一急務，上宜講求。臣前日所進馮桂芬《抗議》，正是此意。……次及鐵路，臣力言津通未宜開……若腹地（張之洞建議之鐵路），則是牟利而已，何遠圖之有。〔註 33〕

同年底，翁又提及馮桂芬《校邠廬抗議》：

看《抗議》，昨言此書最切時事，可擇數篇另爲一帙，今日上挑六篇裝爲一冊題籤交看，足徵留意講求，可喜。〔註 34〕

衆所週知，《校邠廬抗議》一書，乃咸豐十一年寫成。該書的要點爲：在復古之中追求內政改革的原理，並從西學輸入富強之術。所謂的復古，主要以「不畔於三代聖人之法爲宗旨」。〔註 35〕其改革論，幾乎涉及內政的全部，如科舉制度、賦稅、經濟。但馮亦斷然表示，「西學」只作輔助之用，不能取代「中國之倫常名教」，後者仍爲帝國重振的基石。〔註 36〕馮桂芬採西學之主張，當時已被重視，李鴻章即深受其影響。甲午戰爭之後，馮氏的改革論更被視爲深具價值。從另一角度來看，該書被接納，乃爲了與康有爲一派的激烈改革論相抗衡。〔註 37〕何以翁在極力推薦《抗議》一書給光緒時，卻積極

〔註 30〕《翁同龢日記》，冊四，頁 1556（光緒十四年七月廿九日）。

〔註 31〕《翁同龢日記》，冊四，頁 1577（光緒十五年正月六日）。

〔註 32〕《翁同龢日記》，冊四，頁 1578（正月七日）。

〔註 33〕《翁同龢日記》，冊四，頁 1580（正月廿二日）。

〔註 34〕《翁同龢日記》，冊四，頁 1630（十二月四日）。

〔註 35〕馮桂芬，《校邠廬抗議》（台北：文海出版社，民國 60 年，近代中國史料叢刊），序文。關於馮桂芬的討論參見小野川秀美（日）著，林明德、黃福慶譯，《晚清政治思想研究》（台北：時報出版公司，民國 71 年），頁 10；呂實強，〈馮桂芬的政治思想〉，《中華文化復興月刊》，4 卷 2 期（民國 60 年 2 月），頁 5～60。

〔註 36〕馮桂芬，《校邠廬抗議》，序文。

〔註 37〕馮桂芬，《校邠廬抗議》，序文。

反對李鴻章及張之洞的鐵路計劃。因爲，李、張的計劃確實符合現代化的需要，且與馮桂芬的觀點相近。翁的作法也許可從他與李、張二人的個人恩怨求得解答（參閱前章第二節）。

由以上的討論，可知翁同龢對西方的體認，基本上是保守的，固守傳統的儒學信仰；但也贊同改革，只是其改革理論是溫和的。至於翁對外態度的轉變，在當時而言，應該是必然的。因爲，國際情勢的轉變、個人人際關係的變化以及個人對西方認識的程度，使得處於晚清這過渡期的傳統知識分子，在傳統價值體系漸趨崩潰、西方猛烈衝擊之下，不得不嘗試各種因應之道，以求自救救國，故而對外交、政治、思想、經濟等問題，當然態度時有變化，翁同龢便是典型的一例。

第二節　光緒十年（1884）以前

光緒十年以前的政治外交事件中，戊午科場案及戶部官票所案，涉及翁心存、肅順間的不合，故翁的看法略失公允。苗沛霖案，導致同龢之兄翁同書遭曹國藩所劾，下獄，影響翁、曾二人日後關係的不睦。楊乃武案之平反，其最大關鍵，實得力於翁同龢之細心閱卷。雲南報銷案，涉及南北兩派鬥爭，翁扮演積極角色。

至於外交事件中的天津教案及伊犂交涉，翁有截然不同的看法。同治九年天津教案，翁一本其排外態度，加以與曾國藩的個人恩怨，對曾頗有譏諷。光緒六年，中俄伊犂交涉，以李鴻藻爲主的清流力主強硬，而翁則一反排外態度，採妥協立場，其中涉及派系紛爭，及翁之拉攏恭王以確保本身的政治勢力。本節擬從上述各案，試論翁在晚清政局中，在政治外交方面所扮演的角色。

一、戊午科場案

咸豐八年，戊午科場舞弊案，乃繼順治十四年，順天、江南兩大闈獄後，清廷所興的最大科場獄。此案之受人注目，原因有二，其一，牽連人數頗多，且誅戮毫不留情。如正考官柏葰，歷任軍機大臣、內務大臣，案發前，仍以大學士身分兼管兵部事，可謂深受清廷倚重；然而卻遭處死。其二，此案由肅順等人審理，而肅順與柏葰素不相容，肅順自有趁此機會除掉柏葰之心。

其後，辛酉政變，肅順等人被誅，政治情勢改變，又將此案歸咎於肅順之用刑過嚴，顯然已染上濃厚的政治色彩。

按清代之科舉制度，鄉試屬第二階段，分在各省舉行，中式者即爲舉人。〔註38〕通常鄉試三年一次，歲次子、午、卯、酉年的八月舉行，稱爲「大比」，惟遇慶典，亦有特開恩科之制，稱爲「加科」。〔註39〕鄉試的考官，正副各一人，各部堂官（侍郎、九卿）、翰詹科道及各部司官，皆得充任，惟需經過考試，而由朝廷特派。此外，則以巡撫爲監臨官，藩司爲提調官，道員爲監視收掌等官，由總督、巡撫調本省任州縣官及候補州縣官係舉人出身者充簾官，亦曰同考官——分內簾（分房閱卷）、外簾（受卷、對讀、謄錄、彌封）。士子試卷作成後（墨卷），彌封，交謄錄生硃筆抄謄，謂之硃卷；校對後，墨卷封存，硃卷送考官閱看。〔註40〕

本案之發生，先有外簾官梁同新，與蔣同荸意見之不合，相互攻詰，雖然最後蔣被革職，梁亦降調，但經此爭鬥遂致眾論譁然，謠言紛紛。御史孟傳金首先彈劾此次考試不公，並謂舉人平齡竟以優伶中式。經覆勘試卷，除平齡墨卷訛字甚多外，詩文悖謬者竟達五十本；其後更牽出柏葰聽信家人靳祥之言，將同考官浦安房內羅鴻繹試卷取中等事。咸豐遂下令將柏葰、浦安、羅鴻繹等人處死，考官朱鳳標革職，同考官等人亦均遭受處分。〔註41〕

肅順與柏葰素素不相容，〔註42〕自有除掉柏葰之心，此案正爲最佳機會；但戊午科場案發生之最主要原因是，清中葉以來科場風氣敗壞，咸豐爲整飭科場秩序，達成政治風氣的改革與穩固清廷統治，有意拿柏葰開刀，肅順不過是因緣附會；況柏葰也應對舞弊案負責，因其證據確鑿。〔註43〕辛酉政變後，肅順、載垣等人被誅，同情柏葰之人乃思乘機翻案，認爲柏葰乃

〔註38〕允祹等撰，《欽定大清會典》，見《文淵閣四庫全書》（台北：商務印書影印，民國72年），冊619，頁246。

〔註39〕允祹等撰，《欽定大清會典》，頁246，蕭一山，《清代通史》（台北：商務印書館，民國56年），卷上，頁596。

〔註40〕允祹等撰，《欽定大清會典》，頁246，蕭一山，《清代通史》，卷上，頁596。

〔註41〕關於戊午科場案，參見王嵩儒，《掌固零拾》（台北：文海出版社，近代中國史料叢刊），卷3，頁287～293。蔡冠洛，《清史列傳》（台北：中華書局，民國53年），卷40。徐珂，《清稗類鈔》（台北：商務印書館，民國55年），〈獄頌類〉，頁185。

〔註42〕蔡冠洛，《清史列傳》，卷40。

〔註43〕華文書局，《大清文宗顯皇帝實錄》（台北：華文書局影印，民國53年）咸豐九年二月十三日。

肅順等人所陷害。咸豐十一年十一月，御史高延祐首先奏載垣等人辦理科場案未得情清之平，肅順勢焰薰灼。〔註 44〕十二月，御史任兆堅奏請將柏葰昭雪，但慈禧未允其所請，僅以同治之口氣答曰，「柏葰之聽信囑託罪無可解」。〔註 45〕

科場案發時，翁同龢正任陝甘學政。是年（咸豐八年）底，肅順又辦戶部官票所案，涉及翁心存，翁心存慮及政治情勢之不利，乃告知同龢開缺回京。〔註 46〕咸豐十年，心存因戶部官票所案去職。故翁對肅順有極深的成見，心存去職後，翁批評肅順主持殿試時「頤指氣使」：

> 是日監試者有尚書肅公。湖北陳炳勛帶坊間副本起草，實無他物，坐以懷挾交訊。傳旨戌初撤卷。甫屆戌初，即紛紛掣取，有賸一行者數字者，均不得免。發出壽字圓印，完卷者鈐於卷尾，不完者就所止鈐之。肅公頤指氣使，視士人若奴隸，掣卷閉日猶未落也。〔註 47〕

翁氏此番話，非客觀允論，肅順對學者向極尊重，如郭嵩燾、王闓運都曾出其門下，而曾國藩、左宗棠亦曾經由肅順向咸豐極薦而大受重用。〔註 48〕

科場案後，考試的風氣日趨嚴肅，實是肅順嚴格整頓的功勞。

二、戶部官票所案

貪污舞弊的現象，自古以來官場皆有，清朝初期防弭的方法有，康熙時期，准許官吏私徵火耗；雍正即位後，明定火耗歸公，但火耗歸公後，即作爲發給大小官吏養廉金的財源，〔註 49〕將「分外之取」公開化。此種辦法實行一時，頗有績效。〔註 50〕不過，制度之施行乃因人而異，乾隆時和珅的貪

〔註 44〕《翁同龢日記》，冊一，頁 114（咸豐十一年十一月十一日）。

〔註 45〕《翁同龢日記》，冊一，頁 120（咸豐十一年十二月十二日）及王嵩儒，《掌固零拾》，頁 292～293。

〔註 46〕《翁同龢日記》，冊一，頁 10、14（咸豐八年十月十七日、十二月十四日）。

〔註 47〕《翁同龢日記》，冊一，頁 38（咸豐十年四月廿一日）。

〔註 48〕參見肅順、曾國藩、左宗棠、郭嵩燾等人傳略；《清史》，〈列傳〉，卷 174、192、199、233，頁 4632、4714、4761、4944。另，參見李劍農，《中國百年政治史》，（台北：商務印書館，民國 65 年），冊上，頁 115。

〔註 49〕王先謙纂修，《十二朝東華錄》（台北，大東書局，民國 57 年）〈康熙朝〉，卷 17，頁 632。及徐珂，《清稗類鈔》（四），度支類，頁 7～8。

〔註 50〕乾隆七年孫嘉淦曾在〈辦理耗羨疏〉中，盛讚此制。見賀長齡輯，《皇朝經世

污，竟達八萬兩之鉅，相當於國庫歲入八十年的總額。〔註 51〕自此以後，官場更見貪瀆惡習。至咸豐即位，內憂外患繼之，政治上更呈現虛靡景象，咸豐乃思治亂世用重典，而有前述科場案及戶部官票案之舉發，其目的乃欲以嚴刑峻法整飭政治風氣。

嘉、道之後，由於教亂夷務、鴉片漏卮、回疆糜費、天旱河決等原因，導至庫存少。咸豐即位，內外軍興，財政益形困難，戶部庫存僅剩三百餘萬兩（乾隆中葉曾有八千餘萬兩），終致度支匱乏，乃不得不仰給鈔票、大錢，而走上通貨膨脹之路。使用鈔票，始於咸豐二年九月，左都御史花紗納的奏請，〔註 52〕當時釐捐尚未通行，軍需河餉已糜費至二千數百萬兩，而財源毫無著路，故議製鈔票以濟急。〔註 53〕鈔票與銀的匯率是二千抵二兩；〔註 54〕惟始終未見信於民，徒以法令強制執行，未能普遍流通。至於大錢、鐵錢，則始自咸豐四年二月，〔註 55〕因清之制錢多取給自滇銅，此時因太平軍及回亂，鎮銅道梗不通，於是刑部尚書周祖培等請鑄大錢，以裕度支，戶部尚書祁寯藻也極力贊成。〔註 56〕雖然屢次令大錢與制錢並重，但民間對大錢並不信賴，〔註 57〕君以私鑄盛行，大錢形成壅滯現象；而戶部又擬用寶鈔收回大錢，益使情形嚴重。〔註 58〕

鈔票、大錢之發行管理，歸戶部負責，戶部之下設寶鈔處發行鈔票，官錢總局發行大錢；此外，又設官號，立乾字官號四，宇字官號五，招商佐出納，經營收發兵餉等款，官號屬寶鈔處，其底帳稿副本則並存於官錢總局。本來鈔票、大錢無信用，影響錢市，官號又把持市場，以致銀價日昂，百貨騰貴，小民生計困難。〔註 59〕咸豐八年十二月肅順調任戶部尚書，〔註 60〕乃派員覈對寶鈔處五宇字官號之款，結果發現其數目與官錢總局所存副本不

文編》（台北：文海出版社，民國 61 年），冊二，頁 986～988。

〔註 51〕李劍農，《中國近百年政治史》（台北：商務印書館，民國 65 年），頁 11。

〔註 52〕劉錦藻，《清朝續文獻通考》（台北：新興書局，民國 52 年），卷 20，頁 7696。

〔註 53〕劉錦藻，《清朝續文獻通考》，卷 20，頁 7696。

〔註 54〕劉錦藻，《清朝續文獻通考》，卷 20，頁 7696。

〔註 55〕黃鴻壽，《清史紀事本末》（台北：三民書局，民國 48 年），卷 45，頁 361。

〔註 56〕徐珂，《清稗類鈔》，冊一，〈度支類〉，頁 220。

〔註 57〕徐珂，《清稗類鈔》，冊一，〈度支類〉，頁 220。

〔註 58〕劉瑞藻，《清朝續文獻通考》，卷 20，頁 7696。

〔註 59〕王先謙撰，《東華續錄》（台北，大東書局，民國 57 年），〈咸豐朝〉，冊二，卷 53，頁 501。

〔註 60〕王先謙撰，《東華續錄》，頁 501。

符，因此，奏請查辦，結果查出五宇字官號司員有矇混辦稿，將官款化爲私久之情勢，肅順大怒，力主嚴辦，一時司員及商戶被抄沒者數十家。又查出司員忠麟、王熙震用短號整票兌換長號零鈔時，曾經回堂議准，因而牽出前戶部尙書翁心存，使案情昇高。翁心存、肅順向來不睦，久爲政敵，但咸豐仍命載垣等會鞫，載垣查問翁心存對於兌換寶鈔情弊是否知情，心存暨侍郎杜翻均不承認司員曾將兌換寶鈔之事回堂，〔註61〕並答以：

各部院公事非一二人所能專政，斷無立談數語，更改舊章之理。〔註62〕

載垣則力言覆訊司員忠麟等，仍供稱回過翁、杜二人；不過除忠麟供詞外，並無其他確切物證。〔註63〕載垣請求將翁心存遞頂戴歸案訊質；〔註64〕但咸豐對翁心存僅以失察議處，免其傳訊，後來議降五級，改俟候補官革職留任（咸豐十年閏三月），〔註65〕惟翁心存以不堪肅順等當署詬辱，早於咸豐九年五月引疾去職。〔註66〕十年五月，以宇商濫支經費，飭戶部各堂官回奏，心存曾奏言：因先後銀價物價迴殊，商人月費不得不加，〔註67〕最後，翁心存以失察濫支經費處分革職留任。

翁心存爲道咸兩朝舊臣，門生故吏殊眾，頗負清望，而肅順如此待之，加上柏葰又因戊午科場案被殺，因而肅順在廷中樹敵甚多，辛酉政變後「都下人士聞將殺肅順，交口稱快，其怨家皆駕車載酒，馳赴河市觀之」。〔註68〕

戶部官票所案，起於咸豐八年肅順接戶部尚書時，迄於咸豐十年八月英法聯軍入北京止，前後緜延兩年，牽連人員眾多，亦爲清代後期所興大獄之一。咸豐興此大獄的背景實由於財政困難，國家經濟面臨崩潰，不能再任官吏，浪費公帑。

翁心存因涉及戶部官票所案去職，故翁同龢對肅順有如前小節之批評，其實肅順固有濃厚的政治企圖，意欲留難翁心存；但此案之興，實因咸豐欲以嚴刑峻法來整飭政治風氣，肅順只是因緣時會。

〔註61〕《大清文宗顯皇帝實錄》，冊七，卷308，頁4929。
〔註62〕《清史列傳》，卷45，頁46～47。
〔註63〕王先謙撰，《東華續錄》，頁501。
〔註64〕《翁同龢日記》，冊一，頁34（咸豐十年三月十九日）。
〔註65〕《翁同龢日記》，冊一，頁34（咸豐十年三月廿日）。
〔註66〕《清史》，〈列傳〉，卷386，頁4624。
〔註67〕《翁同龢日記》，冊一，頁41（咸豐十年五月廿七日）。
〔註68〕薛福成，《庸盦筆記》（台北：商務印書館，民國57年），卷1，頁14。

三、苗沛霖案

翁同龢之長兄同書，因定遠失守及苗沛霖案而遭曾國藩參劾，性命幾至不保；翁同龢因而與曾國藩交惡，前述翁與前輩士人的淵源及關係中（第二章第一節），翁尊崇林則徐、胡林翼、左宗棠等人，但卻未給予曾國藩同等的地位。其後曾氏處理天津教案，備受清議所詆，翁更是堅決反對曾妥協態度，其中私人恩怨或許爲反對的原因之一。

以下簡述苗沛霖案的經緯；咸豐八年，翁同書任安徽巡撫，幫辦欽差大臣勝保軍務，駐軍定遠。九年，捻匪聯合太平軍攻陷定遠，同書移軍壽州，被議革職留任。〔註69〕十年，陳玉成攻壽州，賴團練竭力抵禦，陳軍始退；但因城內團首領孫家泰、蒙時中、徐立壯等人與城外團練首領苗沛霖互相仇殺，而使苗叛變，圍攻壽州，縱兵四擾。〔註70〕清廷以苗沛霖素係勁旅，爲患殆甚於髮捻，而密令同書小心處置，以免事態擴大。故同書招安徽前按察使張學醇勸苗投降，〔註71〕苗表示必須殺孫、蒙、徐等人始投誠。徐立壯所部大多是舊捻，素騷擾而致民怨，咸豐十一年六月，同書以其通捻匪而殺之。又下孫家泰於獄，家泰自殺。並殺蒙時中。苗遂撤壽州之圍，但九月又叛變，攻破壽州。朝廷以張學醇辦理不善，革職遣戍。〔註72〕同治元年正月，曾國藩嚴劾翁同書：定遠失守，又不能處置團練仇隙，輕易招降，致使壽州城陷，又奏報情形，前後矛盾。〔註73〕摺呈上，清廷下令將同書革職拏問，下王大臣九卿會同刑部議罪，原擬斬監侯〔註74〕後因翁心存病故，以眷念師傅之故，遣戍新疆，途經甘肅時，因都興阿奏請而留營效力，曾立下花馬池之戰

〔註69〕《清史》，〈列傳〉，卷214，頁4858。

〔註70〕苗沛霖本以諸生辦團練，後來挾眾叛變，曾受太平天國之封爲秦王。曾國藩、袁甲三等人皆主剿，但獨勝保主張撫之，保擢布政使銜四川川北道。其在壽州時，駐城外，與城內團練首領徐立壯、孫家泰、蒙時中等人因忌成隙，加上苗之姪爲孫家泰所殺，更是勢如水火。參見，《清史》、〈列傳〉，卷 214，頁 4858；王伯恭，《蜷廬隨筆》（台北：文海出版社，民國 57 年近代中國史料叢刊），頁 105～108；薛福成，《庸庵文續編》（台北：文海出版社，民國 62 年，近代中國史料叢刊），卷下，頁 460；黃濬，《花隨人聖盦摭憶》（香港：龍門書店影印，民國 54 年），頁 146。

〔註71〕張學醇曾與苗沛霖訂兄弟之交，見王伯恭，《蜷廬隨筆》，頁 107。

〔註72〕《清史》，〈列傳〉，卷 214，頁 4858。

〔註73〕《清史》，〈列傳〉，卷 214，頁 4859。及曾國藩，《曾文正公奏稿》（傳忠書局，光緒二年版），卷 15，頁 13～15（同治元年正月初十日）。

〔註74〕《翁同龢日記》，冊一，頁 128～129（同治元年正月廿六日、二月六日）。

功。〔註 75〕

翁同書被曾國藩所劾幾致不測，乃同龢切身之痛。關於同書之招降苗沛霖失敗，他認爲不應全由同書負責：「苗練之拔扈已久，馭之無術，發之太驟，以至於是」。〔註 76〕曾國藩彈劾的第二天，翁記道：

> 自古賢人君子、忠臣義士蒙難受辱於叢棘者多矣，周視圜扉，爲之浩嘆。〔註 77〕

而對於王大臣議擬同書斬監侯之罪，他則認爲是強納人於罪：

> 執法者卻如是周内，眞無如何也。〔註 78〕

同治二年諭旨命同書遣戍新疆，同龢更深深感嘆：

> 白髮孤臣，荷戈萬里，此情此狀，其何以堪，恨不瀝血抒詞，叩九閽而上訴也。〔註 79〕

翁甚至於因「私竊憂嘆」而斷指。〔註 80〕並假借詩句抒發內心之不平；如同治三年二月二十二日（翁同書起行赴新疆之次日），〈榆發題壁和尹杏農韻〉：

> 翠華邊塞去，淚滿謫臣衣……竟啓嚴門鑰，豹狼滿帝畿……艱難餘一死，天地劇無情，精衛空銜石，何謂恨可平。〔註 81〕

直至光緒三年，翁憶及此案，仍「中懷怫鬱」。〔註 82〕甚至於至光緒二十三年還「感喟不已」。〔註 83〕

翁同龢因同書被劾，而未給予曾國藩同前輩人士之評價，雖屬人情之常，但曾氏之劾同書，實無故意入罪之意。曾氏奏摺所書亦尚稱公允客觀：

> 軍興以來，督撫失守逃遁者皆獲重譴，翁同書於定遠、壽州兩次失守，又釀成苗逆之禍，豈宜逍遙法外……臣職分所在，例應糾參，不敢因翁同書之門第鼎盛瞻顧遷就……。〔註 84〕

〔註 75〕《清史》，〈列傳〉，卷 214，頁 4859。
〔註 76〕《翁同龢日記》，冊一，頁 102（咸豐十一年九月廿七日）。
〔註 77〕《翁同龢日記》，冊一，頁 128（同治元年元月廿七日）。
〔註 78〕《翁同龢日記》，冊一，頁 129（同治元年二月六日）。
〔註 79〕《翁同龢日記》，冊一，頁 220（同治二年十二月廿五日）。
〔註 80〕《翁同龢日記》，冊五，頁 2071（光緒廿三年元月二日）：「忽憶三十年前斷指事，感喟不已，蓋予兄遠戍將行，私竊憂嘆，迫而出此」。
〔註 81〕《翁同龢日記》，冊一，頁 227（同治三年二月廿二日）。
〔註 82〕《翁同龢日記》，冊二，頁 900（光緒三年元月廿二日）。
〔註 83〕《翁同龢日記》，冊五，頁 2071（光緒廿三年元月二日）。
〔註 84〕曾國藩，《曾文正公奏稿》，卷 15，頁 14。

曾氏不敢因翁氏之門第鼎盛而瞻顧遷就，毅然參劾，可見同書實難逃其咎。

四、楊乃武案

楊乃武被控串同葛氏（小白菜）毒殺親夫葛品連一案，是同治光緒年間轟聞全國之寃獄。此一寃獄約始於同治十二年十月間，直至光緒三年二月始經刑部平反結案，前後歷時四年，其間案情發展，迂廻曲折，波瀾迭起。從葛品連突然病死後，楊乃武即被知縣劉錫彤逮補下獄，被控罪名是「串同葛畢氏毒斃本夫葛品連」，楊即在酷刑之下，被迫承認主謀，定讞後楊不服上訴，以至於歷經府訊、司訴、院訴等覆審，皆因官吏之因循率斷，而不得翻案，最後靠提解至刑部審訊，始將此寃獄平反。〔註 85〕其中涉及科名門地之爭、官民之爭、省籍成見之爭、內外官之爭，尤其是疆吏之枉法欺罔朝廷。

楊乃武，浙江餘杭縣人，同治十二年舉人，因習訟法，兼營刀筆，好武斷鄉曲，而爲士論所不服。葛畢氏者，即俗稱之「小白菜」，與楊乃武同邑，頗具姿色。二人之間或許有曖昧之關係，但於本案審理期間，均查無直接之證據，大多是根據傳聞的推斷。〔註 86〕

楊乃武入獄的主因主要係因葛品連突然暴斃，死因可疑，縣令劉錫彤惑於士論，心中已有成見，加上仵作相驗時辨驗不眞，認係服毒而死，劉錫彤遂刑訊葛畢氏，葛畢氏無法忍受刑訊，遂誣認與楊乃武謀斃葛品連。楊乃武遭逮捕後，自恃無罪，不獨矢口否認，而且在公堂上頂撞縣令，被革去舉人，其後經知府陳魯、按察使蒯賀孫、巡撫楊昌濬等三人審訊，逼其牽出錢寶生，誘錢寶生具結，指證楊曾購買砒毒，而確定楊乃武與葛畢氏共謀殺害葛品連。〔註 87〕

然而，楊乃武乃工於刀筆之人，於同治十三年四月、九月兩次「京控」，〔註 88〕希望擴大輿論，從而冀求覆審翻案，但並未達成翻案目的，只擴大了

〔註 85〕關於楊乃武案，參見徐珂，《清稗類鈔》，〈獄頌類〉，頁 227；黃濬，《花隨人聖盦摭憶》，頁 357～360、378～389；沈桐生，《光緒政要》（台北：文海出版社，民國 58 年近代中國史料叢刊），冊一，卷 3，光緒三年二月。

〔註 86〕徐珂，《清稗類鈔》，〈獄頌類〉，頁 227；黃濬，《花隨人聖盦摭憶》，頁 357～360、378～389；沈桐生，《光緒政要》，冊一，卷 3，光緒三年二月。

〔註 87〕徐珂，《清稗類鈔》，〈獄頌類〉，頁 227；黃濬，《花隨人聖盦摭憶》，頁 357～360、378～389；沈桐生，《光緒政要》，冊一，卷 3，光緒三年二月。

〔註 88〕按清制：中央掌握司法權者爲三法司，即刑部、都察院、大理寺；三者職權劃分是刑部受天下刑名，都察院司糾察，大理寺司駁正，不過地方刑案統由刑部

輿論，使清廷注意此事。其後再經楊昌濬與浙江學政胡瑞瀾兩次覆審，仍維持原判，輿論大譁。光緒元年都察院給事中邊寶泉，請提交刑部再審，但清廷之意在盡速結案。〔註 89〕然終獲刑部覆審。其最大關鍵乃是刑部侍郎夏同善、翁同龢力主覆審；再加以浙江京官十八人聯合具控，才促使此案得平反。〔註 90〕從翁日記中，可知翁對此案首先提出駁議，並細心閱卷，對於可疑之處，詳細籤出，逐一推斷案情，〔註 91〕最後刑部決定開棺驗屍，結果證得屍骨無毒，而推翻楊乃武被控之罪名。

楊乃武案所引起之政治風波導致劉錫彤發配黑龍江，胡瑞瀾、楊昌濬革職；清廷更通飭各督府，「嗣後承審案件，務當悉心研鞫，不得稍涉輕率」。〔註 92〕而本案之所以得提解刑部再審，並獲平反，實得力於翁同龢等人的細心閱卷、明察秋毫。翁氏在本案平反後，感嘆：

甚矣折獄之難，而有司者不可不審慎也。〔註 93〕

對予翁同龢在司法革新中之角色，吾人應給予正面的評價。

五、雲南報銷案

雲南報銷一案，涉及南北兩派之爭，最後導致南派王文韶罷官。先是御史陳啓泰，劾參太常寺卿周瑞清包攬雲南報銷，有該省糧道崔尊彝、知府潘英章來京賄託關說情事。其後，御史洪良品劾景廉、王文韶〔註 94〕於雲南報銷受賄巨萬。清廷派翁同龢及惇親王查辦。翁氏及惇親王詢問洪良品，洪只言「風聞其事，萬口同聲，無從指爲誰說」。〔註 95〕後又派麟書、潘祖蔭徹查

核覆。其必會審者，亦由刑部主編，在京的訟獄，均由刑部辦理。此外刑部尚奉旨審理京控案件。所謂京控，即遇特別之冤抑，而赴都察院、通政司、步軍統領衙門呈訴者。見允祹，《欽定大清會典》，冊 619，頁 625～644，755～765。

〔註 89〕《翁同龢日記》，冊二，頁 826（光緒元年十月十八日）。

〔註 90〕《翁同龢日記》，冊二，頁 834（光緒元年十二月十八日）。

〔註 91〕《翁同龢日記》，冊二，頁 826～7，851、891～2、903（光緒元年十月十八日～廿六日、十月卅日、十二月十八日，光緒二年四月三日、十二月九日、三年二月十六日各處）。

〔註 92〕《翁同龢日記》，冊二，頁 903（光緒三年二月十六日）。

〔註 93〕《翁同龢日記》，冊二，頁 892（光緒二年十二月九日）。另，黃濬認爲，此案之平反，翁氏背後，必有恭親王隱爲之助。見黃濬，《花隨人聖盦摭憶》，頁 383。

〔註 94〕王文韶，字夔石，浙江仁和人。傳略見《清史》，〈列傳〉，卷 438，頁 4904～4905。關於雲南報銷案，參見黃鴻壽，《清史紀事本末》，卷 56，頁 394。

〔註 95〕《翁同龢日記》，冊三，頁 1187（光緒八年八月廿六日）。

此案。御史鄧承修再劾樞臣（景廉、王文韶時為軍機大臣）未解除職務，應先罷斥。清廷再命翁氏、惇王會同查辦。潘、麟奏請覆核雲南報銷案，遂又命翁氏及惇王覆核。〔註 96〕

鄧承修，廣東人，有名的清流，他之參劾，實為北派攻擊之跡象，其後遂有張佩綸連續參劾，王文韶則三請開缺，才准其告養。〔註 97〕

本案派翁同龢及惇王覆審，原意惇王疏略，翁氏與王文韶同為南派領袖之一，可使此案從輕發落。宋料惇王執意主張嚴辦，翁日記曾有：

> 惇邸兩次請見，不知命意所在，大抵羅織指摘而已，殊無謂也。〔註 98〕

加之李鴻藻、閻敬銘兩人亦加以聲援，〔註 99〕本案的政治意義加深，因李、閻二人均為北派領袖。

翁日記中詳述廷議時的折衝情形：

> 召見東暖閣，垂廉諭曰：報銷案如何。……閻公（敬銘）對：國家多故，天子幼沖，而玩法之人敢於舞弊至此……得毋輕縱耶。……惇邸曰：須遵旨嚴辦……邸曰：太后垂廉辦事，若輕縱，將來上親政時，必有議論。余（翁）曰：惇親王失言，太后廉聽以來，事事秉公持正，即此案亦斟酌詳審，何議論之可滋也。諭曰：我意亦非從重，但須按律例。臣（翁）進曰：今已從重，若再加重，豈非欲殺此二人乎。此不足惜，特不枉法如此，枉法將何以處之，臣等在書房所日日講明者仁字義字，豈欲導君於刻乎，語極多，不能悉記……。〔註 100〕

從引文中可知，閻敬銘亦主張從重處理，此舉或是聲援惇王。其後的廷議，惇王執意從重，翁則指稱惇王「不諳律例」，且慈禧仍強調「無意加重」。〔註 101〕本案終於從輕發落，均以失察議處，景廉仍留軍機大臣行走，王文韶等降二級處分。〔註 102〕北派從重議處之意終未達成。惟王已於先前自請去職。王去職後，不意翁同龢、潘祖蔭聯翩入樞，實是北派始料未及。

〔註 96〕《翁同龢日記》，冊三，頁 1188、1191（光緒八年九月一日、廿三日、廿六日）。

〔註 97〕《翁同龢日記》，冊三，頁 1195、1196（光緒八年十月廿二、廿四日，十一月五日），張佩綸劾王文韶「眾望不孚」。

〔註 98〕《翁同龢日記》，冊三，頁 1230（光緒九年五月廿三日）。

〔註 99〕《翁同龢日記》，冊三，頁 1230（光緒九年五月廿三日）。

〔註 100〕《翁同龢日記》，冊三，頁 1230（光緒九年五月廿五日）。

〔註 101〕《翁同龢日記》，冊三，頁 1231（光緒九年五月廿九日）。

〔註 102〕《翁同龢日記》，冊三，頁 1235（光緒九年六月廿二日）。

本案前後延宕一年，得獲從輕議處者，實賴翁同龢之盡力折衝及慈禧的支持，其後翁入值軍機處，更可見其受慈禧之賞識。

六、天津教案

同治初年，教案頻仍，究其原因，不外係部份傳教士素質較差，及教民的囂張、平民的愚昧、地方官的顢頇、士紳的煽動、清廷的疑懼等。早年天主教之頻遭攻詆，大抵是政治的猜忌、名教禮俗的不同；至此則加以利害的衝突。官紳士大夫所憂慮者爲世道人心、國家安危，平民所懷恨者係切膚之痛。〔註 103〕

同治九年，天津一地時有小孩走失及天主教仁慈堂之幼童死亡之事發生，謠言指係遭天主堂謀害，被剖心挖眼，用以製藥鍊銀。民情激憤，包圍天主堂，法國領事豐大業（H. V. Fontanier），面詰三口通商大臣崇厚，開槍示威，並槍傷知縣隨從，致被毆斃。法國領事館、教堂、仁慈堂皆被焚，法人及俄、比、英、義十餘人被殺。〔註 104〕

法國代辦羅淑亞立召軍艦，要求嚴辦首從各犯，各國公使亦聯銜抗議。詔命直隸總督曾國藩持平辦理，並將天津地方官議處，派崇厚出使法國。曾國藩立意不與法國開衅，力辯洋人挖眼剖心之誣，出示查拏兇犯，修葺教堂，嚴禁滋事，並將天津知府、知縣撤任。於是輿論大譁，直斥曾護洋人。清廷雖欲保全和局，惟仍囑曾國藩勿失民心，同時命沿江沿海戒備。羅淑亞堅持將天津府、縣正法，法軍艦並直駛天津，清廷不得不調李鴻章北來，情勢緊張。適普法戰起，法氣勢減弱，各國恐普法之爭波及東亞，均望儘速結案，曾國藩此時舊病復發，以李鴻章爲直隸總督繼續處理此案。李將天津府、縣發往黑龍江効力贖罪，滋事人犯處死、軍流者各二十餘人；並賠償法國損失，崇厚赴法國謝罪。〔註 105〕

曾國藩堅持和局之理由爲，太平軍之亂初平，不宜與鄰邦構釁。〔註 106〕

〔註 103〕關於官紳、人民反教之原因，參見呂實強，《中國官紳反教的原因》（台北：中研院近史所，民國 62 年），及郭廷以，《近代中國史綱》，頁 212～213。

〔註 104〕關於天津教案，參見黃鴻壽，《清史紀事本末》，卷 54，頁 374～375。郭廷以，《近代中國史綱》，頁 216。

〔註 105〕黃鴻壽，《清史紀事本末》，卷 54，頁 374～375。郭廷以，《近代中國史綱》，頁 216。

〔註 106〕黃鴻壽，《清史紀事本末》，卷 54，頁 374。

但士大夫未顧及國家利害及國際情勢，既不以殺外國人爲非，亦不公然主戰，但以詆毀曾氏之主和爲能。即曾爲曾國藩幕客之王闓運，亦認曾氏不應「抑民氣」。〔註107〕曾氏常自謂「外慙清議，內疾神明」，「拼卻聲名，以顧大局」。〔註108〕

翁同龢亦主張強硬態度，先是稱事者爲「義民」；〔註109〕對於崇厚之親向法國請罪更認係「直是心悅誠服，非含垢忍辱而已」，並批評曰：「曲意逢迎，不堪言狀」。〔註110〕其後，曾氏赴京，天津人民未申辦，翁則「相與嘆息而已」。〔註111〕及曾奏稱洋人無迷拐情事，將天津府、縣治罪時，翁於廷議時強調：

> 此天下人心所係，國法是非所係，望在申問曾某，倘無把握則宜從緩，似不必於言談間定議。〔註112〕

是時朝中大臣，除恭親王主和外，李鴻藻、倭仁、惇王、伯彥納謨祜等人皆主張強硬政策。疆吏中李鴻章則主和局，翁氏因譏其爲「一意軟磨」。丁寶楨則不惜開戰。〔註113〕

翁氏反對妥協的態度，更從下列事情中看出，其一，翁聞御史上奏，通商衙門諸臣藉和議自重時，視爲「極亢直可敬」。〔註114〕其二，翁極力拉攏北派領袖李鴻藻，對於李受恭王之排擠，加以聲援。〔註115〕其三，翁氏在授皇帝讀書時，稱許同治帝的強硬態度。〔註116〕此亦顯示翁與同治帝皆昧於國際情勢，不惜開戰。

翁氏批評曾氏處理津案，「不成事體」，〔註117〕甚至於當面相譏，〔註118〕很難斷定其中是否夾雜私人恩怨。

翁氏對外雖素主強硬態度，但光緒六年之中俄伊犂交涉，卻持妥協立場，

〔註107〕王闓運，《湘綺樓日記》，冊一，頁39（同治九年七月廿三日）。
〔註108〕黃濬，《花隨人聖盦摭憶》，頁187。
〔註109〕《翁同龢日記》，冊二，頁547（同治九年五月廿五日）。
〔註110〕《翁同龢日記》，冊二，頁551（同治九年六月十九日）。
〔註111〕《翁同龢日記》，冊二，頁552（同治九年六月廿日）。
〔註112〕《翁同龢日記》，冊二，頁553（同治九年六月廿五日）。
〔註113〕《翁同龢日記》，冊二，頁553、554（同治九年六月廿五日、廿八日）。
〔註114〕《翁同龢日記》，冊二，頁557（同治九年七月廿一日）。
〔註115〕《翁同龢日記》，冊二，頁561（同治九年八月十二日）。
〔註116〕《翁同龢日記》，冊二，頁562（同治九年八月廿五日）。
〔註117〕《翁同龢日記》，冊二，頁556（同治九年七月十八日）。
〔註118〕《翁同龢日記》，冊二，頁568（同治九年十月六日）。

其中涉及政治派系之爭奪。

七、中俄伊犁交涉案

新疆伊犂叛亂後，俄國於同治十年佔領伊犂。〔註 119〕光緒五年清廷派崇厚前往俄京交涉。崇厚雖具十餘年之外交經驗，但於俄情及新疆情勢均無所知。是年八月，崇厚擅自與俄訂約：伊犂西、南境歸俄，俄人得於蒙古、新疆無稅貿易，俄船可航行松花江，償款……等。中國所得僅伊犂空城。輿論大譁，廷議將崇厚革職拏問，否認其所簽之約。俄國及各國公使抗議，不應懲處崇厚。清廷不為所動，進而定崇厚死罪。其時所謂「清流」之張之洞尤主強硬態度（李鴻藻隱為主持）；左宗棠且作武力歸復之計。〔註 120〕

在懲處崇厚的同時，光緒六年元月清廷改遣出使英、法之曾紀澤赴俄，商請改約。〔註 121〕曾通曉時事，不主用兵，抵俄後，即請免崇厚之罪以為轉圜；加以各國亦不願中、俄爭端擴大，崇厚之罪名遂被撤銷。經曾紀澤的努力折衝，終於收回伊犂以南，取消俄船航行松花江。〔註 122〕

本案交涉期間，李鴻藻、張之洞所代表之「清流」議論激昂；惟恭王與翁同龢採妥協態度。先是張之洞力言宣戰，有「四要」之說——即計決、氣壯、理直、謀定，〔註 123〕而朝臣似奉張之洞之言論為圭臬，翁稱為「雜然一群鵝鴨」。〔註 124〕光緒五人十二月十日廷議中，由翁氏之言論得窺知其妥協態度：

> 東暖閣大起……凡四十五人。諭曰……此事委曲已久，不意要挾至此，萬不能忍……龢對曰：謀國之方以保境息民為大，境不保民不息，則據理與爭，但欲用兵必先籌餉，非空言可了。諭曰：紙上談

〔註 119〕關於中俄伊犂交涉案，參見黃鴻壽，《清史紀事本末》，卷 57，頁 407；《清史》，〈曾紀澤列傳〉，卷 233，頁 4946。郭廷以，《近代中國史綱》，頁 221～224。

〔註 120〕同上註各書，及《翁同龢日記》，冊三，頁 1026～1110（光緒五年八月廿六日～七年四月十八日）散見各處。

〔註 121〕《翁同龢日記》，冊三，頁 1043（光緒六年元月三日）。

〔註 122〕郭廷以，《近代中國史綱》，頁 223。

〔註 123〕《翁同龢日記》，冊三，頁 1038（光緒五年十二月五日）。又，總署大臣沈桂芬，曾保崇厚使俄，此時為脫身計，亦附和清議。見《翁同龢日記》，冊三，頁 1028（光緒五年九月十四日）；郭廷以，《近代中國史綱》，頁 222。

〔註 124〕《翁同龢日記》，冊三，頁 1038（光緒五年十二月五日）。

兵有何實際。龢曰：二十年來所謂自強者安在，要從朝廷起，振刷精神，尤須定以限制，日有深月有程方好……宣諭後面跪者有所見即奏，皆寂然……惟余語最多耳。〔註 125〕

翁以保境息民爲訴求重點，其妥協的立場實是孤立無援。其後張之洞亦反對重新遣使交涉，認「有辱國體」。〔註 126〕李鴻藻則主張准新約而殺崇厚。〔註 127〕

光緒六年八月十八日廷議，恭王、翁氏主和，而惇王、寶廷、徐桐主戰。翁強調，「一戰即和，遺誤更大」。〔註 128〕翁且私下與恭王商談此案，二人意見契合。九月六日再議此案，翁謂「和局萬不可破，武備萬不可緩」。〔註 129〕凡此皆可說明翁於此案一反往日排外、強硬政策，而能衡量國家利害，不輕言戰爭。學者或謂翁之主和乃爲討好恭王，及欲擊敗政敵徐桐。〔註 130〕惟從翁日記中可知，翁與恭王似有意見上之齟齬。〔註 131〕翁所以一敵眾論，且常大言爭辯，並能獲勝，乃因翁氏身爲帝師之故。其對外妥協的態度，亦可視爲對國際情勢已有進一步的體認，翁氏在中俄伊犂交涉案中之積極角色，應獲肯定。

由以上之討論，大致可以肯定翁氏在楊乃武案、雲南報銷案及中俄伊犂交涉案中的正面積極角色。而戊午科場案、戶部官票所案、苗沛霖案因涉及翁之親人，天津教案或許參雜私人恩怨，致使翁的看法略失公允。

第三節　光緒十年（1884）以後

光緒十年以後的政治外交事件中，中法戰爭及膠澳事件，翁採妥協的立場。甲午戰爭及拳亂、日俄戰爭，翁則顯示強硬的態度。而在變法維新方面，翁氏初則扮演積極推動的角色，其後則顯採保守態度。

中法之役，清議激昂主戰，恭王、李鴻藻主和，成爲指責的目標。戰爭失利，恭王與軍機大臣同被革罷；其中參雜慈禧、恭王、醇王的私人恩怨、權利鬥爭。甲午之役，翁氏主戰，戰敗的教訓促使翁積極走向改革變法，膠

〔註 125〕《翁同龢日記》，冊三，頁 1039。
〔註 126〕《翁同龢日記》，冊三，頁 1041（光緒五年十二月廿六日）。
〔註 127〕《翁同龢日記》，冊三，頁 1068（光緒六年八月十八日）。
〔註 128〕《翁同龢日記》，冊三，頁 1068（光緒六年八月十八日）。
〔註 129〕《翁同龢日記》，冊三，頁 1070（光緒六年九月一日）。頁 1071（光緒六年九月六日）。
〔註 130〕蕭公權，《翁同龢與戊戌維新》，頁 12。
〔註 131〕《翁同龢日記》，冊三，頁 1071（光緒六年九月六日）。

澳事件之談判，翁又轉趨妥協態度。戊戌罷官，謫居常熟後，思想趨保守，對於拳亂時，外人佔領北京的痛恨甚至於超過對促成拳亂的人的痛恨。〔註 132〕

一、中法戰爭及甲申易樞案

中法之役，以李鴻藻、張之洞為主的清議，力主強硬態度；李鴻章與恭王則主妥協立場。戰爭失利，恭王及軍機大臣全被革職，所謂的「清流黨」亦全毀於此役。其中參雜著恭王與慈禧、醇王之間的私人恩怨、權利鬥爭。

先是法國佔領越南後（光緒八年），清議激昂，「清流黨」如陳寶琛、張佩綸、張之洞等，力主存越固邊，光緒九年張佩綸上奏曰：

越南大挫，恐無識者遂欲罷兵讓地，備不可弛。〔註 133〕

左宗棠亦力持戰論。〔註 134〕張樹聲更慷慨以兵事自任。〔註 135〕在此之前，翁已採取審慎態度，視清議之主戰為自不量力：

言者皆稱用兵越南可以得志，抑何不量力耶！〔註 136〕

足見翁已能考量當時之國際情勢及國家利益。翁曾於與李鴻藻議論此案時，因意見不合而大動聲色；〔註 137〕翁並稱許赫德「啓衅之議」為由衷之言。〔註 138〕

其後戰爭失利，翁日記：

越事糜爛，一籌莫展，余連日屢以轉圜為言，今日仍力言之，然無和者。〔註 139〕

翁並於召對時力陳「結局之難，海防之不足恃」。〔註 140〕更顯示翁之妥協立場。

中法之役，清廷雖有台灣及諒山大捷，而不敢繼續進攻者，乃因福州馬江戰敗，張佩綸狼狽而逃，清流黨不再放言高論，主戰派氣焰頓挫；繼而朝鮮亂事爆發，李鴻章感日患大於法禍，朝鮮重於越南，加以為確保台灣（台灣遭法封鎖）而撤兵停戰。〔註 141〕惟張之洞力言不可撤兵，認為：

〔註 132〕關於清流之說，參見第三章註 232。
〔註 133〕《翁同龢日記》，冊三，頁 1242（光緒九年八月三日）。
〔註 134〕《翁同龢日記》，冊三，頁 1240（光緒九年七月十六日）。
〔註 135〕《翁同龢日記》，冊三，頁 1245（光緒九年八月廿五日）。
〔註 136〕《翁同龢日記》，冊三，頁 1223（光緒九年四月十一日）。
〔註 137〕《翁同龢日記》，冊三，頁 1249（光緒九年九月十七日）。
〔註 138〕《翁同龢日記》，冊三，頁 1253（光緒九年十月十三日）。
〔註 139〕《翁同龢日記》，冊三，頁 1259（光緒九年十一月廿六日）。
〔註 140〕《翁同龢日記》，冊三，頁 1274（光緒十年三月廿日）。
〔註 141〕郭廷以，《近代中國史綱》，頁 249～250。

越師勢如破竹，東都垂手可得，我即全台俱失，亦足相抵。〔註 142〕

足見其昧於內外情勢，未能顧及國家利益。

戰事初期，前方軍事不利，言官劾樞臣無狀，致使恭王、李鴻藻等軍機大臣悉遭革職，即所謂「甲申易樞」案。本案之先實已有迹可尋。

慈禧聯合恭王發起辛酉政變，取得政權。對恭王不得不降志以從；惜恭王不能持盈保泰，使慈禧決心削減其勢。同治四年三月，日講起居注官編修蔡壽祺疏劾恭王「攬權、納賄、徇私、驕盈」，太后欲治重罪，召大學士查辦。惟蔡供無實據，然慈禧仍革去恭王一切差使，不准干預公事：

查辦雖無實據，事出有因，究屬曖昧，難以懸揣。恭親王妄自尊大，諸多狂傲，倚仗爵高權重，目無君上……諸多挾制，往往暗使離間，不可細問。每日召見，趾高氣揚，言論之間許多取巧妄陳……恭親王著毋庸在軍機處政，革去一切差使，不准干預公事……。〔註 143〕

是日惇親王上疏請求曰：

議政王以言獲咎，尚無別項昭著劣跡，罷斥恐失中外之望，請飭廷臣集議。〔註 144〕

其後醇于及廷臣皆上疏請求寬免，恭王復蒙任用，但已無議政王軍大臣之名義。〔註 145〕可見輿論不能搖太后之決心。

光緒建統，醇親王爲避嫌，自請開去差使，恭王亦謂醇王宜開去差使，〔註 146〕不無排擠之心。醇王本嫉恭王之宣赫權勢，此時嫌隙更深。慈禧欲利用醇王以抗恭王，有意籠絡優寵。〔註 147〕光緒二年，文祥病卒，恭王勢單力孤。六年「午門案」，〔註 148〕慈禧與恭王發生激烈爭執，繼而七年，慈安去世，恭王、慈禧間頓失緩衝，衝突終不可免。

光緒十年，中法戰役失利，恭王及李鴻章皆受清議指責。慈禧召見時，恭王反以慈禧五十生辰演戲，進呈禮物等淺俗末節之事呈請，不僅慈禧輕鄙，

〔註 142〕《翁同龢日記》，冊三，頁 1353（光緒十一年三月七日）。
〔註 143〕《翁同龢日記》，冊一，頁 271（同治四年三月四日、八日）。
〔註 144〕《翁同龢日記》，冊一，頁 271（同治四年三月四日、八日）。
〔註 145〕《翁同龢日記》，冊一，頁 272～279（同治四年三月九日～四月十五日）。
〔註 146〕《翁同龢日記》，冊二，頁 771（同治十三年十二月八日）。
〔註 147〕郭廷以，《近代中國史綱》，頁 253。
〔註 148〕光緒六年八月，慈禧之太監違禁携物出宮，與護軍互毆，慈禧執意嚴懲護軍，恭王力爭始罷，此即所謂「庚辰午門案」。見《翁同龢日記》，冊三，頁 1067（光緒六年八月十三日）。

翁同龢亦譏其瑣屑，缺乏識量，翁日記：

> 兩邸（惇親王、恭親王）所對皆淺俗語，總求賞收禮物，垂諭極明，責備中有沉重語。臣（翁）越次言惇親王、恭親王宜遵聖諭，勿再瑣屑，兩邸叩頭匆匆而去，天潢貴胄，親藩重臣；識量如此。〔註 149〕

言官盛煜首先劾樞臣無狀。二日後即罷斥全體軍機大臣，翁日記：

> 欽奉懿旨，恭王奕訢，大學士寶鋆入值最久，責備宜嚴……奕訢著加恩仍留世襲罔替親王……開去一切差使……寶鋆著原品休致……李鴻藻因囿於才識，遂致辦事竭蹶，景廉只能循分供職，經濟非其所長，均著開去一切差使。……翁同龢甫直樞廷，適當多事，惟既別無建樹，亦有應得之咎，著加恩革職留任，退出軍機處，仍在毓慶宮行走，以示區別。〔註 150〕

另代之以禮親王世鐸及醇王親信孫毓汶（學習行走）及戶部尚書額勒和布、閻敬銘，刑部尚書張之萬等人。

此一罷樞事件，學者或謂醇王預備已久，〔註 151〕應可視爲慈禧與醇王之相互利用。惟，自此以後，大權落入孫毓汶之手，「賄賂公行，風氣日壞，朝政益不可問」。〔註 152〕以往清流黨放言高論，君臣尚畏清議，今則清流魁杓李鴻藻被罷，張佩綸、陳寶琛外放、落職，缺乏制衡，國事遂不可爲。

恭王、寶鋆、李鴻藻執政凡二十餘年，而清流實隱助之；惜清流盡毀於甲申。後起名士，如盛煜、文廷式、張謇皆倚附翁同龢，翁隱然成爲清議領袖。甲午中日衝突，清議仍持一貫的主張強硬對外，戰事不可免，翁之角色亦從此由妥協轉爲強硬。

二、甲午戰爭

光緒二十年中日甲午戰爭，李鴻章自始即竭力避免與日本決裂，疆吏中兩江總督劉坤一，湖廣總督張之洞亦採審愼態度。中樞大臣中對光緒具影響力者，首爲翁同龢，次爲李鴻藻。而李鴻藻素主對外張硬，翁又與李鴻章不

〔註 149〕《翁同龢日記》，冊三，頁 1275（光緒十年三月五日）。
〔註 150〕《翁同龢日記》，冊三，頁 1276（光緒十年三月十三日）。
〔註 151〕李宗桐，劉鳳瀚，《李鴻藻先生年譜》，冊上，頁 410（光緒十年三月十四日）。
〔註 152〕黃濬，《花隨人聖盦摭憶》，頁 331。

合，光緒意氣方盛，慈禧亦憤日本煎逼太甚，終使戰事不可避免。〔註 153〕

論者謂，甲午之役實由翁一人主之，源於翁李二人之私人恩怨，翁明知海軍不可爲，仍力主開戰，其目的欲使李難下台。〔註 154〕翁氏之主戰，或有上述之因；但最主要因素，乃因受張謇、文廷式二人之影響。張謇曾隨吳長慶赴朝鮮辦理「壬午事變」，深知日之野心；張又恃北洋海軍可戰，故力主備戰。〔註 155〕學者謂光緒頗欲振作，翁同龢亦期一戰而勝，以樹立光緒之威權，擺脫慈禧之控制。主和者，爲深具實力的當權派；主戰者，爲僅能作空論的幻想派。〔註 156〕但無論主戰派或主和派，均無全權，實際決定權仍於慈禧。將甲午戰敗歸咎於翁，或翁、李的私人恩怨皆非公允之論。

戰爭之前翁與李鴻藻同主添兵，調旅順及東北省兵支援，而光緒則一力主戰，慈禧亦表示不准示弱；〔註 157〕李鴻章則仍惟恐開畔。戰事初起，平壤戰敗，丁汝昌採守勢，廷臣交責，翁、李鴻藻謂「不治此人罪，公論未孚」，〔註 158〕乃議丁氏革職留任處分。俟黃海戰役失利，李鴻藻以爲李鴻章有心貽誤，翁則聲援李鴻藻，稱李鴻章事事落後。〔註 159〕

平壤、黃海慘敗，主戰者爲之氣餒，李文田等人連銜建議起用恭親王，翁、李鴻藻亦主之。慈禧固謂不可示弱，亦非要戰，首先派翁赴津面告李鴻章尋求俄國調停，此時已有和意，但翁仍主戰。翁日記：

> 皇太后曰：翁某可往天津面告李某……俄人喀希尼前有三條同保朝鮮語，今喀使將回京，李某能使設法否。臣（翁）對此事有不可者五，最甚者俄若索償，將何畀之……乞別遣，叩頭辭者再，不允。最後諭曰：吾非欲議和也，欲暫緩兵耳，汝既不傳此語，則徑宣旨，責李某何以貽誤至此……臣爲天子近臣，不敢以和局爲舉世唾罵

〔註 153〕郭廷以，《近代中國史綱》，頁 272～274。

〔註 154〕王伯恭，《蜷廬隨筆》，頁 1，〈光緒甲申朝鮮政變始末〉；黃濬，《花隨人聖盦摭憶》，頁 441～443。羅惇曧，《中日兵事本末》，見《滿清野史》（台北：文橋書局，民國 61 年），第四種，頁 261；胡思敬，《國聞備乘》（台北：文海出版社影印，民國 59 年），〈名流誤國〉，頁 1785。王樹枏，《德宗遺事》（台北：台灣學生書局影印，民國 62 年），頁 45～46。

〔註 155〕張孝若，《南通張季直先生傳記》，（台北：台灣學生書局，民國 63 年），頁 60～62。

〔註 156〕郭廷以，《近代中國史綱》，頁 278。

〔註 157〕《翁同龢日記》，冊四，頁 1891、1892（光緒廿年六月十四日、十五日）。

〔註 158〕《翁同龢日記》，冊四，頁 1900（光緒廿年七月廿五日）。

〔註 159〕《翁同龢日記》，冊四，頁 1906（光緒廿年八月十八日）。

也。〔註160〕

二日後，翁赴津，見李鴻章：

傳皇太后、皇上諭慰勉，即嚴責之。鴻章惶恐，引咎曰：緩不濟急，寡不敵眾，此八字無可解。後責以水陸各軍敗衄情狀，則唯唯而已。余復曰：陪都重地，陵寢所在，設有震驚，奈何？則對曰：奉天兵實不足恃，又鞭長莫及，此事真無把握……。〔註161〕

李鴻章深信俄援，認為「能保俄不占東三省」。〔註162〕翁則疑慮俄之態度，並面告慈禧俄不足恃建議請英出面，〔註163〕英使歐格納商諸各國調停，以朝鮮獨立，中國賠償為條件，翁同龢、李鴻藻反對，但慈禧已決意謀合。翁日記：

論款事語極長，然天意已定，似不能回矣……歸而憤懣，求死不得。〔註164〕

慈禧已欲議和，亦可從慈禧仍想於頤和園慶賀生日看出，翁日記：

禮、慶兩邸召對，但言今日所言皆係慶典，時事至此，令人嗟詫。〔註165〕

又言官請下罪已詔，光緒同意，翁則曰：

此即盛德，然秉筆甚難，假如土木宦官等事，可臚列乎抑諱弗著乎，諱則不誠，著則不可，宜留中省省覽，躬自苛責而已。〔註166〕

土木之事當指慈禧之大修夏宮。及至旅順戰敗，翁、李鴻藻引咎：「憤慮填膺，恨不速死」。〔註167〕而恭王亦正式向各國請求調停。李鴻章被革職留任。瑾妃、珍妃、及其長兄志銳，亦被處分〔註168〕御史高爕曾，溥侗封奏樞臣挾私朋比，形同水火，宜分別邪正。安惟峻請殺李鴻章，並明指議和出自慈禧及太監李蓮英。〔註169〕清廷派張蔭桓、邵友濂為全權大臣，日本除意在朝鮮獨立、賠款外，尚欲割地及取得在華特權，藉口張、邵兩人全權不足，決心予中國挫

〔註160〕《翁同龢日記》，冊四，頁1907-8（光緒廿年八月廿八日）。
〔註161〕《翁同龢日記》，冊四，頁1908（光緒廿年九月二日）。
〔註162〕《翁同龢日記》，冊四，頁1908（光緒廿年九月二日）。
〔註163〕《翁同龢日記》，冊四，頁1910（光緒廿年九月六日）。
〔註164〕《翁同龢日記》，冊四，頁1911（光緒廿年九月十六日）。
〔註165〕《翁同龢日記》，冊四，頁1916（光緒廿年十月三日）。
〔註166〕《翁同龢日記》，冊四，頁1918（光緒廿年十月十三日）。
〔註167〕《翁同龢日記》，冊四，頁1921（光緒廿年十月廿七日）。
〔註168〕《翁同龢日記》，冊四，頁1922（光緒廿年十一月二日）。
〔註169〕《翁同龢日記》，冊四，頁1922～3（光緒廿年十一月四日、七日）。

辱，遂有威海衛之役（光緒二十一年一月），北洋艦隊全部瓦解，丁汝昌服毒自殺。清廷慮都城之危，終於授李鴻章商讓土地之權。李氏與清廷所爭者，在於賠款及割讓遼東半島、台灣、澎湖。〔註 170〕翁同龢尤強烈反對割讓台灣，認爲恐從此失天下人心。但恭王、徐用儀、孫毓汶皆知非割地無以了局。翁與同僚爭論，不免憤激、涕泗橫集。〔註 171〕光緒亦曰：

台割則天下人心皆去，朕何以爲天下主。〔註 172〕

翁接獲台灣門人俞應靈、丘逢甲電，字字血淚，更覺「無面目立於人世」。〔註 173〕條約批准時，翁與光緒「相顧揮涕」。〔註 174〕

由以上討論可知，翁在甲午之役的角色與中法戰爭時截然不同，以翁爲首的清議力主強硬態度，而且與北派李鴻藻採相同的立場。論者咸將戰敗之咎歸於翁氏之主戰；實則慈禧、光緒亦主張強硬態度。而甲午之敗，乃因軍事設備窳劣及事權不統一。

三、膠澳案

馬關條約簽訂後，俄、德、法三國干涉還遼。德國不滿其所得之報酬——漢口、天津租界。德國意在中國取得一軍事基地，德使海靖（Von Heyking）兩度向總署要求租界未果。光緒二十三年十月山東曹州發生仇殺德國教士案，德國以此爲藉口佔領膠州灣。英以德佔膠州灣可平衡俄之勢力，而俄則認爲可援例取得大連、旅順，兩國遂皆同意德之佔膠州灣。其後，俄國遂取得旅順、大連，各國互相承認勢力範圍，中國終被列強瓜分。〔註 175〕

膠澳事件中翁採妥協政策，清廷派翁及張蔭桓負責交涉。學者稱翁欲利用膠澳事件以打擊李鴻章在外交方面的聲望，然翁氏雖有張蔭桓相助，仍無法勝任，其所造成之外交殘局，仍由李鴻章出面了結。〔註 176〕事實是，翁與張蔭桓所努力達成之交涉，卻爲李之聯俄政策破壞。

〔註 170〕《翁同龢日記》，冊四，頁 1940（光緒廿一年一月廿八日、三十日），頁 1947（三月十日、十二日）。

〔註 171〕《翁同龢日記》，冊四，頁 1949（光緒廿一年三月廿四日）。

〔註 172〕《翁同龢日記》，冊四，頁 1950（光緒廿一年三月廿九日）。

〔註 173〕《翁同龢日記》，冊四，頁 1949（光緒廿一年三月廿五日）。

〔註 174〕《翁同龢日記》，冊四，頁 1952（光緒廿一年四月八日）。

〔註 175〕郭廷以，《近代中國史綱》，頁 291～292。

〔註 176〕蕭公權，《翁同龢與戊戌維新》，頁 12。

以下即闡析膠澳事件之經緯。曹州教案發生時（光緒二十三年十月七日），正值慈禧祝作六十萬壽，翁不敢據實入奏。〔註177〕德艦佔領膠州灣，翁即草電旨兩道，一命山東巡撫李秉衡不得先行挑釁，並訓令駐德公使許景澄與德國政府交涉。〔註178〕由此可知翁之妥協態度。

德佔膠州灣後，俄國亦派艦由海參威赴膠州灣，並向德抗議。俄欲藉此向中國取得利益，不過虛張聲勢而已，翁氏且已看出「兩國別有所求」。〔註179〕

德國公使海靖首先要求賠償，取得山東路礦、革去山東巡撫，以免事端擴大，導致各國干預。赫德亦勸翁同龢「此事若不速了，可憂者不僅兵費」，且警告中國將有被瓜分之禍。〔註180〕但李鴻章卻將海靖所提之條件洩漏與各國使館。〔註181〕中德雙方更覺有從速解決之必要。

然而海靖之態度卻前倨後恭。依翁日記所載交涉情形，當總署有恭王在座時，則「語極滑而橫」；與翁、張會談，則「一一皆有頭緒」。〔註182〕海靖此舉，顯欲抬高折衝對手之地位，以期交涉得以速成，目的在造成對德交涉非翁、張不可。翁遂得全權與海靖交涉，隱示可別指一島替代膠州灣，翁日記：

> 赴德館，以照會稿讀之……此稿就昨入擴充，惟第六款聲明不合賠償，〔註183〕而述兩國交情，且有助歸遼東之誼，當另案辦理，蓋隱示以可別指一島也。此等語何忍出口，特欲弭巨禍低顏俯就耳，嗚乎，悕矣。〔註184〕

翁希望別指一島，使德儘速退兵，杜絕俄之干預。不意德軍忽又進佔即墨（十月十二日），翁、張心知此乃德爲「另案」作張本，並不足爲慮。但李卻藉此責問德國，擴大衝突。翁記道：

> 將成未成之際，恐生枝葉……李相作照會（按，即責德國出兵即墨），

〔註177〕慈禧作壽，自初八日起賞大臣聽戲，教案發生，張蔭桓前往辦理，翁深怕慈禧發覺張缺席，垂詢原因，曾函張，務必於初九到班。見《松禪老人尺牘墨跡》（台北：國立故宮博物院影印，民國66年），頁87。翁日記中則十五日才載山東教案，見《翁同龢日記》，冊五，頁2126（光緒廿三年十月十五日）。

〔註178〕《翁同龢日記》，冊五，頁2128（光緒廿三年十月廿二日）。

〔註179〕《翁同龢日記》，冊五，頁2129（光緒廿三年十月廿四日）。

〔註180〕《翁同龢日記》，冊五，頁2130（光緒廿三年十一月三日）。

〔註181〕《翁同龢日記》，冊五，頁2130（光緒廿三年十一月四、五日）。

〔註182〕《翁同龢日記》，冊五，頁2132（光緒廿三年十一月九、十日）。

〔註183〕第六款即赫德所提之照會第六條——租借膠州灣。見《翁同龢日記》，冊五，頁2132（光緒二十三年十一月十、十一日）。

〔註184〕見《翁同龢日記》，冊五，頁2132（光緒二十三年十一月十、十一日）。

余不謂然，鈎十餘行，樵野來，直云不可，須勿行。〔註 185〕

十月十四日，翁偕張蔭桓赴德使館與海靖會議，獲初步結論，德同意軍艦退出膠澳、不索兵費，「別指一島」一事，另案辦理，〔註 186〕交涉可說已成。不料，次日（十五日），翁、張二人未赴總署，適俄公使到署，李鴻章向俄要求干預，代索膠澳。〔註 187〕李此舉，光緒、恭王、慶王皆不以爲然。然此時德尚不知李氏請俄代索膠澳，如欲補救，只得聲明李之交涉無效。故張蔭桓擬旨，聲明其非翁、張二人之商辦，國家不予承認。〔註 188〕但恭王爲顧李之顏面，不用此旨，遂無可挽回。

此後，德國態度轉變，更導致日後俄國之大舉干預。翁日記所載十七～十九日，德之態度又反覆不定。〔註 189〕翁知俄之干預，必起波瀾，並斥李鴻章此舉係「拆局」，感嘆「事在垂成，橫生枝節」。〔註 190〕德國政策轉變，與俄合謀，取得在華利益。十一月二十六日俄艦抵大連灣。翁終於明俄、德合謀。〔註 191〕

由以上之討論可知，翁於膠澳事件中一改甲午之役時之排外強硬態度，而持妥協立場。而翁所致力達成之初步交涉，卻遭李鴻章之破壞。學者謂翁氏利用膠澳事件打擊李氏之外交聲望，依據私人的利害作決斷，而未一貫地依清廷之利益而作決策。〔註 192〕惟觀諸李鴻章於此事件中之聯俄政策所造成國家利益之損害，可知翁實是一切以國家利益爲重，而非依據個人利害。

四、變法維新案

光緒與慈禧的衝突，是左右十九世紀最後十年清朝政治發展的主要因素。戊戌政變不僅是維新派與守舊派間衝突的頂點，也是帝黨與后黨間鬥爭的最高潮。〔註 193〕后黨方面，有榮祿、剛毅、徐桐及孫毓汶；帝黨方面則有

〔註 185〕《翁同龢日記》，冊五，頁 2133（光緒二十三年十一月十二日）。

〔註 186〕《翁同龢日記》，冊五，頁 2133（光緒廿三年十一月十四日）。

〔註 187〕《翁同龢日記》，冊五，頁 2134（光緒廿三年十一月十五日）。

〔註 188〕《翁同龢日記》，冊五，頁 2134（光緒廿三年十一月十六日）。

〔註 189〕《翁同龢日記》，冊五，頁 2134～5（光緒廿三年十一月十七～十八日）。

〔註 190〕《翁同龢日記》，冊五，頁 2134、2136（光緒廿三年十一月十五、廿四日）。

〔註 191〕《翁同龢日記》，冊五，頁 2139（光緒廿三年十二月五日）。

〔註 192〕蕭公權，《翁同龢與戊戌維新》，頁 12。

〔註 193〕梁啓超，《知新報》，七十九號（1899），見楊家駱，《戊戌變法文獻彙編》（台北：鼎文書局，民國 62 年），冊二，頁 601～8。張孝若，《南通張季直先生傳記》，頁 56～7。

長麟、汪鳴鑾、安惟峻及文廷式等，〔註 194〕有人視翁同龢爲實際上之領袖。〔註 195〕事實上，翁係親帝而不反后。

慈禧與光緒不合，基本上係利害之衝突。慈禧選四歲之載湉承繼同治，其動機即在希望能繼續垂簾聽政。〔註 196〕光緒十二年，慈禧表明歸政，但又應臣民「懇求」繼續訓政兩年（十三～十四年）。〔註 197〕然而時局的發展使光緒更覺需「有所作爲」，以挽救國家的淪胥。〔註 198〕於是，兩宮之間不可避免的權力鬥爭急速展開，而於光緒二十四年達於頂點。

從翁日記可知，慈禧並未將政事交予光緒，仍繼續處決大政。如光緒二十一年，恭王告訴慈禧，光緒不願召李鴻章至北京以備諮詢，慈禧答以，「我可作一半主張」。〔註 199〕光緒二十四年三月，廷臣會議德國親王覲見事宜，張蔭桓擬旨，認爲仍需以慈禧名義。〔註 200〕

兩宮之間的衝突，亦根源於兩人性情及見解之不同，慈禧不信任光緒之治事能力，訓政時期，所有文件均經太監的奏事而傳至慈禧，她只「偶亦指一、二事示帝，非指示不得逕翻閱也」。〔註 201〕光緒親政前夕，她向光緒取得不可「變成法」的承諾，以約束光緒之作爲。〔註 202〕至於見解的不同，王照認爲帝后衝突與政治見解無涉；〔註 203〕章炳麟則指光緒缺乏原則。〔註 204〕事實上，慈禧並不反對改革，只反對改變或放棄帝制中國的傳統方式與價值。她之所以反對戊戌變法，部分是由於光緒及其臣工對變法運動操之過急；另

〔註 194〕陳鍪，〈戊戌變法時期反變法人物之政治思想〉，頁 148。《翁同龢日記》，冊四，頁 1989（光緒廿一年十月十七日）。〈康有爲答記者問〉，《中國郵報》，香港：一八九八年十月七日，見楊家駱，《戊戌變法文獻彙編》，冊三，頁 502。

〔註 195〕張孝若，《南通張季直先生傳記》，頁 56～7。

〔註 196〕《翁同龢日記》，冊二，頁 770（同治十三年十二月五日），醇親王聞慈禧選載湉承嗣，竟碰頭痛哭，昏迷伏地，掖之不能起。

〔註 197〕《翁同龢日記》，冊三，頁 1425、1427（光緒十二年六月十日、十八日）。

〔註 198〕張孝若，《南通張季直先生傳記》，頁 56。

〔註 199〕《翁同龢日記》，冊四，頁 1938（光緒廿一年一月十八日）。

〔註 200〕《翁同龢日記》，冊五，頁 2162（光緒廿四年三月十三、十七日）。

〔註 201〕金梁，《光宣小紀》（台北：廣文書局，民國 57 年）。

〔註 202〕金梁，《清帝外紀》（台北：廣文書局，民國 70 年）。

〔註 203〕王照，《方家園雜詠紀事》（台北：文海出版社影印，民國 57 年，近代中國史科叢刊），第三，頁 538。

〔註 204〕章炳麟，〈駁康有爲論革命書〉，收於《太炎文錄續編》（台北：新興書局，民國 45 年），卷 2，頁 732。章氏也罵光緒爲「載湉小丑」，引見戈公振，《中國報學史》（台北：台灣學生書局，民國 53 年），頁 154。

一方面，則是因變法派之作爲有將她排除於政治舞台之危險。

事實上，當兩宮衝突未趨嚴重時，慈禧之有條件贊成變法，使某些大臣認爲可能調和兩宮，變法救國。翁即認有此可能性，並付諸行動。翁氏與慈禧一樣致力維護傳統的道德價值，如史傳所稱，翁「調和兩宮，以聖教爲本」。〔註 205〕進而言之，翁氏之宦途受慈禧之提拔甚至可能比得自光緒還多，甚至光緒二十三年，光緒名義上執掌大政時，仍是先獲慈禧之首肯，才授翁協辦大學士之銜。〔註 206〕

翁氏意圖調和兩宮，可由以下情事看出，光緒十二年，翁勸光緒懇請慈禧延緩歸政，因而有訓政時期的產生（光緒十三～十四年）。〔註 207〕二十年，中日戰爭事件，翁獨排眾議，反對光緒下詔「罪己」。翁指出，如此將令慈禧難堪：

> 假如土木（指順皇太后之意而構築夏宮事）宦官等事，可臚列乎？抑諱弗著乎？諱則不誠，著則不可。〔註 208〕

正如史家所稱，翁實是「周旋帝后，同見寵信」。〔註 209〕

然而翁氏與光緒間之密切關係，竟使其不適於扮演調人的角色。由於翁備受光緒信任，自然被視爲帝黨。〔註 210〕甲午戰敗，三個月後，慈禧下令停止所有書房功課，在光緒與翁極力懇求下，始僅撤滿書房、洋書房，漢書房則繼續教讀一段時間。〔註 211〕或謂，慈禧之目的在減少翁氏與光緒接觸的機會。

以上所檢討者係翁氏之試圖調和兩宮。繼則闡析翁對變法改革的看法。自光緒十五年翁開始灌輸光緒變法觀念以來，他大體上同意康有爲變法的主張。翁、康均相信變法改革不應僅採西方器藝，而應「從內政根本起」；〔註 212〕但兩人觀點有一重要差別：康有爲對帝制時代之傳統較不尊重，翁則十分接近馮

〔註 205〕《常昭合志》，〈翁同龢傳〉，見翁同龢，《翁文恭公遺集》，頁 1。

〔註 206〕《翁同龢日記》，冊五，頁 2111（光緒廿三年八月十五日）。

〔註 207〕《翁同龢日記》，冊三，頁 1425～27（光緒十二年六月十、十一、十四、十六～十八日）。

〔註 208〕《翁同龢日記》，冊四，頁 1918（光緒廿五年十月十三日）。

〔註 209〕金梁，《道咸同光四朝佚聞》（台北：廣文書局，民國 67 年），頁 21。

〔註 210〕Richard, Timothy. *Forty five Yeasr*, London , 1916. P. 144：「翁是中國事實上的皇帝」。

〔註 211〕《翁同龢日記》，冊四，頁 1923～24、2005（光緒二十年十一月八～十日，二十二年元月十三日）。

〔註 212〕《翁同龢日記》，冊四，頁 2160（光緒廿四年三月四日）。翁同意康有爲聯英抗德建議，翁之同僚皆一致反對。

桂芬、陳熾、湯震等人的立場。〔註 213〕此外，黃遵憲、宋育仁對翁亦產生部分影響。黃遵憲曾贈翁「日本國志」，〔註 214〕宋育仁則送討論時務之著作。翁對宋氏之印象極深，但懷疑宋氏建議「改制度」的可行性。〔註 215〕李提摩太亦影響翁氏的變法思想，翁記載與李氏的談話，但對其意見仍有所保留：

> 記李提摩太語:「堯舜孔周之道，環地球無以易，……獨養民之政衰，聖人之道將不行。……政有四端：曰教民、曰養民、曰安民、曰新民。教之術，以五常之行推行於萬國。養則與萬國同其利，斯利大。安則弭兵。新者變法也。變法以興鐵路爲第一義，練兵次次。中國需參用西員，並設西學科。」此兩事駁之。〔註 216〕

翁批評李「參用西員、設西學科」之議，但接受李之其他論點。

翁氏也接受張謇有關工業發展的建議。〔註 217〕由於翁深知北京官場的怠惰氣息，〔註 218〕故若無行政之改革，經濟改革必不可成。光緒二十三年，翁答光緒對時勢的看法：

> 上頗詰問時事所宜先，並以變法爲意……（翁）謂從內政根本起。〔註 219〕

從以上論述可知，翁同意在經濟與軍事上使中國現代化；但反對制度的變革或放棄帝國的傳統價值。翁的變法觀可說是「溫和的」。從光緒二十四年四月二十三日，翁對光緒之言論，可澄清其基本態度，翁日記：

> （上曰）今宜專講西學，明白宣示等因，……臣（翁）對西法不可不講，聖賢義理之學尤不可忘。〔註 220〕

〔註 213〕翁對馮桂芬的看法，見本章第一節註第 31～33。翁對陳熾的評語是：「有志富強」，見《翁同龢日記》，冊五，頁 2050（光緒廿二年九月十九日）。翁曾進呈光緒馮桂芬，《校邠廬抗議》；陳熾，《庸書》；湯震，《危言》，見《翁同龢日記》，冊五，頁 1949（光緒廿一年三月廿三日）。

〔註 214〕《翁同龢日記》，冊五，頁 2051（光緒廿二年九月廿六日）。

〔註 215〕《翁同龢日記》，冊五，頁 1865（光緒廿年元月廿日）。

〔註 216〕《翁同龢日記》，冊五，頁 1981（光緒廿年九月初九日）。

〔註 217〕《翁同龢日記》，冊五，頁 2177（光緒廿四年四月十九日）。

〔註 218〕《翁同龢日記》，冊一，頁 842、865、984（光緒二年二月七日、六月四日、四年十月十四日）；冊三，頁 1083、1209、1256、58（光緒六年十一月廿五日、九年一月十八日、十一月六日、十九日）；冊四，頁 1562、1671（光緒十四年九月廿八日、十六年八月四日）。以上翁氏記載了他的觀察。

〔註 219〕《翁同龢日記》，冊五，頁 2143（光緒廿四年四月廿三日）。

〔註 220〕《翁同龢日記》，冊五，頁 2178（光緒廿四年四月廿三日）。

是日，翁草擬變法詔諭，〔註 221〕其中更顯示翁的思想：

王帝三王，不相沿襲，譬之冬裘夏葛，勢不兩存。用特明白宣示，嗣後中外大小諸臣，自王公以及士庶，各宜努力向上，發憤爲雄，以聖賢義理之學，植其根本，又須博採西學之切於時務者，實力講求，以救空疏迂謬之弊。〔註 222〕

「聖賢義理之學」同時出現於翁之啓奏與朝廷的詔令，反映翁之堅決支持帝制中國的道德傳統。

光緒二十四年四月廿七日，光緒下詔：

協辦大學士户部尚書翁同龢，近來辦事，多未允協，以致眾論不服，屢經有人參奏，且每於召對時，諮詢事件，任意可否，喜怒見於詞色，漸露攬權狂悖情狀，斷難勝樞機之任，本應查明究辦，予以重懲，姑念其在毓慶宮行走有年，不忍遽加嚴譴。翁同龢者即開缺回籍，以示保全。〔註 223〕

學者對於罷黜翁同龢之實際決定者，說法不一。康有爲與梁啓超將責任歸諸慈禧。支持此一看法者不乏其人。〔註 224〕或謂係由反對變法的人所推動；或歸咎於剛毅、榮祿、恭王。此等看法皆暗示光緒是迫於慈禧之命而下此詔諭。〔註 225〕

其他的看法則認係光緒本身之決定。因翁氏小心謹慎的變法態度與光緒的熱中相衝突，光緒準備擺脫已失慈禧寵信之翁同龢。〔註 226〕此說法似較近

〔註 221〕《翁同龢日記》，冊五，翁記道，「退擬旨一道」。

〔註 222〕變法詔諭見，華文書局編，《大清德宗景皇帝實錄》（台北：華文書局影印，民國 52 年），卷 418，頁 3814。

〔註 223〕《大清德宗景皇帝實錄》，卷 418，頁 3815。

〔註 224〕康有爲，《康南海自訂年譜》，見楊家駱，《戊戌變文獻彙編》，冊四，頁 136。梁啓超，《戊戌政變記》（台北：台灣中華書局，民國 72 年），頁 16。陳鍪，〈戊戌政變時期反變法人物之政治思想〉，頁 186。胡思敬則認爲翁的罷官乃因慈禧厭惡翁氏參與排除孫毓汶及徐用儀及推薦康有爲，見《戊戌履霜錄》，見楊家駱，前引書，冊四，頁 77。

〔註 225〕葉昌熾，《緣督盧日記》（台北：台灣學生書局，民國 53 年），卷 7，頁 15（二二四光緒廿四年四月廿九日）；及張謇，《嗇翁自訂年譜》，卷下，頁八，收入張孝若，《南通張季直先生傳記》；陳夔龍，《夢蕉亭雜記》（台北：文海出版社影印，民國 60 年）。以上皆言是剛毅。費行簡，《慈禧傳信錄》，見楊家駱前引書，冊一，頁 464～5，則認爲是榮祿。金梁，《四朝佚聞》，頁 21。認爲恭王臨死前曾控訴翁的居心，導致翁之去職。

〔註 226〕葉昌熾亦追溯翁的去職是起於翁氏與光緒之誤解。張孝若，《南通張季直先

於事實。翁之日記顯示，光緒二十四年元月至四月間，翁一再引起光緒的不快，〔註 227〕而御史不斷的參劾，可能有助於光緒作此決定。王鵬運劾翁氏與張蔭桓同謀索賄，高燮曾則指戶部舞弊。〔註 228〕李盛鐸密奏光緒對積極支持或阻碍變法的官僚「宜明責罰」。李之同僚宋伯魯亦提出相同之要求。〔註 229〕翁於看過此兩件奏摺後深感困擾。翁日記：

瞻仰昊天，寸衷如擣。〔註 230〕

次日，翁即遭罷黜。翁去職之次日，宋伯魯與楊深秀參許應騤「阻擾變法」，亦導致許之罷職。〔註 231〕可見翁後來的保守態度，是去職之主因。

此外，恭王逝世亦可能影響翁之去職。恭王對變法的看法較為溫和，可調和光緒與慈禧間之衝突。恭王之逝世，可能導致光緒採取較激進的變法策略。

光緒二十四年十一月，詔諭：

翁同龢，授讀以來，輔導無方，從未將經史大義，剴切敷陳，但以怡情適性之書畫古玩等物，不時陳說，往往巧借事端，刺探朕意。至甲午年中日之役，主戰主和……信口侈陳……今春力陳變法，密保康有為，謂其才勝伊百倍；意在舉國以聽。……翁同龢濫保匪人，已屬罪不可緩……前令其開缺回籍，實不足以蔽辜。翁同龢著即行革職，永不敘用，交地方官嚴加管束。〔註 232〕

可見光緒視翁氏必須為推薦康有為負責，雖然翁極力否認推薦康有為。〔註 233〕

翁對自己於變法運動中所扮演的角色，有不同的體認。光緒二十四年五月，翁回常熟故居，自省曰：

所以靖獻吾君者，皆堯舜之道，無骫骳之辭，尚不致貽羞先人也。

生傳記》及吳相湘，〈翁同龢康有為關係考實〉，《學術季刊》，4 卷 2 期（民國 44 年），頁 97～108；Ho Ping-ti, "Went T'ung-ho and One hundred Days of Reform" *Far Eastern Quarterly*. Vol, X, No. 2, (1951.2).PP.125～135. 以上皆認為翁氏「持重」的態度才導致罷官。

〔註 227〕《翁同龢日記》，冊五，頁 2149、2152、2157、2178（光緒二十四年一月十一日、廿三日、四月八日、廿四日）。

〔註 228〕《翁同龢日記》，冊五，頁 2168、2175、2178（光緒廿四年閏三月八日、四月十、廿一日）。

〔註 229〕《翁同龢日記》，冊五，頁 2178（光緒廿四年四月廿六日）。

〔註 230〕《翁同龢日記》，冊五，頁 2178（光緒廿四年四月廿六日）。

〔註 231〕《翁同龢日記》，冊五，頁 2179（光緒廿四年四月廿八日）。

〔註 232〕《大清德宗景皇帝實錄》，卷 432，頁八（3946），光緒廿五年十一月十八日。

〔註 233〕參見第三章第三節註 339、340。

〔註 234〕

可知翁只贊同有限、溫和的改革，並謹守傳統的倫理思想。是年十一月，翁得知諭斥責其「極薦」康有爲後，再否認，並言常揭露康有爲「居心叵測」，甚至曰：

厥後臣若在列，必不任此逆禍狂至此，轉而因此獲罪。〔註 235〕

其後，翁藉詩隱喻，表示對光緒的不滿：

掃盡雙蛾渾不解，白靈和別種纖柳。〔註 236〕

此外，翁亦曾對自己在變法運動所扮演之角色感到後悔：

歸看《淮南子》，……是書〈精神訓〉一篇淺近易行，讀是書而顯達之，不如不讀矣。其言變法而不知何由變，最切於時事。〔註 237〕

翁似是有感於《淮南子》下列字句：

聖人法天順情，不拘於俗，不誘於人。

揚湯止沸，沸乃不止，誠如其本，則去火而已矣。〔註 238〕

翁因不拘於俗而推動變法，卻使自己「誘於人」——如康有爲、張蔭桓、袁世凱等人；其後又因阻撓變法而致「揚湯止沸」。

檢討翁同龢在變法運動中的角色，可看出傳統知識分子在現代化的過程中普遍認知之不足，面對西方的挑戰，目睹憂患的帝國，翁氏試圖改革現狀，變法改制，但又無法拋棄傳統的價值體系，且對西方制度並未有深切的體認，故只贊同有限度的改革。故當全面改革思潮彌漫，翁則不容於晚清政治舞台。

五、拳亂及日俄戰爭

戊戌去職之後，翁氏不離常熟白鴿峯山居，屏絕外人，只能從新聞、報紙中汲取世事，翁自謂「臣在江湖，心依魏闕」。〔註 239〕從翁對拳亂及日俄戰爭之看法，可知翁以在野之臣仍時時關懷國家。

〔註 234〕《翁同龢日記》，冊五，頁 2185（光緒廿四年五月廿日）。

〔註 235〕《翁同龢日記》，冊五，頁 2253（光緒廿五年十一月廿五日）。

〔註 236〕《翁同龢日記》，冊五，頁 2259（光緒廿五年一月十日）。

〔註 237〕《翁同龢日記》，冊五，頁 2240（光緒廿五年八月八日）。

〔註 238〕劉安撰，《淮南鴻烈集解》（台北：台灣商務印書館，民國 57 年），卷 7，頁 1a、17b。

〔註 239〕《翁同龢日記》，冊五，頁 2196（光緒廿四年八月八日）。

光緒廿六年，拳匪作亂於北京，翁聞之則「頭眩心跳」；〔註 240〕但並未批評拳匪，卻痛恨外夷，翁日記：

外夷憑陵，普天同憤，憾不爲厲鬼殺賊也。〔註 241〕

其後，聯軍入北京，翁記曰：

報傳西兵……入京……驚魂飛越，我兩宮聖教如何，羈臣無狀，憾不執戈扞掫。竟夕不寐……。〔註 242〕

可知翁之對外態度復趨於保守、強硬。並呈現對光緒、慈禧之忠心，如聞兩宮西狩，擔心路程艱苦：

傳兩宮將幸陝西，長途炎熱，六飛在道，如何！如何。〔註 243〕

且「自恨羈囚不能奔赴」，而獨自飲泣。〔註 244〕光緒廿七年八月，翁聞慈禧、光緒由西安啓蹕回鑾，記道：

遙望秦雲，不勝私祝。〔註 245〕

及兩宮抵京，翁則曰：

繫念之懷至此少慰，旋乾轉坤，四海蒙福矣。〔註 246〕

翁氏對兩宮的忠心，或有企望開復革職處分之意。光緒三十年翁於日記中表示此願：

見初八日報，奉太后恩諭……凡戊戌案內革職人員皆開復原官，監禁交地方管束者概釋……逋臣如將邀此寬典，雖一息當伏謁君門也。〔註 247〕

光緒二十九年，日俄戰爭，翁則更表現強硬之對外態度。先是，俄派兵佔奉天，翁氏聞悉，「憤懣之至」。〔註 248〕其後得知日軍勝利，則曰：「稍舒憤懣」，「快哉」，〔註 249〕並稱許日本海軍殉國之壯烈。〔註 250〕惟翁氏未能料及

〔註 240〕《翁同龢日記》，冊五，頁 2277（光緒廿六年六月三日）。
〔註 241〕《翁同龢日記》，冊五，頁 2277（光緒廿六年六月七日）。
〔註 242〕《翁同龢日記》，冊五，頁 2282（光緒廿六年七月廿五日）。
〔註 243〕《翁同龢日記》，冊五，頁 2283（光緒廿六年八月四日）。
〔註 244〕《翁同龢日記》，冊五，頁 2287（光緒廿六年閏八月九日）。
〔註 245〕《翁同龢日記》，冊五，頁 2330（光緒廿七年八月廿四日）。
〔註 246〕《翁同龢日記》，冊五，頁 2339（光緒廿七年十一月卅日）。
〔註 247〕《翁同龢日記》，冊五，頁 2448（光緒卅年五月十一日）。
〔註 248〕《翁同龢日記》，冊五，頁 2417（光緒廿九年九月十八日）。
〔註 249〕《翁同龢日記》，冊五，頁 2492、2441（光緒卅年三月十九日）。
〔註 250〕《翁同龢日記》，冊五，頁 2442（光緒卅年三月廿六日）。

日後俄、日兩國之瓜分東北。

本章的討論，大致可得知以下的結論，翁同龢是依存於中國古典傳統，愛國、具憂患意識之典型士大夫。贊同合理溫和的改革，不同意全面推翻現代制度，翁希望在傳統的基礎上引入西方科技，革新政治，但又企圖使帝國的思想制度維持不變。

光緒十年以前之政治、外交事件；翁氏在楊乃武案、雲南報銷案及中俄伊犂交涉案中扮演正面積極角色。而戊午科場案、戶部官票所案，苗沛霖案則因涉及翁之親人；天津教案或許參雜私人恩怨，致使翁的看法略失公允。

光緒十年以後，翁的看法因世局之演變而有所更迭，中法甲申之役，翁採妥協態度；中日甲午之役，翁領袖清議，一反妥協態度而轉趨排斥、強硬立場；甲午戰敗之刺激，乃因阻擾全面改革之推行，導致休致後，態度轉爲強硬、排外，如拳亂、日俄戰爭。

第五章　結　論

中國自鴉片戰後，門戶洞開，危亡無日。但滿清帝國之衰敗，並非始於鴉片戰爭，敗象早露於西力衝擊之前，乾隆中葉實爲帝國興衰之轉捩點。〔註1〕

清廷統治政權的眞正奠立，乃於平定三藩之後。乾隆一朝又被目爲盛世的顚峯，依照西方史家「朝代循環」（dynastic cycle）的說法，〔註2〕顚峯之後即是衰敗的開始。探其原因，如乾隆之窮兵黷武（所謂「十全武功」，無疑會造成社會生產力的凋蔽），和珅之貪墨亂政，及潛藏已久的內政危機。例如人口之激增，暨已有動搖帝國基礎的基本條件所衍發之社會經濟問題。此外清政府財政的枯竭，官吏的貪墨搜括，均足導致社會動亂，如嘉慶初年白蓮教之亂，天地會之亂，苗族、回族亦相繼作亂。大體言之，十八世紀末至十九世紀初期，中國的社會秩序已嚴重脫軌，併同外來的衝擊，國勢汲汲可危。

十五世紀後，新航路的發現，促使東西海道暢通，西方新興的民族國家爲開拓海外殖民地，紛紛前來。明朝末葉，耶穌會士首先傳入西教西學。清初，由於康熙留心西學，西洋教士以學術、技藝爲朝廷縉紳所重，造成耶穌會士的黃金時期。至治尚嚴明的雍正，卻宣布禁教，中西文化自此缺乏交流。尤其十八世紀末葉，西方正是政治、經濟思想及國際情勢發生極大變化的時期，政制、科技、經濟快速成長；此與當時中國之故步自封、孤陋寡聞相比，

〔註 1〕關於清朝之中衰，參見李劍農，《中國近百年政治史》，頁 10。郭廷以，《近代中國史綱》，頁 11。

〔註 2〕西洋學者論中國史，常用「朝代循環」一詞，狹義指朝代興亡相繼，廣義則指似與朝代興亡有關的其他類似循環的現象。參見，楊聯陞，〈國史諸朝興衰芻論〉及〈朝代間的比賽〉，以上俱收入氏所著《國史探微》（台北：聯經出版公司，民國 73 年版），頁 21～42；43～59。

大相逕庭。乾、嘉時期英國兩次遣使，均因禮儀問題使中英之間的齟齬日增，此皆源於彼此觀念差距太大。道光年間，終因鴉片貿易問題，導致軍事衝突。鴉片戰爭時的中國，政治制度、社會結構，和經濟體制與過去的兩千年基本上沒有什麼不同，尙面臨史無前例的強敵——以科技文明爲基礎的西方帝國主義，不免進退失據。堅船利砲突破了古典中國的藩籬；隨之而來的經濟侵略則直接影響到政治、社會、思想層面而蔚成一大變局。面對此一「數千年未有之變局」，傳統知識分子開始因應、調整。此一因應、調整的過程，要亦可稱爲「現代化的努力」。〔註3〕基本上，中國的現代化含有極大的被動含義。大致可分爲三個層次：器物技能、制度、思想行爲。其實際運作則是自強運動、維新運動、五四運動。清廷的改革努力，則包含前兩個階段。

自強運動時期（1860～1890）的知識分子，倡「以夷制夷」、「師夷長技以制夷」，認爲西方之強僅是船堅砲利，故改革以軍事現代化爲主，國防兵工業的建設也最有成績，但光緒二十年中日甲午戰爭爲清廷三十年來的自強運動作了總結。推究其癥結，不外領導人物的認識有限；守舊派的反對；自強事業本身制度、人事的不健全；外人的阻撓等。〔註4〕

而甲午戰敗之恥，使知識分子體會到必須從制度上革新才能救國，變法思想一時瀰漫；德國佔膠州灣事件對朝野的重大刺激，變法維新的要求更急切，遂有變法之推行。但百日維新卻又以悲劇收場。其原因，除帝后衝突、新舊黨爭、國際情勢外，尙須考慮思想上的因素。新舊觀念的衝突爲歷史之必然，當然其中參雜著實際的利害關係，故改革往往遭受既得利益集團的反抗。

就戊戌變法失敗的思想背景來看，變法尙未成熟，自難普遍爲人接受。康有爲以《新學僞經考》、《孔子改制考》爲變法之理論基礎，不僅未能說服一般知識分子；反而引起強烈的爭論與猜忌。康所提議之君主立憲政體，以當時的思想水平與風氣而言，不免陳義過高，以致引起過多的爭論與反對，導致新政的失敗。

戊戌政變後，百日維新期間所宣布的新政，除京師大學堂外，一概推翻，守舊勢力重新抬頭，造成所謂的「維新運動的反動時期」。反動的演進，先有

〔註 3〕 有關現代化意義的討論，參閱金耀基，《從傳統到現代》（台北：時報出版公司，民國 68 年）；《中國現代化與知識分子》（台北：時報出版公司，民國 66 年）。

〔註 4〕 有關同治中興與自強運動的討論，參閱 Mary Wright, *Tung-Chih Restoration, The Last Stand of Chinese Consrvatism*,（Stanford. Unw. Press 1957.）。

己亥建儲的失敗，加上洋貨充斥，對外賠款使民生日蔽，及民教衝突使仇外情緒高漲，導致義和拳的作亂北京，最後以八國聯軍入京，簽訂「辛丑和約收場」。

但是，反動並未阻止有限現代化運動的繼續推行。溫和的變法論——採用西方科技來輔助中國傳統而非取而代之——並未因拳亂而消逝，反而很快的復甦。張之洞的「中學爲體，西學爲用」理論造成相當大的影響大，他並成爲改革運動的代言人。

日俄戰後，革命立憲風潮猛漲。促使清廷不得不走向立憲的最大原因，爲排滿革命風氣的繼長增高，於是下詔預備立憲，派大臣出國考察憲政。但卻由於下列原因，使立憲派轉向革命：九年預備立憲未能貫徹，清廷缺乏值得信賴的中心；國會請願運動後，清廷措拖趨於保守，不僅嚴禁再請願，且組皇族內閣，使不滿的情緒升高，清廷政權也終致不保。〔註5〕

翁同龢的一生涵蓋了早期中國現代化的努力過程，翁氏是根深蒂固的儒家傳統培養出來的人物，他是典型的理學家，忠君愛國，維護傳統制度與文化，且熱愛這多難的國家。翁熱衷仕途，且深獲慈禧的信任，曾兩度出任帝師，歷任戶部尚書、協辦大學士，入値軍機處、總理衙門。尤其是甲午至戊戌維新之間，更是政治上的核心人物。

從翁同龢與時人的淵源及關係中，知悉晚清官場上的派系紛爭，及翁氏的道德信念、政治原則。爲了政治前途及利益，翁調整對人的看法和態度。前輩士人中，翁尊重林則徐、胡林翼、左宗棠等中興名臣，並受祁巂藻、倭仁、文祥等忠實護衛正統理學及排外態度的影響；惟獨對曾國藩未給予同的地位，此乃涉及私人恩怨，而與其他人則未有利害關係。

與故舊朋僚的關係，有始終維持良好關係者，如郭嵩燾、丁日昌、曾國荃、曾紀澤、馬建忠、劉坤一、都興阿、閻敬銘、夏同善；有貌合神離者，如李鴻藻；有分合無定者，如榮祿；亦有始終處於敵對立場者，如徐桐、張之洞、李鴻章。其間的分合，夾雜著私人恩怨及派系鬪爭，更顯示出當時政治派系之紊亂。

爲鞏固自己的政治勢力，翁亦援引門生後進，但對翁本身並未顯露出積極成效。翁熱衷提掖後進，卻未必知人，如袁世凱、張蔭桓、康有爲不僅未

〔註 5〕 有關變法維新及立憲運動的討論，參閱中研院近史新編，《中國近代的維新運動——變法與立憲研討會論文集》（南港：中研院近史所，民國 71 年）。

能鞏固翁的勢力；反而有害於翁之聲望。

由翁在晚清政治外交事件中所扮演的角色可知翁同龢是依存於中國古典傳統，愛國、具憂患意識的典型士大夫。贊同合理溫和的改革，不同意全面推翻現代制度。翁希望在傳統的基礎上引入西方科技，革新政治，但同時又想使帝國的思想制度維持不變。因此，援引康有爲，其目的在使自己能主導改革運動的推行。

康有爲的變法理論對於光緒二十四年的歷史環境而言太過激進，對皇朝傳統的全面攻擊引起大多數士大夫的恐懼和怨恨，不但「保守派」反對，即「溫和派」亦不表贊同，百日維新終於以悲劇收場。但戊戌政變並未中止溫和改革的趨勢，庚子以後的發展，更顯示出已獲得思想上的支持。

檢討翁在晚清政局中的思想演變，可看出傳統知識分子在現代化的過程中普遍認知的不足，面對西方的挑戰，目睹憂患的帝國，翁氏想改革現狀，變法改制，但又無法拋棄傳統的價值體系，且對西方制度並未有深切的體認，故只贊同有限度的改革——即所謂的「中學爲體，西學爲用」。雖然體用論主導著當時的改革思潮；但卻挽救不了清朝帝國滅亡的命運。而清末的改革運動，雖然失敗，但仍可謂之爲百年來中國現代化運動的起步。

附錄一　翁氏世系表

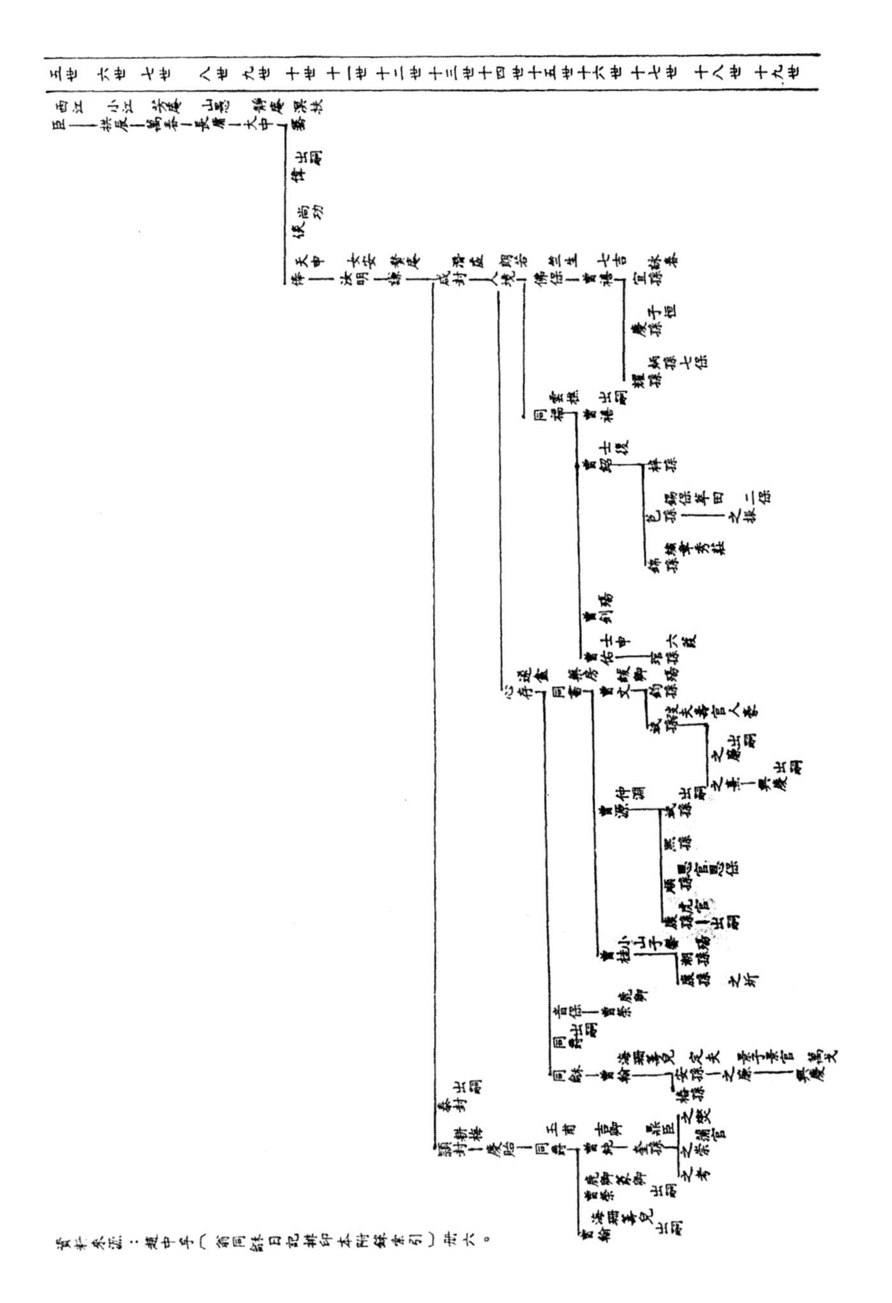

資料來源：趙中孚〈翁同龢日記排印本附錄索引〉頁六。

附錄二　翁之門生

姓　名	字號	籍貫	關係背景	簡　　歷
丁立鈞	叔衡、恒齊	湖南	門生	翰林，撰大禮議辨正，常與翁談詩、書、畫。光緒廿八年卒，翁嘆：「賢而才者，天之所廢也」，作輓聯：「有大禮議有朝鮮篇憂國孤忠常耿耿，是好長官是眞名士過江一別太匆匆」。
丁用方			戊子門生	
丁良翰	佑臣		讀卷門生	
丁振德	堯卿、光卿		庚辰門生	福建知縣，福建邵武縣虧空刻罷。其兄振麟代賠開復。
丁惟禔	亦康	陝西	門生	
丁象震			門生	
丁壽鶴	原名體乾	四川	庚辰門生	四川制軍丁稚璜（丁寶禎）之第四子也。貢生朱廷試，瘦弱疑有嗜。
丁麟年	紱臣	山東	門生	
于廷琛			覆試門生	廣東駐防。
于受慶	益齋		中書門生、庚寅門生	庶常。
王　璥	璞卿		壬戌薦卷門生	侍讀，光緒八年卒。
王　僘	鏡逸		庚辰門生	由御史放涼州。
王　勷	思庵	陝西	陝西門生	方正誠懇。
王同愈	勝之	江蘇	門生	行四，學政，頗英發，佳士也。
王惠堂	之杰		門生	光緒十九年中副榜，四品京官。
王化光	含生		庚辰門生	知縣。
王玉樞	映璇	甘肅	甘肅門生	行二。

姓　名	字號	籍貫	關係背景	簡　　歷
王丕釐	子藩		門生	學政、編修、談時事、頗講經濟而切實，貌寢而目有光，有用才也。
王廷贊			門生	
王佐廷			門生	
王克鼎			門生	知縣。
王芝蘭			門生	有心性，佳士也，惜外用。
王承煦	子暄	安徽	門生	進士。
王祖慶	荔川		門生	學政。
王賢輔	弼庭	陝西	陝西門生	舉人，倜儻有幹才，通榜之冠。
王思明		河北蔚州	門生	
王家賓			庚辰門生	
王晉豐			門生	其父梅岑（延相）。溫雅頗可談。
王延相	梅岑		丙戌門生	山西學政
王啓恩	瑞臣、鈉堂		門生	知府。
王善士			庚辰門生	補殿士，人甚土氣。
王詔善	叔英		乙酉門生	
王詠霓	子裳		門生	刑部主事、知府、極有名。長駢體，多讀書，後潛心宋學，能自製墨。
王雲清		廣東	乙酉門生	知縣。
王會中			優貢門生	
王會釐	小東		教習門生	甲午庶常，其人有才略，深論海軍之必敗。
王頌蔚	黻卿、紱卿、蓄隱		庚辰門生	司員、御史、此人有識力。
王毓芝	鶴田			工部主事、人穩重、有福澤。
王錫晉	仲蕃	山西	門生	行二，其兄甫晉號伯蕃，其父曾任迤西道卓異，長葛縣十四年，後以失察過路洋人失物撤任。
王儀鄭	伯恭		門生	名士也。
王賡榮	向甫	山西	丙子門生	知府、御史。
王慕祐		山西	山西門生	舉人。
王公輔	器成		庚辰門生	行二，蓋游說之士，光緒十九年卒，68歲。
王聯壁		山西	山西門生	舉人。
王寯頣			門生	
王寶圭			門生	

姓　名	字號	籍貫	關係背景	簡　　歷
王寶藩	樹屏		門生	蹇瘦尚切實。
王芝祥	鐵珊		乙酉門生	同知，講學有守。
牛應斗	映斗	山西	門生	
母天佐		山西	山西門生	
孔廣鍾	栽棠、再棠醉棠		門生	光緒十三年卒於奉化縣。
文　泰	萬通		癸巳門生	屯居熱河。
文　煥	仲雲		庚辰門生	其父文忠發。人中允。
文廷式	芸閣、雲閣道希		門生	
毛　澂	蜀雲、昌雲	四川	庚辰門生	知縣、庶常、名士也，目光微露。
毛祖樸	艾孫		門生	李玉舟之妹婿。
方家澍	雨亭、嘉澍	四川	壬辰門生	庶常、散兵部，改知縣，曾從尹將軍幕府，東事甚詳，光緒廿九年卒。
方家濤			門生	
尹銘綬	佩之			山東學政、編修、譚文卿之孫婿也。氣韻近俗，此人有才氣。
田兆歧		陝西	門生	
田延年		山西	門生	
石丙綬	芝麟		辛卯薦卷門生	舉人。
石鼎山	寅恭	山西	壬戌門生	知縣，欒城書院掌教，孝友君子也。
田延年		山西	山西門生	
田長廉	心泉	遼陽州	乙酉門生	知縣，漢軍。
左紹佐		湖北	門生	刑部主事。
史恩培	竹孫	遵化（魚台縣）	戊子門生	行三，其長子錫蕃亦爲翁之門人。其人蓋孝友誠摯者也。此人深於堪輿，泛論當代事，頗得要察。
史錫蕃		遵化（魚台縣）	門生	史恩培之子，癸巳付。
史綬咸			鄉試門生	
任　均		山西代州人	門生。	
任其昌		甘肅	門生	舉人。
江標	建霞、萱圃		門生	學政，此人聰明而神氣不定。其畫及篆皆精。
江昌燕	頡雲		庚辰門生	知縣。
朱大鏞			癸巳門生	新捐四川府。其父業贊江西，其叔朱焯成。

姓　名	字號	籍貫	關係背景	簡　　歷
朱福詵	桂卿		庚辰門生	學政、編修。懂醫術，談時事頗有識。
朱映奎		陝西	陝西門生	
朱祖謀	大徵	浙江	乙酉門生	庶常。
吉爾杭阿			門生	
伍元芝	蘭蓀		門生	內閣中書，在河南撫幕，保知府，京師稱爲奇才者也。人倜儻。
伍銓萃		廣東	門生	翰林。
吳　爾			門生	重惠之子，吳子苾先生孫。
吳仁傑	望雲	江蘇	教習門生。	學政、侍講。
吳元經	子畬	山西	山西門生	高簡樸實。
吳丙湘	雨湘、次瀟		門生	講求刻書，光緒廿二年卒。
吳同申	隸仙、隸軒	山西	庚辰門生	庶常。
吳成熙（盛）	繹如、盛熙繹堂		門生	庶常、寒士、無習氣。
吳性善		陝西	陝西門生	
吳士鑑	絅齋		壬辰門生	學政。
吳康辛	湘蕖		乙酉門生	本寒士而捐道，後又在海軍報效萬金，辦水利。
李灤	平泉	由順天籍改歸長沙	癸巳門生	似誠實，苦道寒微。
李用清	澄齋、菊圃		教習門生	熟諸經，善書經，言其神韻獨遠。謂請書之法，實體之於身，乃爲有用；徒讀經濟書以爲用者末也。
李子榮	材生		讀卷門生	
李子茂	卯生		讀卷門生	
李士鈐	士鉁		門生	編修。
李壬林			門生	
李文煥	南臣	雲南	庚辰門生	貢生，家世業賈，在緬國爲巧商。
李光宇			庚辰門生	
李　份	秉鈞		戊子門生	
李　坤	原名廷瑞，號玉卿	陝西	戊午門生	此人器宇甚軒昂。
李梓繽	和卿		門生	行二，江西知縣。
李振鵬	搏霄	江蘇	門生	卓異，天津縣，庶常。
李清瑞	緝堂	陝西	陝西門生	知縣，在慶陽文案保同知銜。
李培之			壬辰門生	知縣。

姓　名	字號	籍貫	關係背景	簡　　歷
李雲慶			壬辰門生	
李景泌			門生	
李朝陽		山西	山西門生	舉人。
李福齡	夢九	正定	乙酉門生	
李經畬	心吾、星吾、惺吾、新吾		門生	
李纓朝			門生	
李維誠	恂伯、維諴	常州	門生	知縣，臨清書院山長。行一。其父山東候補縣。
李銘瑛	稚笙		辛丑北闈薦卷門生	
李墨林	西園		戊子門生	江西知縣。
李傳元	橘農		門生	
李　豫	元奮		門生	庶常，李香遠之子。
李木齋			教習門生。	
李端棻	信臣、苾園	貴州	貴州門生	
宋滋蘭	培之		讀卷門生	
宋望儒	昌黎		門生	
宋廣蔭	率高		薦卷門生	舉人。
宋淑信	孟蕃、孟芳		庚辰門生	司官。
宋書升	晉之	山東	門生	山東人目爲小康成。
沈士鑅	少潛、士傑	廣東	廣東門生	庶常，新選山西襄垣縣，有血性語。卓異。
沈保宜			學正門生	
沈曾植	子培		庚辰門生	御史、知府、李鴻章之幕僚。有深識而語澀，有遠識。此人博雅，惜有駮氣。
沈瑜慶	愛滄、靄蒼、藹滄、濤園、藹蒼		乙酉門生	文肅之子，新捐道，南洋水師學堂總辦。江南道員，張帥明保。此人識略極好，且有斷制，不愧爲沈文肅之子。
汪　槩	鏡青、鏡清		庚辰門生	
汪鳳藻	芝房		門生	出使日本。
汪致炳			庚辰門生	
江康年	穰卿		門生	癸巳付榜第一。
呂佩芬	曉蘇、筱蘇、曉初		庚辰門生	編修，光緒十八年卒。
何乃瑩	潤夫		門生	

姓　名	字號	籍貫	關係背景	簡　　歷
何成浩	璧流		戊子門生	福建道員。
何宗遜			優貢門生。	似講經學者。
何錫驊	笛帆	浙江平湖	己丑中書門生	行一，筆墨秀極，字甚好。
何貴高	貴喬、芸閣	陝西	陝西門生	舉人。
希　賢			宗室覆試門生	
杜本崇	翹生、喬生	福建	門生	
余效衡	書臣		門生	知縣。
那　桐	琴軒		門生	戶部員外、侍郎、外部大臣。
志　鈞	仲魯		教習門生	江蘇道員。
志　銳	伯愚		門生	
志　琮	叔渝		覆試門生	行三，文樹南之子，清挺如其父。
谷芝瑞			門生	
沙元炳	炳元		壬辰門生	
阮忠樞			門生	
佟文政			壬辰門生	
邱晉昕	雲巖、雲岩		庚辰門生	知縣、知府、太守。
武克明		山西	山西門生	
屈秋泰		陝西	陝西門生	
金重南		山西	山西門生	
周又褚	遂良		庚辰門生	庶常、知縣。
周士廉			乙酉門生	
周松年		四川	門生。	其人好學，能篆書輯越南源流頗祥博。
周培懋			壬辰門生。	
周給諫	聲濤、瀛樵		門生	
周景濤	松孫		壬辰門生	
周學銘			門生	戊子副車、玉山子也。
承　蔭	小村	陝西	庚辰門生	補殿試。
宗樹楷	端甫		門生	行三。
孟化行	交河		戊子門生	
孟昭文			門生	
孟潤奎			門生	
招翰昭			戊子門生	

姓　名	字號	籍貫	關係背景	簡　　歷
尚其源	弼臣、行爲		門生	
尚會臣（辰）	其亨		乙酉門生	山東縣，有幹才。
松　溎	松桂、壽全		癸巳門生	兵家子。
林士菁	肖瞻	宿遷縣	門生	行一。
柳元俊			乙酉門生	知府。
柳長庚	星庵、惺庵、惺甫、惺菴	山西	山西門生	舉人、庶常，頗有秀氣。
胡汝霖			壬辰門生	信人也。
胡宗海	源河	安徽	成均門生	光緒十七年，故於肅州差次。
胡秉璜	菊舫		薦卷門生	貢士、英發。
胡昌祖	荔樓		庚辰門生	
胡遇莘	菊舫		門生	行三。
胡錫祜	新齋		門生	庚辰庶常、知縣。
胡文淵	鏡堂、鏡唐	揚州	庚辰門生	浙江龍泉縣。通算法、小學、敬朴能員。
胡寶林		山西介休	薦卷門生	
胡日宣		貴州	貴州門生	
施濟航	之博		教習門生	舉人。行一又行二，少孤。
施稚桐	啓宇		壬辰門生	知縣。
范金鏞			門生	
范德培	季遠		門生	江蘇道
范德權			門生	
范德鎔	仲陶、子蔭		門生	其父爲國子監助教，與仲淵善。
保　謙			壬辰門生	甚通達。
保　琪			門生	
俞炳輝	潞生		門生	
查毓琛	墨泉	太湖	門生	庚辰刑部。
素　麟	禮亭、禮庭		門生	湖北糧道。
姜自騶	芸史	廣東	讀卷門生	
柯劭忞	鳳山		讀卷門生	
姚延祺	景臣		庚臣門生	刑部陝西司主稿。
姚丙然			丙戌門生	
恒　昌			癸巳門生	
柏錦林	雲卿		門生	壬辰庶常。
春　融			門生	

姓　名	字號	籍貫	關係背景	簡　　歷
桂　坫	南屏		門生	山東道員。
柴　璞	子棫	甘肅皋蘭	壬辰門生	
查爾崇			乙酉門生	
查蔭元	松齋、石生	浙江嵊縣	庚辰門生	語尙清楚，通理性。
俞省三	月樵、越樵		門生	進士，創勵志學會，聰敏而流動，秀發。
侯長齡			門生	江西知縣，微駃氣。
恭　鏜	振蕤、恭九		門生	
孫培元	子雲、子鈞		門生	
孫同康	君培		門生	翁所識拔，乃棄親不養，貧而濫矣。
孫鼎烈	叔忝	江蘇無錫	門生	戊子舉，己丑庶常，散知縣任會稽，丁憂服闋，署太平臨海，御事閑住三年，此人有才任氣，鄉評卻不佳。
孫孝慶		陝西	陝西門生	
孫　榕	荔生		戊子門生	萊山（孫毓汶）次子，光緒廿年卒。
孫超南		福建	壬辰門生	極秀發。
孫傳袞	嶧甫		戊子門生	福建台灣府，燮臣族姪。
夏樹立			壬辰門生	子松族弟。
夏孫桐	閏枝		壬辰門生	
夏彝恂	時濟		門生	司員，其人淵博，留意當世。
郝　祐			戊子門生	
郝增祐			壬辰門生	
郝紹湯	紹濤	山西	門生	戶部主事，篤實。
郝振英	萃亭	涿州	門生	行一，往西鄉橫岐地方。
徐　京			庚辰門生	廣東知縣。
徐　琪	花農		門生	擅詩、書、畫。學政。
徐元綬	印如、印士、印若、顯士	江蘇	門生	光緒廿一年，優貢一等門生。知縣。器宇開朗，後來之秀。
徐乃昌	積餘		門生	
徐桂林			門生	寒士。
徐清瀾	清潤、鏡堂	山西	山西門生	
徐仁鑄	研甫		門生	學政。
徐楞椒	壽基		庚辰門生	
徐德溥			乙酉、壬辰兩次門生	

姓　名	字號	籍貫	關係背景	簡　　歷
徐履謙			門生	
尉朝霞	采軒	山西	門生	
秦化西			門生	庶常。
秦慶元			門生	樸學人也。
秦撫歧		山西	門生	通醫術。
馬長梓		山西	庚辰門生	
馬吉樟	積生		庚辰門生	
馬純良		古北口	門生	
馬豫齡		山西	門生	
晁　炳			門生	
袁　桐	孟梧		門生	知縣、庶常。
袁允橚	仲默		門生	
袁民章	廷俊、俊庭	陝西	門生	戶部主事，光緒七年卒。
袁傑瀚		順德府	乙酉門生	
唐譯烜			乙酉新門生	
唐維錦	雲峯		蔭生門生	行一。
唐蹕路	子涵		庚辰門生	知縣。
高淩雲			戊子門生	學政。
高釗中	勉之		酉子覆試門人	學政、編修、侍講。於地方公事曉暢，於練兵尤注意，通材。
高增爵			門生	楊眉宇秀。
高鏡泉	笠耕、笠畊	山西、壬戌	門生	
倉爾禎	周卿、用卿		蔭生門生	行四（或說六）器宇好。
畢光祖	梘梅	太倉	門生	
殷　濟			覆試門生	
涂元甫			門生	
涂國盛	國威		門生	
恩　齡	景棠、景堂		壬辰門生	
陶鳳超	雲畚	陝西	陝西門生	關中事甚悉。
倪思齡	淡園、澹園		丙子朝殿門生	知府。
張　雷	子淵、子元		戊子門生	
張　預	子虞、子愚		門生	
張　筠	弼臣、弼辰		癸未朝殿門生	知府、庶常。
張　瀛	蓬仙		壬辰門生	

姓　名	字號	籍貫	關係背景	簡　　歷
張　濂			覆試門生	
張　驥	德軒、馭六	山西	山西門生	壬戌副、乙亥舉。
張一麐	仲仁	蘇州	乙酉門生	有志節。
張允言	伯訥、伯諾		門生	戶部郎中，銀行總辦，張人駿之子。
張蔚森	子彬、士彬		門生	
張丕謙			門生	
張正堉	正焴、堯農		門生	
張仲穠	雲舫		壬辰門生	
張志賢	琴圃	山西	山西門生	知縣。喜讀陸王二曲書，並喜禪悅。
張雲心	承燮、承翼	陝西	陝西門生	曾署肅州，能吏也。
張承熊	次雲	陝西	陝西門生	副榜，山西同知。行八，其兄承燮同榜舉，人能幹。
張承樵	培元		門生	
張其淦			壬辰門生	中書。
張佩袞	雨生、丙生		門生	庚辰庶常，光緒十七年卒。
張亭堂		山西	山西門生	
張祖望	慕全、仰磻	宛平	戊子門生	庚寅進士。
張敍賓			門生	
張敍九			門生	
張登瀛	海嶠		門生	
張超南			門生	壬辰告殿者，秀發之至。
張煥章			乙酉門生	
張殿甲			門生	安徽知縣。
張是彝	韶笙	黃蘇	門生	
張爾遴	靈衢	甘肅	甘肅門生	
張學鴻			戊子門生	知縣。
張樹鼎	定齋	陝西	陝西門生	行三，庚申進士，補殿士。
張豫泰	立亭	陝西	門生	直隸知縣。
張雙南	繼良		門生	刑部主事。
張鵬翥	南池	甘肅	甘肅門生	署安福縣。
張瞉廷	觀光	台灣	庚辰門生	行二，烏程知縣。
陳　田	松山		讀卷門生	
陳　楫		陝西	陝西門生	
陳　瑜			門生	
陳　鼎	伯商	湖南	門生	寓常州，名士也。
陳文銳	瀼峯		門生	有才。

姓　名	字號	籍貫	關係背景	簡　　歷
陳文錦			庚辰門生	雲南浪穹知縣。
陳文𤇍			庚辰門生	
陳伯陶	子礪、礪若		門生	編修。
陳芝誥	仲鹿		門生	
陳步鑾			門生	
陳樵侯	懋侯、百雙、伯雙		覆試門生	庶常，光緒十八年逝、字甚豐滿。
陳琇瑩	芸敏		覆試門生	丙子發，河南學政，光緒十七年逝。
陳杏生	昌紳		丙戌門生	浙江庶常。
陳宗嬀	雨匡、鹿苹		門生	戶部。
陳昭常	簡持、簡墀	廣東	廣東門生	甲午庶常散館，廣西道員。貌豐厚，史學詞章佳。
陳慶桂	香輪		門生	司官。
陳桐翰	桂舲		門生	
陳國光	蔚秋		門生	戊子舉人，陳昭常同宗。
陳復焜			乙酉門生。	
陳與冏	弼宸、弼萬		庚辰門生	太史，通醫術。
陳景鎣	貴溪		庚辰門生	庶常。
陳鳳藻	翰丹	崑山	壬辰門生	戶主，寒士，處館。
陳鳳閣		陝西	陝西門生。	
陳夔麟	才石		庚辰門生	湖北知縣，卓異。
陳鴻綬	少秋	江蘇鎮江	庚辰門生	未殿試，器宇甚好。
康　縉		陝西	陝西門生	
康芝山		陝西	陝西門生	
陶　榮			乙酉門生	
陶　鈞	郢聲		門生	
陶方琦	子珍		丙子門生	貢士。
陶鳳超	雲畚	陝西	陝西門生	有英氣。
陶覲儀			中書門生	
許貞幹	豫生		壬辰門生	二品銜，浙候補道。在蘇辦浙塩督銷。十齡入學、壬辰朝考高等竟分部，遂就外。曾註八家四六文。
許紹翯	業芬、少翯、榮芬	江蘇	乙酉會士門生	光緒十五年會元。
賀守憲		山西	山西門生	

姓　名	字號	籍貫	關係背景	簡　　歷
陸家晉			戊子門生	
陸襄鉞	吾山		門生	陝西付貢，浙江糧道，本鎮江人避難遷關中，甚清挺，行大。
陸槐孫	申孚、申甫、仲甫、紳甫、紳孚		門生	江蘇糧道、戊子舉、己丑翰林。
陸鍾岱	天池		門生	陸申甫之弟，知府調四川候補道。
陸鍾琦			門生	
陸善格	寶臣		門生	奉天庶常改戶部主事，有才氣。
莫　鏞	鳳五		小門生	乙酉舉人。
萬禹航	爕乾		門生	安徽知縣。
崔磐石	盤石、永安	廣西	庚辰門生	杭嘉湖道。
崔其濂		廣東	門生	
郭曾炘	春榆		門生	
郭賡平	衡文		門生	庶常，戶部。才雖未裕。人極篤實。
鹿瀛理	喬生		讀卷門生	
連　甲	蘭亭		戊子門生	進士。
連　桂			戊子門生	其人有才而近躁露。
連　捷	仲三、仲珊		門生	
連文沖	聰甫	河南直州	庚辰門生	
連文淵	肖樵	河南直州	乙酉門生	連文沖之弟。
章夢庚			門生	
祥　璸			門生	
盛炳緯	星旋		門生	四川、江西學政。
童尚友			門生	
童德中	健庵		薦卷門生	吉林理刑主事，刑部員外郎，監修。幹練。光緒十二年卒。
傳佩珩		順德府	乙酉門生	
傳炳熙			門生	
傅嘉年	蓮峰		門生	船廠學生出身，章京。
傅鍾麟	子蒓		壬戌薦卷門生	行一，乙亥進士，兵部主事。
黃　頣	軒齡	福建	庚辰門生	刑部主事。
黃思永	慎之		庚辰門生	
黃爾卓			庚辰門生	江西知縣，曾署都昌。
黃紹憲	季度	廣東	教習門生	舉人、名士、縱橫家。

姓　名	字號	籍貫	關係背景	簡　　歷
黃嘉爾	叔希		庚辰門生	知縣。
黃毓琳			戊子門生	
喬保安			門生	錦州駐防漢軍，戶部貴州司。
馮　璇		河北蔚州	門生	
馮汝騏	伯驎		丙子覆試門生	其父馮子立。
馮謙崇		河北蔚州	門生	馮璇之堂姪。
彭　述	向青	湖南	丙戌門生	
彭　脩		湖北	庚辰門生	四川知縣。
彭葆初			貴州門生	
彭履德			庚辰門生	
曾化亮			門生	
費季度			門生	
惲毓鼎	薇生		門生	翰林。
喻長霖			門生	新鼎甲，亦在南學肄業。有志節，苦寒。
喻兆蕃	庶三		門生	
貽　穀	藹人		門生	司業。辦事結實。
景吉人	天相		庚辰門生	行一，歷任善化衡山清泉，被劾永不敘用。
景方昶	旭林		門生	其父其沅。
湯蟄仙	壽潛		門生	安徽知縣。著危言二卷，論時事，極有識，此人必爲好官。
楊　銑	鵠橋		門生	
楊　楷	仁山		門生	改名道霖。駿而沈摯。
楊　鋭	蘇嶠	山西	山西門生	秀發之至。
楊　霽	子和、子龢		教習門生	行三。探花，廣西學政，知府。靜細，當有濟於時。
楊士燮	渭春		門生	御史。
楊介康			門生	
楊紹和	協卿	山西	荐卷門生	舉人，庶常，太史，光緒元年卒。
楊依斗	筱亭	衡山縣	門生	山東知縣。
楊逢篁	贍錄	山東登州	荐卷門生	
楊淑修	敬庵		門生	庚辰進士，知縣。
楊福臻	聽梧		庚辰門生	
楊維鏞		山西	山西門生	
楊壽樸	蘭樵		覆試門生	舉人，望州之子。

姓　名	字號	籍貫	關係背景	簡　　歷
楊松兆	枚臣		乙丑教習門生	
楊士晟	蔚霞		壬辰門生	
賈業閎	閎業、輔臣	山西	山西門生	舉人。秀而文，有吏才。
葉大年			壬辰門生	庶常，駿氣然眞摯，孝養九十三雙親。
葉昌熾	菊棠、鞠棠		門生	太史，著緣督廬日記。
葉培勳			戊子門生	
葉楊俊			一等門生	戶部七品京堂官。人其質直，語不甚通。
福　懋	又農、幼農		庚辰門生	侍講、詹事，倭仁之姪，光緒十四年卒。
萬德崇	綸閣		乙酉門生	行一，其父年清。
趙履道	介眉	山西	山西門生	進士、庶常。熟史漢、通鑑、尤熟歐陽文議論有血性。頗不群。
趙士琛			覆試門生	考官。
趙文源			庚辰門生	貴州循吏。
趙文偉	才石		庚辰門生	知縣。明白正當，許爲能吏卓異。
趙永清	子定		門生	
趙致中		順德府	乙酉門生	
趙晉臣			戊子門生	
趙椿年	劍秋		中書門生	趙翼曾孫。貢士。
趙儀年	棟成	常州人	乙酉門生	其祖、父皆翁之屬吏。
趙潤生	柳溪	廣西	壬辰門生	河南知縣。
趙鴻猷			乙酉門生	
趙捷三	聯登	大荔	陝西門生	行二。浙江知縣。尙樸實。
壽　富	菊客、伯富		戊子門生	寶竹坡之長子。進士。寫作好。
端　方	匋齊、五橋、午樵、午橋		門生	讀書多，與名流往還甚稔，擅書畫。
熊登第			乙酉門生	
熊亦奇	餘波	江蘇	癸未門生	庶常。
熊爾卓	雅堂		門生	
熊禔庠			壬辰門生	
廖國琛	國珍、樵雲		庚辰門生	戶部主事，改知縣。
廖基鈺	湘輔		門生	
褚成博	伯約、百約		庚辰門生	廣東考官、侍御、給事、翰林。通訓詁，經史皆致力，佳士也。
毓環			門生	
齊令辰			壬辰門生	

姓　名	字號	籍貫	關係背景	簡　　歷
齊福丕			門生	
榮　林	蔚華		宗室覆試門生	器宇開展。
蒯光典	禮卿	安徽	門生	江南候補道，江蘇道員。名士。
德　英			癸巳門生	遼陽駐防。
慕榮幹	容幹、慈鶴、次鶴	山東	薦卷門生	乙未舉人，內閣中書。挺秀佳士也。
劉　坦	履泰		壬辰門生	江蘇知縣。能幹。
劉子俊			門生	
劉可毅	葆眞、葆楨、葆良、寶眞		門生	壬辰庶常。
劉正斅			門生	江蘇知縣。
劉臣良		貴州	貴州門生	
劉林立			門生	
劉名譽	嘉樹	河南	庚辰門生	廣東瓊州、潮州知府。
劉沛鄉	季樵	霸州	昌平門生	生員、教讀。
劉秀曾	仲魯		門生	
劉啓襄	小堂		讀卷門生	
劉錫桐	逸濂	原籍香山，大興人	戊子門生	
劉瞻漢	叔南	陽湖人	乙酉門生	山東知縣。
劉寯彤			門生	
劉穀孫	式甫		辛卯覆試門生	兵部主事。
劉鳳樑	子鶴	天津	癸巳門生	江西知縣。
劉樹屏	葆良		門生	道員。
蔣志震			戊子門生	
蔣梧岡	樹雲		教習門生	
蔣善蓴		陝西	陝西門生	四川知府。
潘石霖			門生	
潘玉璿	東湖	廣東順德	壬戌薦卷門生	舉人。
潘作霖			門生	
潘衍鋆	任卿	廣東南海	教習門生	
頡汝揚	儀臣	山西	山西門生	舉人。

姓　名	字號	籍貫	關係背景	簡　　歷
魯　鵬			門生	
魯恒祥	澤生		乙酉門生	灤州屯居。
鄧應潢			門生	秀發，當聯捷。
鄧顯揚	令貽	廣東	門生	
蔡金臺	燕生		讀卷門生	
鄭炳章			壬辰門生	
談國楫			門生	
賡　勤			乙酉門生	知縣。
權　篤	蘭軒	陝西寶雞	入學門生	
樓簷普	廣侯	浙江嵊縣	教習門生	戊午舉人。
盧銘勳	邠岐		戊子門生	語極古雅，本富家，人尚厚。
盧慶雲	香樵	粵東	庚辰門生	有志氣，非徵不至，不應諸侯之聘。
賴鶴年			門生	
鮑翰卿	建屏		門生	直隸知縣。
錫　恩	菊泉		庚辰門生	刑部一等，沂州知府十八年。
錢能訓	幹臣		蔭生門生	行一，湘吟子也。
錢駿祥	新甫		乙酉門生	錢子密長子，學政，太史。
蕭庭海		貴州	貴州門生	
蕭恩普	慈航		優貢門生	
薛　復		陝西	陝西門生	薛係翁同龢丙辰同年，薛允升之子。甚英發。
薛對敭	穆臣	山西	山西門生	行一，乙酉拔。
薛文華	春樓		壬戌會試薦卷門生	行一，內閣中書。
繆樹本	翰仙		薦卷門生	知縣。
戴　昌	克臣		宗室門生	乙酉新中貢士，覆試第一。
戴思溥	膽原		壬戌薦卷門生	乙卯舉人，同治四年進士，分兵部。
韓　杜			學正門生	
韓仲荊	二州	山西高平	庚辰門生	治桐城古文。
韓耀光	仲弢、仲韜	山西	門生	舉人，知縣。深通漢學、古文。
謝啓華	春谷、壽谷		庚辰門生	
謝烺樞		浙江餘姚	教習門生	朱肯甫之弟子。
謝崧岱		湖南	門生	輯「日本源流」。
鍾　廣	芷殅		門生	散館留館，同考官。

姓　名	字號	籍貫	關係背景	簡　　歷
簡宗杰	南坪、南評		門生	主事。
鄺兆雷	躍門		壬辰門生	江蘇知縣。通算學、博覽、經史、喜談兵。
魏應庭	雨樓		門生	廣東州吏目。
叢　桂			門生	瑞麟之孫。
譚啓瑞	芝耘		壬辰門生	
譚鈞培	敍初、序初、寅賓		貴州門生	編修、知府、藩司、中丞。
譚輔宸	撫辰		門生	譚鍾麟之孫。
羅迪楚	景湘、景明		門生	知縣。此生爲翁氏所激賞，講求經學及經世之學。
羅光烈	揚庭		乙酉、丙戌門生	
羅家劭	嶧農	廣東順德	教習門生	舉人，其兄家勤壬子進士。曾任刑部主事。
羅宏洞	上元		戊子門生	
羅秀書			陝西門生	褒城訓導，四川南都知縣。
嚴　鑄			乙酉門生	
饒士端			門生	壬辰庶常。
顧仲安	篪廷		門生	知縣。
顧思義	公度	太倉	乙酉門生	浙江知府。
顧紹咸			門生	山東知縣。

資料來源：趙中孚《翁同龢日記排印本附索引》。

徵引書目

一、基本史料

于敏中、慶桂，《國朝宮史正續編》，台北：台灣學生書局，民國 55 年。

于晦若編，《李文忠公尺牘》，台北：文海出版社影印，民國 52 年。

于蔭霖編，《悚齋日記》，台北：文海出版社影印，民國 57 年。

于翰篤編，《于中丞（蔭霖）奏議》，台北：文海出版社影印，民國 57 年。

允祹等，《欽定大清會典》，台北：台灣商務印書館，民國 72 年。

王先謙撰，《東華續錄》，台北，大東書局，民國 57 年。

王先謙纂修，《十二朝東華錄》，台北，大東書局，民國 57 年。

王嵩儒，《掌固零拾》，台北：文海出版社影印，民國 56 年。

王照，《小航文存》，台北：文海出版社影印，民國 19 年。

王照，《方家園雜詠紀事（詩）》，台北：文海出版社影印，民國 57 年，近代中國史料叢刊第 11 冊。

王照口述，王樹楠筆錄，《德宗遺事》，台北：台灣學生書局影印，民國 62 年。

王闓運，《湘綺樓日記》，台北：台灣學生書局，民國 53 年。

左舜生編，《中國近百年史資料初編》，台北台灣中華書局，民國 47 年。

永瑢撰，《文淵閣四庫全書》，台北：商務印書館影印，民國 72 年。

朱尚文編著，《翁同龢先生年譜》，台北：台灣商務印書館，民國 60 年。

朱熹，《朱子文集》，上海：商務印書館，民國 25 年。

江康年，《江穰卿先生筆記》，台北：文海出版社影印，民國 58 年。

吳永口述，劉治襄筆記，《庚子西狩叢談》，台北：文海出版社影印，民國 55 年。

吳長瑛輯，《清代名人手札》，台北：文海出版社影印，民國 56 年。

李元度，《國朝先正事略》，台北：文海出版社影印，民國 56 年。

李宗侗、劉鳳翰，《李鴻藻先生年譜》，台北：中國學術著作獎助委員會，民國 58 年。

李慈銘，《桃花聖解庵日記》，台北：台灣商務印書館，民國 62 年。

李慈銘，《越縵堂日記》，上海：商務印書館，民國 9 年。

李鴻章撰，《李文忠公全集》，台北：文海出版社影印，民國 54 年。

沈桐生，《光緒政要》，台北：文海出版社影印，民國 58 年。

汪詒年編，《江穰卿（康年）先生傳記遺文》，台北：文海出版社影印，民國 55 年。

房喬等撰，《晉書》，台北：台灣商務印書館，民國 56 年。

金梁，《光宣小紀》，台北：廣文書局，民國 57 年。

金梁，《清帝外紀》，台北：廣文書局，民國 70 年。

金梁，《道咸同光四朝佚聞》，台北：廣文書局，民國 67 年。

俞鍾鑾輯，《翁松禪手札》，台北：文海出版社影印，民國 56 年。

胡思敬，《國聞備乘》，台北：文海出版社影印，民國 59 年。

唐文治，《茹經自訂年譜》，台北：廣文書局，民國 60 年。

唐文治，《茹經堂文集》，台北：中國文獻出版社，民國 59 年。

孫雄，《道咸同光四朝詩史》，台北：鼎文書局，民國 60 年。

孫雄，《舊京詩文存》，台北：文海出版社影印，民國 59 年。

徐珂，《清稗類鈔》，台北：台灣商務印書館，民國 55 年。

翁同龢，《翁文恭公日記》，台北：台灣商務印書館影印，民國 62 年。

翁同龢，《翁文恭公遺集》，台北：維新書局，民國 59 年。

翁同龢，《翁文恭軍機處日記》，台北：台灣學生書局影印，民國 55 年。

翁同龢，《翁松禪相國（同龢）尺牘眞跡》，台北：文海出版社影印，民國 62 年。

翁同龢，《翁松禪家書》，台北：文海出版社影印，民國 59 年。

翁同龢，《瓶廬叢稿》台北：文海出版社影印，民國 56 年。

翁同龢書，《松禪老人尺牘墨蹟》，台北：國立故宮博物院影印，民國 66 年。

康有爲，《康南海自訂年譜》，台北：文海出版社影印，民國 64 年。

張之洞，《張（之洞）文襄公全集》，台北：文海出版社影印，民國 59 年。

張伯楨，《康南海（有爲）先生傳》，台北：文海出版社影印，民國 64 年。

張佩綸，《澗于集》，台北：文海出版社影印，民國 56 年。

張壽鏞等編，《皇朝掌故彙編》，台北：文海出版社影印，民國 58 年。
張謇，《柳西草堂日記》，台北：文海出版社影社，民國 58 年。
張謇，《嗇翁自訂年譜》，台北：台灣學生書局，民國 63 年。
梁啓超，《戊戌政變記》，台北：台灣中華書局，民國 48 年。
清史編纂委員會編，《清史》，台北：國防研究院出版，民國 50 年。
許同莘編，《張文襄公年譜》，台北：台灣商務印書館，民國 58 年。
郭廷以編，《近代中國史事日誌》，台北：正中書局，民國 52 年。
陳善之等撰，《碑傳集補》，閔爾昌，台北：文海出版社影印，民國 55 年。
陳善之等撰，《滿清野史續編》，台北：文橋書局，民國 61 年。
陳善之等撰，《蜷廬隨筆》，王伯恭，台北：文海出版社影印，民國 57 年。
陳夔龍，《夢蕉亭雜記》，台北：文海出版社影印，民國 60 年。
章炳麟，《太炎文錄續編》，台北：新興書局，民國 45 年。
嵇璜、曹仁虎，《欽定續文獻通考》，台北：台灣商務印書館，民國 72 年。
曾國藩，《曾文正公奏稿》，傳忠書局，光緒二年版。
華文書局編，《大清文宗顯（咸豐）皇帝實錄》，台北：華文書局影印，民國 53 年。
華文書局編，《大清德宗景（光緒）皇帝實錄》，台北：華文書局影印，民國 53 年。
華文書局編，《大清穆宗毅（同治）皇帝實錄》，台北：華文書局影印，民國 53 年。
賀長齡輯，《皇朝經世文編》，台北：文海出版社影印，民國 61 年。
辜鴻銘，《張文襄幕府紀聞》，台北：遠流出版公司，民國 72 年。
馮桂芬，《校邠廬抗議》，台北：文海出版社影印，民國 60 年。
黃鴻壽，《清史紀事本末》，台北：三民書局，民國 62 年。
楊家駱，《戊戌變法文獻彙編》，台北：鼎文書局，民國 62 年。
楊家駱編，《禮記注疏及補正》，台北：世界書局，民國 52 年。
楊樹藩，《清代中央政治制度》，台北：台灣商務印書館，民國 67 年。
葉昌熾，《緣督廬日記》，台北：台灣學生書局，民國 53 年。
葉德輝輯著，《覺迷要錄》，台北：台聯國風出版社，民國 59 年。
趙中孚編，《翁同龢日記排印本附索引》，台北：美國亞州學會，民國 59 年。
趙炳麟，《趙柏巖集》，台北：文海出版社影印，民國 64 年。
趙烈文，《能靜居日記》，台北：台灣學生書局，民國 53 年。
劉安撰，《淮南鴻烈集解》，台北：台灣商務印書館，民國 57 年。

劉錦藻，《清朝續文獻通考》，台北：新興書局，民國 52 年。
蔡冠洛，《清代七百名人傳》，台北：文海出版社影印，民國 60 年。
蔡冠洛編，《清史列傳》，台北：台灣中華書局，民國 53 年。
繆荃孫纂錄，《續碑傳集》，台北：文海出版社影印，民國 55 年。
薛福成，《庸庵文續編》，台北：文海出版社，民國 62 年。
薛福成，《庸盦筆記》，台北：台灣商務印書館，民國 57 年。
羅正鈞編，《左文襄公（宗棠）年譜》，台北：文海出版社影印，民國 56 年。
羅惇曧，《賓退隨筆》，收入楊宗駱編，《戊戌變法文獻彙編》，冊四。
羅惇曧等，《庚子國變記》，台北：廣文書局，民國 55 年。
竇鎮編，《國朝書畫家筆錄》，台北：文海出版社影印，民國 60 年。

二、專　著

小野川秀美（林明德、黃福慶譯），《晚清政治思想史研究》，台北：時報出版公司，民國 71 年。
中研院近史所，《中國近代的維新運動——變法與立憲研討會》，台北：中研院近史所，民國 70 年。
戈公振，《中國報學史》，台北：學生書局，民國 53 年。
王爾敏，《晚清政治思想史論》，台北：華世出版社，民國 65 年。
王樹槐，《外人與戊戌變法》，台北：台灣商務印書館，民國 54 年。
左舜生編著，《中國近代史四講》，台北：友聯出版社，民國 55 年。
朱沛蓮編著，《清代鼎甲錄》，台北：台灣中華書局，民國 57 年。
吳相湘，《晚清宮廷實紀》，台北：正中書局，民國 41 年。
吳相湘，《晚清宮廷與人物》，台北：傳記文學出版社，民國 68 年。
呂實強，《中國官紳反教的原因（1860～1874）》，台北：中央研究院近代史研究所，民國 62 年。
李劍農，《中國近百年政治史》，台北：台灣商務印書館，民國 65 年。
沈雲龍，《近代史事與人物》，台北：文海出版社影印，民國 60 年。
沈雲龍編，《袁世凱全傳》，台北：文海出版社，民國 55 年。
汪榮祖，《晚清變法思想論叢》，台北：聯經出版公司，民國 72 年。
金梁編，《近代人物志》，台北：新文豐出版公司，民國 67 年。
金耀基，《中國現代化與知識分子》，台北：時報出版公司，民國 68 年。
金耀基，《從傳統到現代》，台北：時報出版公司，民國 68 年。
張孝若，《南通張季直先生傳記》，台北：學生書局，民國 63 年。

張秉鐸，《張之洞評傳》，台北：台灣中華書局，民國 61 年。

郭廷以，《近代中國史綱》，香港：中文大學出版社，民國 69 年。

陳恭祿，《中國近代史》，上海：商務印書館，民國 24 年。

費行簡，《近代名人小傳》，台北：文海出版社影印，民國 56 年。

黃濬，《花隨人聖盦摭憶》，香港：龍門書店影印，民國 54 年。

楊聯陞，《國史探微》，台北：聯經出版公司，民國 72 年。

劉鳳翰，《袁世凱與戊戌政變》，台北：傳記文學出版社，民國 68 年。

蔣廷黻，《中國近代史大綱》，台北：驚聲文物供應公司，民國 61 年。

蕭一山，《清代通史》，台北：台灣商務印書館，民國 56 年。

蕭公權（楊肅獻譯），《翁同龢與戊戌維新》，台北：聯經出版公司，民國 72 年。

三、論　文

王家儉，〈由漢宋調和到中體西用——試論晚清儒家思想的演變〉，《師大歷史學報》，12 期，民國 73 年 6 月，頁 179～196。

何炳棣，〈張蔭桓事蹟〉，《中國近代史論叢》，台北：正中書局，民國 54 年，第一輯第七冊，頁 91～113。

吳相湘，翁同龢康有爲關係考實〉，《學術季刊》，4 卷 2 期，民國 44 年，頁 97～108。

呂實強，〈馮桂芬的政治思想〉，《中華文化復興月刊》，4 卷 2 期，民國 60 年 2 月，頁 5～12。

林熙，〈翁同龢——狀元宰相帝王師〉，《藝文誌》，130 期，民國 65 年 7 月，頁 22～27。

張子揚，〈關於翁同龢與康梁關係的一件史料〉，轉引劉鳳翰，《袁世凱與戊戌政變》，台北：傳記文學出版社，民國 68 年，頁 227，註 55。

郭鳳明，〈戊戌變法期間帝后二黨之對立〉，《簡牘學報》，8 期，民國 68 年 11 月，頁 161～170。

陳恭祿，〈甲午戰後庚子亂前中國變法運動之研究〉，《文哲季刊》（武漢大學），3 卷 1 期，民國 22 年，頁 57～128。

陳鍪，〈戊戌政變時反變人物之政治思想〉，《中國近代史論叢》，台北：正中書局，民國 45 年，第一輯第七冊，頁 148～170。

曾士莪，〈述翁李相傾事〉，《中國近代史論叢》，台北：正中書局，民國 45 年，二輯第五冊，頁 135～138。

楊佛士，〈壯元宰相翁同龢的生平〉，《古今談》，6 期，民國 54 年 8 月，頁 11

～14。

蕭一山，〈戊戌政變的眞相〉，《大陸雜誌》，27 卷 7 期，民國 52 年 10 月，頁 30～35。

四、英　文

Ho Ping-ti. "Weng T'ung-ho and One Hundred Days of Reform." *Far Eastern Quarterly*. Val. X; No. 2; 1951, 2. PP.125～135.

Hsiao Kung-Chuan, "Weng Tung-Ho and the Reform Movement of 1898," *Tsing Hua Journal of Chinese Studies*, Ne Series I,. No. 2 Aqril, 1957, PP.111～243.

Hummel, Authur W. *Emient Chinese the Ch'ing Peniod*. Washington, D.C., 1943.

Richard, Timothy. *Forty Five Years in China, Reminiscens by Timothy Richard*. London, 1916.

Stanley, Sqector. *Li Hung-Chang and the Hui Army*. (A Study in Niteenth-Chentury Chinese Regionalism.) Univ of Washington, 1964.

Wright, Mary C. *The Last Stand of Chinese Conservation.. The Tung-Chih Restoration 1862～1874.* Stanford Unlversity Press, 1957. 台北：虹橋，C. 1971.

參考書目

一、基本史料

八詠樓主人編，《西巡回鑾始末記》，台北：文海出版社影印，民國 61 年。

于寶軒編，《皇朝蓄艾文編》，台北：台灣學生書局，民國 54 年。

中俄交涉公署編，《中俄會議參考文件》，台北：文海出版社影印，民國 58 年。

中華民國開國五十年文獻編纂委員會編纂，《列強侵略》，台北：正中書局，民國 59 年。

中華民國開國五十年文獻編纂委員會編纂，《清廷之改革與反動》，台北：正中書局，民國 55 年。

文慶等纂，《籌辦夷務始末》，台北：文海出版社影印，道、咸、同三朝。

王光祈譯，《李鴻章遊俄紀事》，台北：文海出版社，民國 59 年。

王先謙，《虛受堂文集》，台北：文海出版社影印，民國 60 年。

王先謙編，《郭侍郎（嵩燾）奏疏》，台北：文海出版社影印，民國 57 年。

王定安，《清曾忠襄公國荃年譜》，台北：台灣商務印書館影印，民國 67 年。

王定安編，《曾忠襄公（國荃）批牘、年譜》，台北：文海出版社影印，民國 56 年。

王延熙樹敏輯，《皇朝道咸同光奏議》，台北：文海出版社影印，民國 58 年。

王彥威輯，王亮編，《清季外交史料》，台北：文海出版社影印，民國 52 年。

王闓運，《湘綺樓文集》，台北：文海出版社影印，民國 59 年。

王闓運，《湘綺樓箋啓》，台北：文海出版社影印，民國 57 年。

何良棟輯，《皇朝經世文四編》，台北：文海出版社影印，民國 61 年。

佚名輯，《戊戌變法檔案史料》，台北：文海出版社影印，民國 63 年。

吳元炳，《沈文肅公（葆楨）政書》，台北：文海出版社影印，民國 56 年。
吳汝綸編，《李文忠公（鴻章）朋僚函稿》，台北：文海出版社影印，民國 56 年。
李振華，《清光緒朝中日交涉史料》，台北：文海出版社影印，民國 59 年。
李國杰編，《李文忠公遺集》，台北：文海出版社影印，民國 56 年。
李傳熊等，《皇朝通典》，《文淵閣四庫全書》，台北：台灣商務印書館影印，民國 72 年，第 642 冊。
林則徐，《林文忠公政書》，台北：文海出版社影印，民國 56 年。
林則徐，《信及錄》，台北：廣文書局，民國 58 年。
林則徐等撰，《道咸同光名人手札》，台北：文海出版社影印，民國 56 年，近代中國史料叢刊第 21 冊。
林熙春輯，《國朝掌故輯要》，台北：文海出版社影印，民國 61 年。
金梁編，《光宣列傳》，台北：文海出版社影印，民國 65 年。
宓汝成編，《近代中國鐵路史資料》，台北：文海出版社，民國 66 年。
俞樾，《春在堂尺牘》，台北：文海出版社影印，民國 58 年。
洪良品等校，《文文忠公（祥）事略》，台北：文海出版社影印，民國 57 年。
軍機處原檔編印，《清光緒朝中法交涉史料》，台北：文海出版社影印，民國 56 年。
夏先範編，《胡文忠公遺集》，台北：文海出版社影印，民國 55 年。
容閎，《西學東漸記》，台北：文海出版社影印，民國 62 年。
馬建忠，《適可齋紀言紀行》，台北：文海出版社影印，民國 55 年。
馬建忠等，《東行三錄》，台北：廣文書局，民國 56 年。
康有爲，《戊戌奏稿》，台北：文海出版社影印，民國 58 年。
張謇，《九錄錄》，台北：國風出版社，民國 53 年。
梅英杰纂，《胡文忠公（林翼）年譜》，台北：文海出版社影印，民國 57 年。
郭廷以，《太平天國史事日誌》，台北商務印書館，民國 65 年。
郭廷以編定，尹仲容創稿，陸寶千補輯，《郭嵩燾先生年譜》，台北：中央研究院近代史研究所，民國 60 年。
郭嵩燾，《玉池老人自敍》，台北：文海出版社影印，民國 56 年。
郭嵩燾，《使西紀程》，小方壺齋輿地叢鈔，第十一帙，上海：著易堂，光緒十七年。
郭嵩燾，《養知書屋詩文集》，台北：文海出版社影印，民國 57 年。
郭慶，《咸同名賢手札》，文海出版社影印，民國 56 年。

郭慶蕃輯，《咸同中興名賢手札》，台北：文海出版社影印，民國 56 年。
陳次亮，《庸書》，台北：台聯國風出版社，民國 59 年。
陳冷汰，《慈禧外記》，陳詒先譯，台北：文海出版社影印，民國 62 年。
陳忠倚輯，《皇朝經世文三編》，台北：文海出版社影印，民國 61 年。
章中和，《清代考試制度資料》，台北：文海出版社影印，民國 57 年。
章洪鈞，《李肅毅伯（鴻章）奏議》，吳汝綸編，台北：文海出版社影印，民國 57 年。
章炳麟，《太炎先生自訂年譜》，台北：文海出版社影印，民國 60 年。
麥仲華編，《皇朝經世文新編》，台北：文海出版社影印，民國 61 年。
曾紀澤，《曾惠敏公手寫日記》，台北：台灣學生書局影印，民國 54 年。
曾紀澤，《曾惠敏公文集》，上海：掃葉山房，民國 21 年。
曾紀澤，《曾惠敏公使西日記》，上，掃葉山房，民國 21 年。
曾紀澤《曾惠敏公（劼剛）遺集》，台北：文海出版社影印，民國 57 年。
曾國藩，《曾文正公手寫日記》，台北：台灣學生書局，民國 54 年。
曾國藩，《曾文正公全集》，上海：掃葉山房，民國 21 年。
曾國藩、胡林翼，《曾（國藩）、胡（林翼）手札》，台北：文海出版社影印，民國 74 年。
楊家駱編，《中日戰爭文獻彙編》，台北：鼎文書局，民國 62 年。
楊家駱編，《太平天國文獻彙編》，台北：鼎文書局，民國 62 年。
楊家駱編，《洋務運動文獻彙編》，台北：世界書局，民國 52 年。
楊家駱編，《鴉片戰爭文獻彙編》，台北：鼎文書局，民國 62 年。
楊楷校，《中俄交涉記》，台北：文海出版社影印，民國 56 年。
楊鳳藻編，《皇朝經世文新編續集》，台北：文海出版社影印，民國 61 年。
葛士濬輯，《皇朝經世文續編》，台北：文海出版社影印，民國 61 年。
劉容，《養晦堂文、詩集》，台北：文海出版社影印，民國 58 年。
劉銘傳，《劉壯肅公（省三）奏議》，台北：文海出版社影印，民國 57 年。
歐陽輔之編，《劉忠誠公（坤一）遺集》，台北：文海出版社影印，民國 57 年。
潘祖年編，《潘祖蔭年譜》，台北：文海出版社影印，民國 57 年。
蔣廷黻編，《近代中國外交史資料輯》，台北：台灣商務印書館，民國 61 年。
黎庶昌編，《曾文正公年譜》，台北：文海出版社影印，民國 56 年。
蕭榮爵編，《曾忠襄公（國荃）奏議》，台北：文海出版社影印，民國 58 年。
蕭榮爵編，《曾忠襄公（國荃）書札（附：文集）》，台北：文海出版社影印，民國 59 年。

錢樾等，《皇朝通志》，《文淵閣四庫全書》，台北：台灣商務印書館影印，民國72年，第644冊。

薛福成，《出使英、法、義、比四國日記》，台北：文海出版社影印，民國56年。

魏源，《海國圖志》，台北：成文出版社，民國56年。

羅文彬編，《丁文誠公（寶楨）遺集》，台北：文海出版社影印，民國56年。

二、專　著

中研院近史所編，《近世中國經世思想研討會論文集》，台北：中央研究院近代史研究所，民國72年。

卞冰峯，《清末革命與君憲的論爭》，台北：中央研究院近代史研究所，民國69年。

王爾敏，《清季兵工業的興起》，台北：中央研究院近代史研究所，民國67年。

王爾敏，《淮軍志》，台北：中國學術著作獎助委員會，民國56年。

王樹槐，《庚子賠款》，台北：中央研究院近代史研究所，民國63年。

吳玉章，《戊戌變法六十週年紀念論文集》，台北：中華書局，民國47年。

呂實強，《丁日昌與自強運動》，台北：中央研究院近代史研究所，民國61年。

呂實強，《中國早期的輪船經營》，台北：中央研究院近代史研究所，民國51年。

李守孔，《李鴻章傳》，台北：台灣學生書局，民國67年。

李恩涵，《晚清的收回礦權運動》，台北：中央研究院近代史研究所，民國52年。

李恩涵，《曾紀澤的外交》，台北：中央研究院近代史研究所，民國55年。

李恩涵、張朋園等，《近代中國——知識分子與自強運動》，台北：食貨出版社，民國61年。

李國祁，《中國早期的鐵路經營》，台北：中央研究院近代史研究所，民國50年。

李國祁，《張之洞的外交政策》，台北：中央研究院近代史研究所，民國59年。

李滋男，《中俄伊犁交涉之研究》，台北：嘉新水泥公司文化基金會，民國65年。

沈雲龍，《現代政治人物述評》，台北：文海出版社。

金兆梓，《近世中國史》，台北：文海出版社，民國60年。

胡秋原，《近百年來中外關係》，台北：文海出版社，民國60年。

張玉法，《清季的立憲團體》，台北：中央研究院近代史研究所，民國60年。

張玉法，《清季的革命團體》，台北：中央研究院近代史研究所，民國 64 年。
張朋園，《立憲派與辛亥革命》，台北：中央研究院近代史研究所，民國 58 年。
傅宗懋，《清代軍機處組織及職掌之研究》，台北：嘉新水泥公司文化基金會，民國 56 年。
傅啓學，《中國外交史》，台北：台灣商務印書館，民國 61 年。
馮承鈞，《西力東漸史》，台北：華世出版社，民國 64 年。
黃彰健，《戊戌變法史研究》，台北：中央研究院近代史研究所，民國 59 年。
黃福慶，《清末留日學生》，台北：中央研究院近代史研究所，民國 64 年。
趙中孚，《清季中俄東三省界務交涉》，台北：中央研究院近代史研究所，民國 59 年。
趙雅書，《清末四大奇案》，台北：文鏡文化公司，民國 71 年。
趙豐田，《晚清五十年經濟思想史》，台北：華世出版社，民國 64 年。
劉鳳翰，《武衛軍》，台北：中央研究院近代史研究所，民國 67 年。
蘇雲峰，《張之洞與清季湖北教育改革》，台北：中央研究院近代史研究所，民國 65 年。
龔俊，《中國新工業發展史大綱》，台北：華世出版社，民國 67 年。

三、論　文

小野川秀美（李永熾譯），〈清末變法論的形成〉，《大陸雜誌》，38 卷 7 期，民國 58 年 4 月，頁 23～37。
王天民，〈清末自強運動之研究〉，《中山學術文化集刊》，第 9 集，民國 61 年 3 月，頁 477～554。
王邦雄，〈文化復興的探討——傳統、西化與折衷派的權衡〉，《幼獅月刊》，39 卷 4 期，民國 63 年 4 月，頁 29～37。
王家儉，〈文祥對時局的認識及其自強思想〉，《師大歷史學報》，第 1 期，民國 62 年 1 月，頁 219～240。
王業鍵，〈清代經濟芻論〉，《食貨復刊》，2 卷 11 期，民國 62 年 2 月，頁 541～550。
王爾敏，〈拳亂時期之南省自保〉，《大陸雜誌》，25 卷 3～6 期，民國 51 年 8、9 月。
王爾敏，〈商戰觀念與重商思想〉，《中國近代思想史論》，台北：華世出版社，民國 66 年，頁 232～379。
全寅永，〈由民族主義觀點看自強運動中國知識分子及官員對近代化政治理念的認識〉，《中國歷史學會史學集刊》，第 16 期，民國 73 年 7 月，頁 219～

237。

全漢昇，〈清末反對西化言論〉，《嶺南學報》，5 卷 3、4 期，民國 25 年 1、2 月。

全漢昇，〈清末的西學源出中國說〉，《嶺南學報》，4 卷 2 期，民國 24 年 8 月。

吳章銓，〈洋務運動中的商務思想〉，《思與言》，7 卷 3 期，民國 58 年 9 月，頁 145～159。

呂士朋，〈戊戌百日維新的經濟改革及其影響〉，《東海學報》，5 卷 1 期，民國 58 年 1 月，頁 15～16。

李陳順延，〈晚清的重商王義〉，《中研院近史所集刊》，第 3 期上，民國 61 年 7 月，頁 207～221。

郝延平，〈買辦商人——晚清通商口岸——新興階層〉，《故宮文獻》，2 卷 1 期，民國 59 年 12 月，頁 35～45。

陸寶千，〈郭嵩燾之洋務思想〉，《廣文月刊》，1 卷 3 期，民國 57 年 12 月。

湯志鈞，〈清代常州今文學派與戊戌變法〉，《中國近三百年學術思想論集第二編》，香港：崇文書店，民國 60 年。

廖隆盛，〈清季商務運動與工業發展政策的建立〉，《師大學報》，第 29 期，民國 73 年 6 月，頁 489～514。

劉廣京，〈唐廷樞之買辦時代〉，《清華學報》，新 2 卷 2 期，民國 50 年 6 月，頁 143～183。

劉廣京，〈鄭觀應，易言——光緒初年之變法思想〉，《清華學報》，新 8 卷 1、2 期，民國 59 年 8 月，頁 373～425。

駱雪倫，〈從曾國藩和魏源的經世思想看同光新政〉，《大陸雜誌》，36 卷 1 期，民國 57 年 1 月，頁 11～18。

蘇雲峯，〈論清季中國社會階層之變遷〉，《中國歷史學會史學集刊》，第 16 期，民國 73 年 7 月，頁 133～152。

四、英　文

Ayers,William. Chang *Chih-tung and Educational Reform in China*, 台北：虹橋，C. 1973.

Banno, Masataka. *China and the West, 1858～1861: The Origlns of the Tsungli Yamen*, 台北：虹橋，C. 1972.

Bland, J.O.P. and Backhouse, E. *China Under the Empress Dowager, London*, 1910.

Ch’u T’ung-tsu. *Law and Society in Traditional China*, Paris 1861 台北：虹橋，C.1973, 307p.

Chu, Samuel C. *Reformer in Modern China Chang-Chien 1853～1962.*, Colunbia University, 1965., 台北：虹橋，C. 1973.

Der Ling Princess. *Two Years in the Forbidden city*, New York. Moffat, Yard and Company, 1914.

Elvin, Mark. "The High-Level Equilibrium Trap.. The Course of the Decline of Invention in the Traditianal Chinese Textile Industries." W. E. Willmott ed. *Economic Organization in Chinese Society*, Stanford University Press, Stanford, California., 1972.

Fairbank, John K. *Trade and Diplomacy on the China Coast the Opening of the Treatys Ports, 1843～1854*. Harvard Univ. 1956.

Feuerwerker, Albert. *China's Early Industerielization: Sheng Hsuan-Huai (1844～1916) and Mandrrin Enterqrise*, (Harvard University Press. Cambridge, Mass. 1958).

Franz, Michael. *The Taiping Rebelling, Univ of Washington*, 1965.

Ho Ping-ti. *The Ladder of Success in Inqerisl China*, Asqect of Society Mobility, 1368～1911. Columbia. 1962.

Hou Chi-ming. *Foreign Ivestment and Development in China 1840～1937*, Harvard Unlversity Press. Camdridge, Mass. 1965.

Hse, Immauel C.Y. *The Ili Crisis: A Study of Siuo-Russian Bounder diplomacy*, 1878～1881. Oxford Univ. Perss, 1965. 台北：虹橋，C. 1972.

Levenson, Joseph R. Liang *Chih-chao and the Mind of Modern China*, 台北：虹橋，C. 1972.

Morse, Hosea Ballou. *The Trade and Administretion of the Chinese Empire*, Ching-Wen Publishing Company. Taipei. 1975.

Morse, Hasea Ballou. *The International Relations of the Chinese Empire*, Ching-Wen Publishing Company. Taipei.

Spence, Jonathan D. *Ts'ao Yin and K'and-His Emperor, Bondservant of Master*, 台北：虹橋，C. 1972.

Teng Ssu-Tu, Fairbank John K. & Others. *China's Response to the West: a documentary Survey 1839～1923*. Havvard University Press, 1954.

Wilhelm, Richard. *The Soul of Cnine*, New York, 1928.

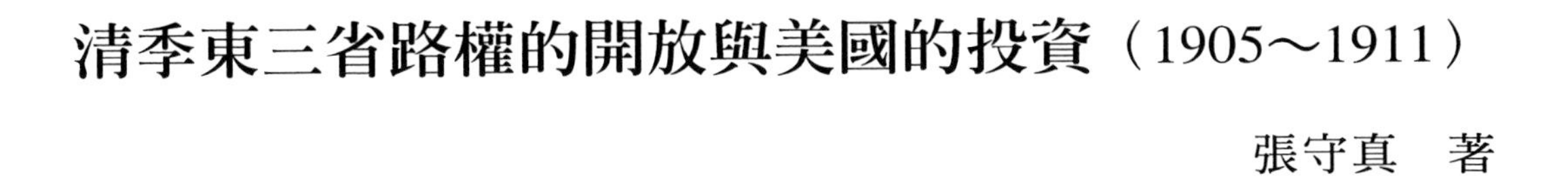

清季東三省路權的開放與美國的投資（1905～1911）

張守真　著

作者簡介

張守真於 1947 年生，台灣嘉義市人。台灣師大歷史系、東海大學歷史研究所、美國東伊利諾州立大學歷史研究所（交換計畫）。先後任教於虎尾女子高中、陸軍第二士校；中台醫專、東海大學、逢甲學院、高雄醫學院、高雄師大，現於文藻外語學院國際事業暨文化交流研究所任教授。

提　要

世人言中國東三省，每指為「亞洲之火藥庫」或「東方的巴爾幹」，蓋近代亞洲問題的重心在遠東，而遠東問題的焦點，則在東三省。東三省不僅關繫中國的安危，亦為世界和平與戰爭的樞紐。自清季以來，日俄兩強鄰對東三省時存覬覦之心，民國成立，東三省更為中日兩國盛衰存亡之所寄，足見其地位之重要。

日俄戰爭（1904 ～ 1905）期間，中國於日俄兩國對東三省的野心，已知所警惕，日俄戰後，東三省實際已成日俄對峙，分疆割據的禁臠，清廷因有將東三省改制之舉，更積極經營東三省，採行開放政策，尤著重於路權的開放，引進歐美勢力，以抵制日俄的侵略；此時美國正亦向遠東力謀發展，清廷官員乃與美國交相結納，因此清季東三省鐵路開放的各項計劃，實始終脫離不開美國勢力的支持和推動。本文即敘述此期中美聯合在東三省抵制日俄入侵勢力之種種情形。

晚近中西學人研究東三省問題者甚多，著述林林總總。然其中能真正廣泛徵引中國史料者，實屬罕見。東三省問題本屬多方面的問題，中日俄三方史料，倘缺一不用，事實真相，即難窺其全貌。筆者作此論文，其主要動機，則在針對此種缺失，廣泛徵引中國史料，以補片面引用資料之偏頗，此外並徵引日本方面史料，至於俄國史料，則全引用中譯本。由於時間迫促，筆者能瀏覽之英文資料頗不週全，故較多自英文著作轉述之處。尤以本文第六章，資料難求，只能「有多少材料，說多少話」，此為筆者在撰寫本文期間，所遭遇之最大困難。

本文撰寫期間，承蒙呂師士朋悉心指導，從擬定大綱，搜集資料，以至完成全文，皆教正有加；藍師孟博、楊師紹震之鼓勵指點，曾博文先生於日文資料之指導譯述；中研院近史所李毓樹先生、林明德先生之提供資料及寶貴意見。筆者衷心銘感，謹此特申感謝之忱。筆者才學疏陋，又初次撰寫論文，雖孜孜從事，遺漏訛誤之處，在所難免，尚祈師長先進不吝賜正。

目次

第一章　東三省鐵路開放的背景

第一節　俄日對東三省的侵略

一、俄國的侵略東三省及其後果

十九世紀末期，俄國乘中國內有太平軍之亂，外有英法聯軍之役，以威迫利誘手段，於 1858 年（咸豐八年）脅迫中國簽訂璦琿條約。〔註 1〕1860 年（咸豐十年），又脅簽北京條約，〔註 2〕俄國不費一兵一彈，竟獲得黑龍江以北及烏蘇里江以東包括海參威在內的廣大土地，一躍而爲北太平洋強權，進而覬覦東三省及朝鮮。1896 年（光緒二十二年），中俄密約成立，允許俄人修築東清路，〔註 3〕1898 年（光緒二十四年），復強租旅順、大連，〔註 4〕至此俄國已視東三省爲其囊中之物，並圖進而鯨吞直、陝、甘諸地。〔註 5〕1900 年（光緒二十六年），庚子拳亂發生，中國局勢混亂，波及關外，俄國乘機出兵於七月初（六月中旬），至十月初（國八月中旬），不到三個月，已盡佔東三省，〔註 6〕並威迫

〔註 1〕《（咸豐朝）籌辦夷務始末》，卷 25，頁 16。

〔註 2〕同註 1，卷 68，頁 17～26。

〔註 3〕《清季外交史料》，卷 122，頁 1～3，光緒二十二年六月六日，專使李鴻章與俄户部大臣微德訂中俄密約；羅曼諾夫著，民耿譯，《帝俄侵略滿洲史》（商務，民國 26 年），頁 101～103，載有俄國財政部檔案第二十號法文原稿。

〔註 4〕《清季外交史料》，卷 133，頁 14～20，光緒二十四年五月二十日，〈許景澄楊儒奏摺〉。

〔註 5〕Gooch, G.P. and Temperley, H.W.V., *British Documents on the Origins of the World War, 1898～1914*,（15 Vols. London, 1932）Vol.III, January 1,1898.Scott to S. Salisbury.

〔註 6〕羅曼諾夫著，民耿譯、前引書，頁 211。

被俘的盛京將軍增祺簽訂「暫且章程」，通稱「旅順密約」，主要規定：（一）解散華兵。（二）收繳軍械。（三）拆毀奉天各處砲台火藥庫。（四）由俄人監視軍政等。〔註7〕消息傳出，中外震駭，〔註8〕清廷不予承認。〔註9〕幾經交涉，俄國始終不允撤退其在東三省的軍隊。英日美等國爲此甚表憤慨，因此導致英日成立第一次同盟，及美國的重申其門戶開放政策。俄國爲緩和國際情勢，於 1902 年 4 月 8 日（光緒二十八年三月一日），簽訂中俄東三省條約，承認中國在東三省的主權，並同意於十八個月內，分三期撤兵。〔註 10〕但俄國並未依約實行，直至日俄戰後，俄軍才完全退出東三省。〔註 11〕

自中日甲午戰爭後，中國喪失在朝鮮的宗主權，日俄兩國勢力便短兵相接。俄軍佔領東三省，固爲英日所反對。〔註 12〕日本尤爲關心，認爲「如滿洲爲俄所有，則朝鮮亦不能自全，故日本應速講求對付之道」。〔註 13〕其時日本國內，小村壽太郎與加藤高明等主張與英同盟，而伊藤博文及井上馨則提倡與俄協商，〔註 14〕兩論表面形同對立，實則爲緩急之分：英日同盟論者，主積極對俄作戰；日俄協商論者，則鑒於自身經濟軍事實力之不足，認爲對

Morse, H.B., *The International Relations of Chinese Empire*（3 vols. London, 1918）, Vol. Ⅲ.PP.321～325；Tan, C.C., *The Boxer Catastrophe*（New York, 1955）.PP.157～161.

〔註 7〕《清季外交史料》，卷 144，頁 16～18，光緒二十六年九月二十八日，〈俄提督致增祺照會〉；羅曼諾夫著，民耿譯，前引書，頁 220～224。

〔註 8〕張之洞認爲：「果如所約，東三省及直晉陝甘沿北邊一帶，皆非我有矣」。見《張文襄公全集》，卷 82，光緒二十七年正月六日，〈致西安行在軍機處〉。英外相藍斯登則概歎：「東三省實際已成俄國保護地」。見 *Foreign Office Print*, Vol. 7538, No, 19. January 3, 1900.　Lansdown to Scott，引自王曾才著，《英國對華外交與門户開放政策》（商務，民國 56 年），頁 181～182。

〔註 9〕《西巡大事記》，卷 4，頁 20～21，光緒二十七年正月二十六年，〈駐蹕西安府城〉。

〔註 10〕Morse, H. B. op.cit., Vol.3, PP. 417～420.

〔註 11〕參見楊紹震，〈庚子年中俄東三省撤兵交涉經過及其結束〉，載《清華學報》，卷 9，第 1 期，頁 82～123。Tan, C.C. op. cit., PP. 170～214.

〔註 12〕楊儒輯，《中俄交收東三省電報彙鈔》，頁 30～31，光緒二十六年十二月三十日，〈慶邸李相電〉；《李文忠公全集》，電稿三十二，頁 17～18，光緒二十七年正月七日，〈江督來電〉；《清季外交史料》，卷 152，頁 10～12，光緒二十八年正月十四日，〈劉坤一張之洞致樞垣電〉。

〔註 13〕本多熊太郎，《魂之外交》，千倉書房，頁 254～255。

〔註 14〕同註 12，頁 288。

Langer, W.L. *The Diplomacy of Imperialism, 1890～1902*,（New York, 1951）PP.472～473.

俄戰事應慎重行事。1902年1月31日（光緒二十七年十二月二十一日），在外相小村壽太郎努力之下，英日正式成立第一次同盟，〔註15〕於是對俄作戰的里程，益爲接近。日俄戰爭之起因，實因日俄分贓不均而起，如俄國當時肯承認朝鮮爲日本勢力範圍，日本便會承認俄國在東三省的勢力，〔註16〕則戰爭或可避免，否則至少會延遲若干歲月。

二、日本勢力的侵入東三省

1905年（光緒三十一年），日俄戰爭的結果所訂立的朴資茅斯條約（Treaty of Portsmouth），主要規定：（一）俄國承認日本在朝鮮的特殊利益。（二）俄國將旅順、大連租借權讓與日本。（三）俄國將『南滿』鐵路及其附屬煤礦讓與日本。（四）俄國將庫頁島南部割給日本。（五）除旅順、大連外，日俄自東三省撤軍。〔註17〕日本既自俄國取得『南滿』的特殊權利，於是日本勢力在國際承認下，進入東三省，奠立日本日後立足『南滿』的初基。

當日俄戰爭時，中國雖聲稱中立，但因自1897年（光緒二十三年）以來，俄國侵凌中國太甚，故在精神上及實質上，中國實期望日本戰勝，以阻遏俄國的野心，但戰爭結束後，日本對中國卻採取「戰勝的報酬，不必逕取於俄」的政策，轉向中國要索。〔註18〕1905年12月22日（光緒三十一年十一月二十六日），中日在北京締結東三省事宜條約及附約，共十二條，主要規定：（一）中國承認俄國讓與日本的「滿洲」利權。（二）於東三省加開商埠十六處。（三）安奉鐵路歸日本經營十五年。（四）中日合作採鴨綠江右岸木材。〔註19〕日本不僅自中國取得「南滿」立足之合法根據，〔註20〕而且更攫取許多重大的權益。此後日本即以確保並擴大此項權益爲根本政策，竭力推行其所謂「大陸政策」，歷任日本內閣及各政黨，容或在手段、方法上有軟硬緩急之別，但推

〔註15〕Langer, W. L., op. cit., PP.777～778; Nish, I. H., *The Anglo-Japanese Alliance 1894～1907*（London, 1968）, PP. 216～217.

〔註16〕日本外務省編，《日本外交年表並主要文書》（1965年增訂本），卷上，文書，頁220～222；羅曼諾夫著，民耿譯，前引書，頁238；載林著，周肇譯，《俄國侵略遠東史》（正中，民國55年），頁71～72。

〔註17〕劉瑞霖編，《東三省交涉輯要》（文海），卷1，頁45～49，〈日俄合約〉。

〔註18〕郭廷以，〈中日交涉中的歷史教訓〉，《大陸雜誌》，卷2，第4期。

〔註19〕劉瑞霖編，前引書，卷1，頁34～38。

〔註20〕1904年（光緒三十年），桂內閣所擬定締和大綱四原則中之第三項：「對清國佔優勢地位，以建立（日本）帝國將來立足（南滿）的基礎」。見德富蘇峰編，《公爵桂太郎傳》（原書房，1917年）坤卷，頁266。

行「大陸政策」的實質與目的，則毫無二致。〔註 21〕其外交政策方面，更著重於拉攏列強，以取得其承認日本在東三省的地位，1905 年 8 月 12 日（光緒三十一年七月十一日），英日成立第二次同盟。〔註22〕1907 年 6 月 10 日（光緒三十三年四月三十日），日法成立協定，相互承認廣西、雲南及「南滿」、福建的勢力範圍。〔註23〕同年 7 月 30 日（六月二十一日），日俄成立第一次協定及密約，兩國劃分「南北滿」界線，「北滿」爲俄國勢力範圍，「南滿」爲日本勢力範圍。〔註 24〕至此列強在中國享有重大利益者，均與日本有所勾結，日本遂能明目張膽，從事對東三省的侵略。

日本對東三省的侵略重點，始終建立在經營鐵路的基礎上。在朴資茅斯條約訂立前，日本參謀總長兒玉源太郎在其「滿洲經營梗概」一文中，即曾指出：戰後「滿洲」經營唯一的要訣在「陽以經營鐵路爲名，陰行百般建設之實」。〔註25〕而後藤新平則認爲「經營滿洲」以移民爲最重要，但爲達成移民的任務，必須興築鐵路。〔註26〕1906 年（光緒三十二年），日本決定設立關東都督府及南滿鐵道株式會社，作爲政治、經濟、文化侵略東三省的大本營，〔註 27〕自此日人在東三省所作所爲，日益變本加厲，且肆無忌憚，視俄人有過之而無不及。〔註28〕1908 年（光緒三十四年），桂內閣更通過「帝國對外政策方針」，除進一步確定侵略東三省的步驟外，並特別強調永保其在東三省各項特權的決心。〔註29〕

另方面，俄國在日俄戰後，雖失去「南滿」利權，但「北滿」仍在其勢力範圍之中，穿越「北滿」直達海參威的東清路幹線及哈爾濱至長春的支線，仍在其手中，〔註30〕俄國且不時暗中策劃，企圖東山再起，迄 1908 年（光緒

〔註21〕朝日新聞社，《太平洋戰爭之道》（1963 年），第 1 冊，頁 5～6。
〔註22〕《日本外交年表並主要文書》，卷上，年表，頁 158。
〔註23〕同註 22，卷上，年表，頁 167，文書，頁 274～276。
〔註24〕同註 22，卷上，年表，頁 169，文書，頁 280～281。
〔註25〕鶴見祐輔，《後藤新平》（後藤新平伯傳記編纂會，1937 年），卷 2，頁 651。
〔註26〕同註 25，卷 2，頁 669，後藤不久旋出任南滿鐵道株式會社總裁。
〔註27〕中島眞雄，《對支回顧錄》（東亞同文會，1936 年）卷上，頁 463；栗原健，《對滿政策史之一面》（原書房，1966），頁 37～38；安藤彥太郎，《滿鐵》，御茶之水書房，1969 年，〈序說〉。
〔註28〕「日本的野心，實遠逾於戰時的成就」。見戴林著，周肇譯前引書，頁 86。
〔註29〕《日本外交年表並主要文書》，卷上，文書，頁 306。
〔註30〕羅曼諾夫著，民耿譯，前引書，頁 2。

三十四年）後藤新平訪俄、未嘗稍息，〔註 31〕而日本積極侵略東三省，亦有防範俄人發動報復戰爭之意。〔註 32〕

總之；自 1905 年（光緒三十一年）以迄 1908 年（光緒三十四年），東三省實際已成日俄南北對峙，分疆割據的禁臠。「名爲中國領土，實則幾無中國容足之地」。〔註 33〕

第二節　東三省的改制及其對外政策

一、東三省的改制

東三省本爲清室發祥之地，其地方建置與內地諸省迥異。內地十八省設有督、撫以總攬軍民之政，下設布政按察二司，分理財政、司法。而東三省則置將軍及奉天府尹，盛京復仿明留都之制，設置五部。〔註 34〕五部各置侍郎，其位與將軍相符，將軍之位雖尊，然職權實不逮直省之總督。而行政組織亦不及內地諸省完密。促成東三省改制，實源於庚子俄人之蹯據東三省，後俄人陰謀未逞，而導致日俄戰釁，於是朝野始知所警惕，爲積極經營東三省，始有改制之舉。

1905 年 6 月 26 日（光緒三十一年五月二十四日），清廷命各督撫及駐外使節就日俄和約，中國應如何因應，著各抒所見，密行電奏，以備採擇。〔註 35〕同年 7 月（六月），侍郎沈家本奏以東三省形勢危岌，請統一三省總督，授以全權，便宜行事。〔註 36〕翌年 4 月（光緒三十二年閏四月），盛京將軍趙爾巽更奏請，合盛京奉天總督及舊五部府尹之政，併於一署，設盛京行部。〔註 37〕11 月（九月），清廷乃派親王商部尚書載振，巡警尚書徐世昌

〔註 31〕鶴見祐輔，前引書，卷 2，頁 1221。
〔註 32〕同註 31，卷 2，頁 656；羅曼諾夫著，民耿譯，前引書，頁 492。
〔註 33〕徐世昌，《退耕堂政書》，卷 5，頁 2，光緒三十二年十一月二十二日，〈密陳考查東三省情形摺〉。
〔註 34〕順治十五年（1658），設禮部。十六年（1659），設户部工部。康熙元年（1662），設刑部。三十年（1692），設兵部。是爲盛京五部，各置侍郎，直隸北京六部尚部。
〔註 35〕《清季外交史料》，卷 190，頁 5，光緒三十一年五月二十四日，〈諭各督撫及各使電〉；《德宗實錄》，卷 545，頁 9。
〔註 36〕《光緒政要》，卷 31，頁 52。
〔註 37〕同註 35，卷 32，頁 18；《德宗實錄》，卷 558，頁 4。

等，赴東三省考察。〔註 38〕歷時三月，至 1907 年 1 月（光緒三十二年十一月）載、徐兩氏返京後，乃臚列考察清單，具摺痛陳時勢阽危，謂東三省爲全國命脈，非根本改革，不足以圖存於萬一。〔註 39〕太后及光緒帝爲之動容，乃於次月（光緒三十二年十二月），召見載振、徐世昌，令其妥擬切實辦法，籌謀補救，〔註 40〕載振等因再上「密陳通籌東三省全局摺」：「方今東事之艱，什倍曩昔，禍在眉睫，豈容再誤，擬請特設東三省總督一員，予以全權，舉三省全部應辦之事，悉以委之。除外交事件關係重要者，乃令與外務部咨商辦理外，其財政，兵政及一切內治之事，均令通籌總覽，無所牽制。……其總督之下，應設奉天，吉林、黑龍江巡撫各一員，專理三省民事吏事，仍受督臣節制。……務令功罪皆有專歸，內外各相協助，以一人之力總集群策，復以全國之力傾助一隅，庶幾委任既專，精神一振，或可收效於萬一。……現在客軍尚未盡撤，凡所更張，不無阻礙，擬請先期切實預備，俟明年二月（光緒三十三年二月），撤兵期屆，然後明降諭旨，剋日施行，以昭鄭重」。〔註 41〕清廷悉從其議。

1907 年 4 月 20 日（光緒三十三年三月八日），正式下詔，實行改制，改盛京將軍爲東三省總督，兼管三省將軍事務，隨時分駐三省行台。奉天、吉林、黑龍江各設巡撫一缺，以資治理。徐世昌著補授東三省總督，兼管三省將軍事務，並授爲欽差大臣。奉天巡撫著唐紹儀補授，朱家寶著署吉林巡撫，段芝貴著賞給布政使銜，署理黑龍江巡撫。〔註 42〕5 月 7 日（三月二十五日），以御史趙啓霖奏劾段芝貴、載振，清廷乃撤去段芝貴，以記名副都統程德全署理黑龍江巡撫。〔註 43〕同月 22 日（四月十一日），並更定東三省官制，奉天、吉林、黑龍江各設行省公署，以總督爲長官，巡撫爲次官，置左右參贊，分領承宣諮議兩廳，分設交涉、旗務、民政、提學、度支、勸學、蒙務七司及提法使、督練處等官，並命三省巡撫各加副都統。〔註 44〕

清季自東三省改制後，其督撫如徐世昌，錫良、唐紹儀、程德全等，皆

〔註 38〕《德宗實錄》，卷 564，頁 15。

〔註 39〕徐世昌，《退耕堂政書》，卷 5，頁 1，光緒三十二年十一月二十二日，〈密陳考察東三省情形摺〉。

〔註 40〕《德宗實錄》，卷 568，頁 5～6。

〔註 41〕徐世昌，前引書，卷 7，頁 14～15。

〔註 42〕《德宗實錄》，卷 571，頁 4；《東華錄》，文海本，頁 5629。

〔註 43〕同註 42，卷 571，頁 14；《東華錄》，文海本，頁 5642。

〔註 44〕《東華錄》，文海本，頁 5651～5652。

能銳意改革，積極開發，以期挽救東北危機。

二、東三省的開放及其對歐美的聯絡

1901 年 3 月 19 日（光緒二十七年正月二十九日），以俄人踞據東三省，張之洞力主東三省開門通商，藉各國商力以拒俄人，〔註 45〕乃與劉坤一，盛宣懷聯銜入奏，〔註 46〕時駐美公使伍廷芳亦贊成此項提議。〔註 47〕但清廷以時機尚未成熟，遲未實行。〔註48〕1903 年（光緒二十九年），中美續訂商約時，張之洞對美國所提東三省開埠之議，甚表支持，〔註 49〕其意在把美國的經濟力量引進東三省，以抵制日俄的侵略。

當日俄戰爭爆發之初，中國雖宣佈中立，〔註 50〕但因中國勢處積弱，戰場又在中國境內，要維持眞正的中立，實在不易，幸而美國創設保全中國中立，並限制戰地，又約各國不侵佔中國疆土，更首先勸和，〔註 51〕使中國得以不致過分吃虧，因此中國朝野對美國的友誼甚爲重視。〔註52〕

徐世昌出任首任東督後，其對外政策即以聯絡歐美爲主，以破除日俄壟斷之勢，徐氏認爲：東三省「圖存之策，不在內政，而在外交，不在今日外交之棘手，而在孤立無助」，〔註 53〕又「國與國未有孤立無援而能自立者，……以東省而論，非聯合歐美不足以抵制日俄，然或爲商務之發生，或爲債務之

〔註 45〕《張文襄公全集》，卷 171，頁 11～12，光緒二十七年五月二十九日，〈致江寧劉制台上海盛大臣濟南袁撫台〉。

〔註 46〕同註 45，卷 171，頁 12～14，光緒二十七年二月二日到，〈劉制台來電〉。

〔註 47〕《愚齋存稿》，卷 54，頁 13，光緒二十七年二月十九日，〈寄行在軍機處北京全權大臣鄂督師皖東撫帥〉。

〔註 48〕《張文襄公全集》，卷 83，頁 17，光緒二十七年八月十二日，〈行在軍機處來電〉；《德宗實錄》，卷 486，頁 16～17；徐世昌，前引書，卷 9，頁 6，〈密陳奉省重要情形及現籌辦法摺〉。

〔註 49〕《張文襄公全集》，卷 187，頁 2～3，光緒二十九年四月四日到，〈呂大臣伍大臣來電並致外務部袁宮保〉；光緒二十九年四月六日到，又來電；光緒二十九年四月七日，〈致上海呂大臣伍大臣〉；《清光緒朝中日交涉史料》，卷 67，頁 6，光緒二十九年四月八日，〈湖廣總督張之洞致外務部電〉。

〔註 50〕《德宗實錄》，卷 525，頁 7。

〔註 51〕中研院近史所藏外交部末刊檔案，《密電檔》，光緒三十一年五月十九日，〈收北洋大臣（袁世凱）電〉。
U.S. Foreign Relations, 1904, PP.2～3; 1905, P. 1 & P. 807.

〔註 52〕《愚齋存稿》，卷 11，頁 23～25，光緒三十一年五月，〈東事阽危密陳辦法摺〉；《容菴弟子記》，卷 4，頁 28～29。

〔註 53〕徐世昌，前引書，卷 9，頁 5，〈密陳奉省情形及現籌辦法摺〉。

關係，或牢籠其富商大賈，予以相當之利益，使其投資大資本於東省，或利用其專門學術，使備顧問，而藉保主權」。〔註 54〕時袁世凱任職外務部尚書，亦力主聯絡英美，〔註 55〕袁世凱本與英駐華公使朱爾典（John N. Jordan）私交甚密，當袁氏在朝鮮時，朱爾典時任英駐漢城領事，對袁世凱曾有救命之恩，〔註 56〕朱爾典事實上等於袁氏的幕內參謀，袁氏之引英人勢力進入東三省，自爲順理成章之事。

1909 年 1 月 2 日（光緒三十四年十二月十一日），袁世凱失勢職，〔註 57〕但清廷引英美勢力入東三省，藉以抵制日俄的主要政策並未改變。〔註 58〕另方面徐世昌卸任東督，由錫良繼任，其整頓東三省，抵制外人之計，「仍不外將徐世昌所籌各事，賡續辦理」。〔註 59〕亦即仍以聯絡歐美爲主，以達削弱日俄勢力的目的。

三、鐵路的籌建

鐵路的興建，不僅影響交通及經濟，對於整個社會文化都會有強烈的改變，故列強之謀中國，常企圖利用鐵路作爲侵略的主要工具。

十九世紀中葉（光緒初年），俄人在西伯利亞積極修建鐵路時，中國朝野已警覺其對東三省的威脅。1889 年（光緒十四年），吉林將軍依吉唐阿入覲，慈禧太后曾親自垂詢俄人修路情形。〔註 60〕1890 年 3 月（光緒十六年閏二月），總理衙門及直隸總督兼北洋大臣李鴻章，以東鄰日本正積極圖謀朝鮮，乃議

〔註 54〕同註 53，卷 34，頁 9～10，〈歷陳籌辦東三省重要事宜〉。

〔註 55〕《容菴弟子記》，卷 4，頁 28；李劍農，《中國近百年政治史》（商務），上冊，頁 277。

〔註 56〕1894 年（光緒二十年），朝鮮東學黨之亂，朱爾典對袁氏曾有救命之恩，此爲唐紹儀告訴葉遐庵。見葉遐庵述，俞誠之筆錄，《太平洋會議前後中國外交內幕及其與梁士詒之關係》，頁 7～8。

〔註 57〕《宣統政紀實錄》，卷 4，頁 24，詔謂其現患足疾，步履維艱，難勝職任，著即開缺，回籍養疴。

〔註 58〕「竊錫良等奉七月四日密諭，東省介居兩強，勢成逼處」，「莫如廣闢商埠，俾外人群集，隱杜壟斷之謀，厚集洋債，俾外款內輸，陰作牽制之計」，見《清宣統朝外交史料》，卷 9，頁 33～34；《錫良遺稿》，奏稿卷 7，頁 959～960。

〔註 59〕《錫良遺稿》，奏稿，卷 7，頁 950，宣統元年七月二十二日，〈舊疾復發籲請開缺摺〉；《宣統政紀實錄》，卷 18，頁 21～22。

〔註 60〕《清季外交史料》，卷 81，頁 18，光緒十五年七月二十六日，〈吉林將軍依克唐阿奏片〉。

上朝鮮事宜，並著手興辦東三省鐵路，〔註 61〕擬由林西造幹路出山海關，經錦州，達瀋陽，吉林而至琿春，另由瀋陽造支路，以達牛莊，營口，是爲關東路，工程師爲英人金達（C. W. Kinder）。同年 4 月（三月），李鴻章以俄事緊急，乃會同奕劻奏准，將蘆漢路款撥移，先修關東路。〔註 62〕李鴻章此項政策，確爲抵制俄、日，經營朝鮮，開發東北的最好辦法，惜因中國官僚制度的積習，辦事效率太慢，加上 1894 年（光緒二十年）中日戰爭的影響，僅修至中後所，出山海關只四十哩，距吉林仍迢迢千里，更遑論琿春。〔註 63〕甲午戰後，中國繼續修籌關外路，1902 年 11 月（光緒二十八年十月），越牛莊展修至新世屯。〔註 64〕

日俄之戰，中國深受刺激，鑒於舖設鐵路的重要，且懼及外人對華路權的侵奪，一時全國上下普遍興起自辦鐵路的熱潮，〔註 65〕但東三省情形則不同，爲對抗日俄在東三省所控制的路權，反將東三省鐵路完全開放，以引進外國的鐵路投資。徐世昌在其「密陳通籌東三省全局」奏摺中指出：「居今日而言東省，應興革者，何啻什百，然總其大要，不外兩言，曰充實內力，曰抵制外力而已。充實內力之策不一端，而徙民實邊爲其要義。抵制外力之策不一端，而籌劃交通爲其命脈」。〔註 66〕可見中國在東三省的籌建鐵路，不僅注重經濟價值，而且還具有國防以及外交的作用。此時美國正亦力圖向東三省發展其勢力，東省官員乃與美國深相結納，因此清季東省鐵路開放的各項計劃，可說終脫離不開美國勢力的支持和推動。

日俄既恃其所據有的南滿路和中東路，作爲進一步擴展勢力的利器。而中美則聯合計劃，圖別建鐵路，以爲抵制，此後新法路，錦璦路的籌建，東三省鐵路中立計劃的提出，進而導致美日的交惡，日俄的勾結等，都以此爲背景。

〔註 61〕《清季外交史料》，卷 82，頁 18，光緒十六年閏二月二十日，〈軍機處奏摺〉；又頁 18，閏二月二十一日，〈總督奏摺〉；《德宗實錄》，卷 282，頁 5。

〔註 62〕《李文忠公全集》，〈海軍函稿〉，卷 41，頁 11，〈委員勘路說帖〉；岑學呂，《三水梁燕孫先生年譜》，上冊，頁 16。

〔註 63〕李國祁，《中國早期的鐵路經營》（中研院近史所，民國 50 年），頁 93。

〔註 64〕《清季外交史料》，卷 167，頁 2，光緒二十八年十月四日，〈署直督袁世凱致外交部報黃新莊支路限期完竣電〉。

〔註 65〕李國祁，前引書，頁 2～3；李恩涵，〈中國近代之收回鐵路利權運動（1904～1911）〉，《中國現代史專題研究報告》，第 2 輯，頁 4。

〔註 66〕徐世昌，前引書，卷 7，頁 11～12，〈密陳通籌東三省全局摺〉。

第二章　美國對華投資的背景

第一節　美國對華關係的發展

清季，中國外交之困境，以光緒、宣統兩朝爲最，列強交侵，主權日蹙，自甲午戰敗於日本，國際地位一落千丈，從 1897 年（光緒二十三年），德國強租膠州灣起，不及兩年，中國沿海良港爲列強奪據殆盡，列強並在中國劃定勢力範圍，使中國面臨被瓜分的地步。列強與中國之間，唯美國對中國無領土野心，故中美關係尚稱和平友好。

美西戰爭之前，美國正埋首於國內事務，如上傳統的孤立主義，因此對外並無擴張的野心，其對華態度則素持：「除非他們自己的權利受到損害，美國無意介入中國問題的糾紛」。〔註 1〕美西戰爭後，由於取得菲律賓，兼併夏威夷，使美國成爲太平洋國家，對遠東問題因而愈感興趣，同時對遠東政治亦發生直接利益關係，此後美國不僅要保護其太平洋海岸線，且需注意其與中國及菲島航路的維持。〔註 2〕1901 年 1 月（光緒二十六年十一月），美國帝國主義派的參議員弗里基（Albert S. Beveridge）曾發表演講說：「除菲律賓之外，中國實爲一廣大的市場，我們既不能從菲律賓撤退，也不能退出中國」。「我們從此要和亞洲從事更大的貿易，因爲太平洋是我們的海岸」。「誰控制

〔註 1〕*The Salisbury Papers*, Vol. 140, No. 15, Pauncefote to Salisbury, March 17, 1899. 引自王曾才，前引書，頁 123。

〔註 2〕Anthony Stell, "The British Empire and the United States, 1870～1914", *Cambridge History of the British Empire*,（Cambridge, 1959）, P.326.

了太平洋，誰就取得世界的霸權」。〔註 3〕可見當時美國有力之士，已極力鼓吹美國向太平洋的發展，但是當美國問津西太平洋時，列強已在中國紛紛劃定勢力範圍，美國已問津無路。「爲恐其公民的權利，受到在中國已擁有範圍的列強之排他措施而遭受損失」，美國乃採取行動。〔註 4〕1899 年（光緒二十五年），美國務卿海約翰（John Hay）向英、德、俄、法、日、義等國發出通牒，建議在勢力範圍內的各國通商投資，不得干涉，關稅一律，運貨碼頭稅一律，即要求各國在其勢力範圍內，尊重條約權利以及商業機會均等。〔註 5〕英國首先同意。〔註 6〕日、義、法等國繼之。〔註 7〕1900 年 3 月 29 日（光緒二十六年二月二十日），海約翰正式宣佈；「我已從所照會的各國政府，獲得了滿意的答覆」。所謂門戶開放政策初步成立。〔註 8〕

1900 年（光緒二十六年），拳亂發生，導致八國聯軍之役，中國有再被瓜分的危險，海約翰再照會列強各國，要求「保持中國領土及主權的完整，保護各國條約及公法上的權利，並保障各國在華公正平等的原則」。〔註 9〕此次主張更爲具體，性質範圍也更爲擴大，不但由商務而及於政治，而且使門戶開放政策適用於整個中國。1901 年 9 月（光緒二十七年七月），辛丑條約訂立後，各國皆依約撤兵，但俄軍卻仍盤據東三省不退，且堅持獨占東三省路礦工業。1902 年 2 月（光緒二十七年十二月），海約翰又照會中俄及列強各國，籲請注意東三省的門戶開放，且將其路礦特權也一併納入門戶開放政策之範圍，而爲工商業機會均等。〔註 10〕

門戶開放政策是藉各國政府間的政策聲明和交換照會之方式下完成的，嚴格說來，實缺乏堅強的法理地位，但無論如何，中國確因此項政策的適時提出，得倖免於列強瓜分之禍，但另方面，亦使美國得有在華發展貿易的良好機會。

〔註 3〕Foster Rhea Dulles, *China and America*,（New Jersey, 1946）P.99.

〔註 4〕*U. S. Foreiga Relations*, 1899, PP. 131～133, September 6, 1899. Hay to Joseph Choate.

〔註 5〕Ibid.

〔註 6〕Ibid., 1899, P.136, September 29, 1899, Joseph Choate to Hay.

〔註 7〕Ibid., 1899, PP. 128～143; Morse, H.B. & MacNair, H.F., *Far Eastern International Relations*,（Boston, 1931）P.442.

〔註 8〕Ibid., 1900 P.142 March 20, 1900, Hay to J. Choate.

〔註 9〕Ibid., 1901. Appendix 12, Affairs in China.

〔註 10〕Ibid., 1902, PP. 276～277. February 1, 1902, Hay to the Chinese Minister.

1904年（光緒三十年），日俄戰爭爆發，美國雖宣告中立，但仍一再要求日俄兩國尊重中國領土及主權的完整。〔註11〕老羅斯福總統並警告德法兩國，如他們再像1895年（光緒二十一年）那樣幫助俄國，美國就要出來保護日本。〔註12〕1905年8月（光緒三十一年七月）在老羅斯福總統調停下，日俄兩國會權代表會和於美國朴資茅斯（Portsmouth）。〔註13〕9月5日（八月七日），雙方訂立和約，其中第三條規定：

除租借的遼東半島外，日俄兩國自「滿洲」撤軍。「滿洲」全部交還中國。俄國政府聲明在「滿洲」關於領土利益或特殊讓與權，均不損害中國之主權及機會均等之原則。

又第四條規定：

日俄兩國彼此約定，不得阻礙中國在「滿洲」爲發達工商業所作的爲各國視爲正當的一切措施。〔註14〕

此等條文不論在文字上或精神上，不僅均能符合各國的願望，而且更合美國的意思。老羅斯福總統認爲：日俄戰後，「在東三省應維持一個日俄均勢的局面，使雙方得有緩衝的餘地」。〔註15〕事實上，老羅斯福在日俄戰爭前後所採取的行，可說是一項「權力均衡」（Balance of Power）的應用，站在美國的立場，他實在不願日俄兩國中的任何一國，在東三省擁有獨占的權利。

日俄戰後，美國又自日本取得「願在東三省維持門戶開放，並將東三省交還中國」的諾言。〔註16〕美國的努力固在維持東三省的門戶開放，保全中國領土及主權的完整，但另方面，美國實亦藉此想擴張其在遠東勢力並維持其在東三省及華北的貿易。

第二節　美國對華貿易的發展

1899年（光緒二十五年），美國宣佈門戶開放政策，以及1903年（光緒

〔註11〕Ibid., 1904, PP. 2～3 & 1905, P.1.

〔註12〕Dennett, Tyler, *Roosevelt and the Russo-Japanese war*,（New York, 1925）P. 2, July 24, 1905, Roosevelt to Spring-Rice.

〔註13〕Ibid., PP. 217～219.

〔註14〕Ibid., P.263；劉瑞霖編，《東三省交涉輯要》，卷1，頁46～47。

〔註15〕Lodge, H. C., *Selections from the Corrspondence of the Theodore Roosevolt and Henry Cabot Lodge, 1884～1918*,（2 rols. New York, 1925）Vol. 2, P.153.

〔註16〕*U.S. Foreign Relations*., 1906. PP. 190～191, May 24, 1906, Chargé Wilson to Hay.

二十九年），中美通商續約訂立以後，美國在中國貿易總額中所佔的百分比，有顯著增加的趨勢。今將在中國國際貿易中，美國所佔百分比與英日比較列表如下：〔註 17〕

年份	進口貿易			出口貿易			貿易總額		
	美	英	日	美	英	日	美	英	日
（光緒 16 年）1890	2.89	19.36	5.81	9.37	15.02	5.54	5.53	17.60	5.70
（光緒 21 年）1895	2.97	19.78	10.01	10.73	7.38	10.34	6.50	14.14	10.16
（光緒 26 年）1900	7.92	21.54	12.20	9.28	5.88	10.65	8.50	14.81	2.53
（光緒 31 年）1905	17.20	19.82	13.72	11.86	7.93	15.58	15.40	15.49	14.34
（宣統 2 年）1910	5.46	15.31	16.58	8.48	4.91	16.18	6.76	10.62	16.40

1890 年（光緒十六年），美國在中國貿易總額中所佔的成數計百分之 5.53。1900 年（光緒二十六年），已增至 8.5。1905 年（光緒三十一年），又增至 15.4。1910 年（宣統二年），略見減退，佔百分之 6.76。就進口分析，美國在中國入口貿易中所佔的百分比，歷年增加趨勢特別明顯，1890 年（光緒十六年），所佔成數百分之 2.89，到 1900 年（光緒二十六年），已增至百分之 7.92。1905 年（光緒三十一年），更增至 17.2。至於美國在中國出口貿易中所佔地位，歷年來呈不規則的起落，以 1905 年（光緒三十一年）的比率最高，佔百分之 11.86，1910（宣統二年）的比率最低，佔百分之 8.48。又 1910 年（宣統二年），貿易總額方面，日本已增至百分之 16.4。超過英國的 10.6，而居對華貿易的第一位。

對美國而言，日本實爲一有力的競爭者。1909 年（宣統元年），美國駐瀋陽首任總領事司戴德（W. Straight）在接受紐約前鋒報（New York Herald）記者的訪問時，曾提出警告；「假如再不迅速採取有效的措施，以增進在華的商務，我們將會遺下極大的後悔。我們應毫不猶疑地採取一切辦法與中國維持密切關係」。「中國需要通商，也需要我們的金錢，以圖發展」。「我們更需要採取行動，以爭取此一東方市場」。〔註 18〕

日俄戰爭以前，美國在華市場競爭比較緩和，且因當時美國還是工業資

〔註 17〕何炳賢，《中國的國際貿易》，頁 68～69。

〔註 18〕Lawton, *L., Empires of the Far East*, 1912, PP. 1262～1263.

本主義時代，所以競爭目標，只是商品的市場。如 1903 年（光緒二十九年），中美通商續約，就是這種精神的表現，但一到日俄戰爭之後，美國在華市場的競爭，使由和緩而轉激烈，同時因國內金融資本發達的結果，美國也不能不向海外尋找資本，於是美國的門戶開放政策之意義，不但在商品市場求機會均等，同時也在資本市場求機會等，如美國在東三省各項鐵路投資的企圖，四國銀行貸款等，都表現出美國對華投資的活躍。〔註 19〕

第三節　美國對東三省市場的注意

1895 年（光緒二十一年），中國的通商口岸共計二十四處。1905 年（光緒三十一年），日俄戰後，中國自行在東三省所開通商口岸，便有十六處之多。〔註 20〕遂使東三省成爲中國重要的貿易市場。美國洋貨的銷售，本以東三省爲大宗。〔註 21〕1909 年（宣統元年），美駐營口領事費雪（F. D. Fisher）曾報告說：「東三省是美國紡織品在華銷售的主要市場，直至 1905 年（光緒三十一年）爲止，美國事實上仍居於獨占地位」。〔註 22〕但自日俄戰後，形勢爲之一變，日人開始控制東三省貿易市場，且以中介入地位，積極延攬美貨銷售東三省，賺取佣金。美駐橫濱總領事米勒（H. B. Miller）曾提出警告，他說：「此項辦法，結果將導致東三省貿易集中於南滿路的日商手中」。〔註 23〕當時日本以兒玉源太郎爲首的軍方急進派，野心尤大，他們倡言「經營滿洲」圖謀繼續維持在東三省的軍事佔領，除多方阻撓中國的接收，及各國的通商外，並實施「關東州諸港貨物輸入出入規則」。〔註 24〕其中對日貨免稅輸入的差別待遇，尤招來英美商人的詬病。1905 年 3 月（光緒三十一年二月）間，英美先後向日本提出抗議，並要求日本履行東三省門戶開放，工商業機會均等的承諾。〔註 25〕在英美的外交聯合壓力下，日本雖於四月二日（二月二十八日）

〔註 19〕何炳賢，前引書，頁 59～60。
〔註 20〕參見何炳賢，前引書，頁 9～10。
Croly, Herbert, *Willard Straight*（New York, 1924）PP. 203～204.
〔註 21〕《愚齋存稿》，卷 11，頁 24，光緒三十一年五月，〈東省阽危密陳辦法摺〉。
〔註 22〕Lawton, L., op.cit., P.1264.
〔註 23〕Ibid., P.1263.
〔註 24〕中山治一等編，《日露戰爭史之研究》（河出書房新社，1959），頁 425～431。
〔註 25〕《日本外交年表並主要文書》，卷上，文書，頁 258～259。
U.S. Foreign Relations, 1906. Part 2, PP. 170～171, & P.174, February 21 & March 24, 1906, Root to Charge Wilson.

決定開放大連港。〔註26〕但美駐日代辦威爾遜（Huntington Wilson）已洞悉日本對東三省的陰謀，曾向美國務院提出警告，他說：「從日本企圖將東三省據爲已有的情形來看，貿易的阻礙，並非偶然的事件」。〔註27〕當時美國務卿路特（E. Root）亦頗具戒心，曾告訴財政部說：「瀋陽是南滿對外貿易的前哨站，而南滿則是美國很重要的貿易地區，絕對不能失去」。〔註28〕美駐瀋陽總領事司戴德亦認爲「從東三省是一個起點，以後美國才能伸展其影響力和勢力進入中國的其他地區」。〔註29〕可見當時美國對東三省市場的重視。

1907年4月（光緒三十三年三月），中國在東三省實行政制，三省行政大權統於東三省總督之手，徐世昌出任第一任總督，唐紹儀出任奉天巡撫，銳意經營，並積極採行開放政策，欲引進英美的勢力以遏止日俄的侵略。

對於東三省的改制，司戴德甚感欣幸，尤其是唐紹儀爲留美學生出身，對美國極爲親善，由於東三省當局很歡迎美國資本的投入，因此雙方很快即建立友好的關係。〔註30〕司戴德在其向國務院的報告中說：「國務院應歡迎並鼓勵中國當局權力的鞏固，使在東三省維持機會均等的原則，能得到最堅強的保證」。〔註31〕此外他並堅持東三省「需要政治上公正無私的支持，並引進外國資金以抵制日本」。〔註32〕他認爲東省官員既歡迎銀行、鐵路與礦產等的投資，假如美國能接受這個邀請，則日本對東三省的掌握才可能被解除，而東三省危險的情勢才可能被拯救。〔註33〕1907年9月（光緒三十三年八月），可氏在其向助理國務卿菲力普（W. Philip）的報告中曾指出：「美國實在有貸款給中國的必要，以增強其在東省的控制力，同時清廷已具體同意過去我們

〔註26〕《日本外交年表並主要文書》，卷上，文書，頁260。

〔註27〕*U.S. Foreign Relations*, 1906, Part 2, P.174 March 15, & 28, 1906, Chargé Wilson to Root.

〔註28〕National Archives. *General Records of the Department of State*, 327/9, January 30, 1907. Root to the Secretary of Treasury. Cited in Vevier, C., *The United States and China, 1906～1913*,（New Jersey, 1955）P.44.

〔註29〕Ibid., 2321/13-15, September 28, 1907, Straight to the Assistant Secretary of State, cited in Vevier, C., op. cit., p.60.

〔註30〕Croly, H., op. cit., PP. 235～236.

〔註31〕National Archives, *General Records of the Department of State*. 2321/12. June 19, 1907, Straight to the Assistant Secretary of State, cited in Vevier, C., op. cit., P.44.

〔註32〕*Straight Papers* December 18, 1907, Straight to Philip, cited in Vevier, C., op. cit., P.46.

〔註33〕National Archives, *General Records of the Department of State*, 2321/13-15. September 28, 1907. Straight to the Assistant Secretary of State, cited in Vevier, C., op. cit., PP.59～60.

在東省所建立的地位，我們可經由唐紹儀和袁世凱來推動各項工作，袁氏現為北京當權者，且正進一步推動中國的中興工作」。〔註34〕

由於司戴德的努力，使美國資本得以介入東省，以增強中國在東省的力量，進而抵制日俄勢力，這也是袁世凱、徐世昌、唐紹儀等所日夜焦思，通盤籌劃者。

第四節　哈里曼司戴德對東三省鐵路的興趣

一、哈里曼的理想

美國的重視東三省鐵路利益，主要是由有「鐵路大王」之稱的哈里曼（E. H. Harriman）而來，而哈里曼的對東三省鐵路感興趣，則是由其規模宏大的環球交通理想而來。

日俄戰爭之前，哈里曼已握有橫越美國大陸的鐵路，以及橫渡太平洋的航線，他計劃能進一步獲得西伯利亞鐵路，再設法建立由波羅的海到紐約的航線，如此環球交通計劃即可實現。〔註 35〕日俄戰後，日俄兩國俱感疲憊，且國庫空虛，再無餘力從事其在遠東各鐵路的復舊和改善工作。他認為在此種基礎上商談收購該路，或從事投資經營，自易於達成。同時俄人對西伯利亞鐵路，早有委託美國資本家經營之意，因此哈里曼乃計劃先向日洽購新近從俄國接收的南滿路，然後再續購俄國的西伯利亞鐵路及中東路。〔註36〕

二、桂哈協定

1905年8月（光緒三十一年七月），應美駐日公使葛利斯康（L. Griscom）之邀，哈里曼首途赴遠東訪問，31日（八月二日），抵橫濱，由於哈氏的坤洛公司（Kuhn Loeb & Co.）在日俄戰爭期間，曾助日在歐美推銷大量的戰爭公債，與日政府建立了密切的關係，因此哈氏一到日本，便受到日本朝野的熱烈歡迎。〔註 37〕哈氏乃向日本提議美日合作，聯營美國與遠東間鐵路航路的

〔註34〕*Straight papers* September 8, 1907,　Straight to Philip, cited in Vevier, C., op.cit., P.49.

〔註35〕Croly, H., *Willard Straight*, P.238.

〔註36〕同註35，頁230。
日本外務省編，《小村外交史》（原書房，1966年），卷下，頁205。

〔註37〕日本外務省編，《小村外交史》，卷下，頁205～206。
Kennan, G.F., *E. H. Harriman*,（2 Vols. New York, 1922）vol.Ⅱ, PP.2～6; Croly,

交通系統，〔註 38〕並請美使葛利斯康幫忙，代為與日交涉，葛氏認為如哈氏的計劃付之實現，則美國在東三省和朝鮮的貿易將為之激增，遂答應哈氏的請求，並將大概情形向總統報告。〔註 39〕在哈氏旅遊中國、朝鮮之際，葛氏乃與美籍日本顧問史蒂文斯（D. W. Stevens）大力活動遊說。

當時以伊藤博文為首的日本元老，正擔心俄國將來的報復，既聞哈氏有意投資南滿鐵路，都認為是不可多得的良機，與其日本直接「經營滿洲」，倒不如吸引美國投資，以作為日俄兩國間的緩衝，元老井上馨且曾面告葛氏：「日本若共此良機，實為至愚」。在日本國議席上，持反對意見者，只有遞相（運輸大臣）大浦兼武一人。〔註 40〕因此美日間很快便達成協議，至10月8日（九月十日），哈氏返回東京時，交涉大致業已辦妥，12日（十四日），由首相桂太郎代表日政府與哈氏簽訂讓渡南滿路草合同十二條，其要點如下：

1. 美日組織一銀行團，收買日本所獲得的南滿路及其附屬物，以從事復舊及各項改善工作。
2. 美日雙方對於該路及其所屬財產，有共同平等的所有權。
3. 雙方對於東三省企業的開發，以權利平等為原則。
4. 將來公司的行政，以日本的管理經營方式為依據，如中日或日俄開戰時，該公司接受日本政府的命令，以運送軍隊及軍需品。
5. 雙方並請美籍日本顧問丹尼森（H. W. Denison）為公斷人，日本興業銀行總裁添田壽一為中間聯絡人。〔註 41〕

當日在草合同簽訂後，哈氏即攜帶此項草合同離日返國。

三、日本的變卦

10月15日（九月十七日），在哈氏離日返美的第三天，日本參加對俄和約的全權代表小村壽太郎於返國後，獲知有關南滿路的桂哈協定，即大表反對，認為：「日俄之戰的成果，如是豈非付諸東流？」「我們排除萬難贏來經營南滿

H., op.cit., p.239.

〔註 38〕Kennan, G. F., op. cit., vol.II, P.6.

〔註 39〕Vevier, C., *The United States and China, 1906～1913*, PP. 22～23.

〔註 40〕日本外務省編，《小村外交史》，卷下，頁 206～207。
Kennan, G. F., op. cit., vol. II P. 13.

〔註 41〕《日本外交年表並主要文書》，卷上，文書，頁 249。
Kennan, G.F., op. cit., vol. II, PP.13～15; Croly, H., op. cit., P. 230.

的大動脈，豈容輕易即爲美國所攘奪」。〔註42〕此外後來出任南滿鐵道株式會社總裁的後藤新平，也表示反對，他認爲美國如購得南滿路，將削弱日本在東三省的控制力。小村乃急忙召見美使葛利斯康，以根據朴資第斯和約第六款規定，俄國讓渡日本的權益，須經中國允許，在未得中國允許之前，日本並無法律上的權利爲藉口，告以有關南滿的桂哈草合同，應暫被延擱。〔註43〕12月（十一月），小村赴北京與中國締結中日東三省事宜條約後，又以南滿路僅由中日兩國合股經營，且中國正努力在東三省收回利權爲藉口，授意添田及丹尼森分別通知哈氏，片面將桂哈草合同作廢。〔註44〕關於此項問題，中國事實上從未被諮詢，也未曾有表示願望的機會。〔註45〕

由於日本的臨時變卦，國際間傳聞係日相桂太郎與小村之間，事先已有充分諒解，先佯裝批准草合同，博得美國的好感，使其相信日本的誠意，俟日俄和約成立後，再由小村出面予以取消。如王芸生在《六十年來中國與日本》一書中，即認爲「此舉係桂太郎與小村合串之雙簧劇」。〔註46〕其實日俄和會早於9月5日（光緒三十一年八月七日）簽訂，而桂哈協定則遲至10月12日（九月十四日）始簽訂，就時間而言，王芸生所說，顯然不合事實。〔註47〕

小村否決桂哈草合同的主要原因，從日本方面的資料所顯示，可知小村一方面認爲南滿路是日本兩年血戰，得自俄國的重要權益之一，如將經營權讓與美國，則此犧牲鉅量金錢與鮮血所得之地，將一變而爲國際商業競爭之區，必非對和約已大感不滿的日本國民能忍受。〔註48〕另方面，在日俄戰後，小村對「經營滿鮮」的策略，已擬妥十年計劃綱要。〔註49〕胸中既有成竹，自不容美國插足於東三省。此外美人葛利斯烏德（A. W. Grisworld）則認爲日

〔註42〕日本外務省編，《小村外交史》，卷下，頁210。

〔註43〕同註42，卷下，頁210。
Kennan, G.F., op. cit., vol. II, PP.15～20; Griscom, L.C., *Diplomatically Specking*,（Boston 1940）. PP. 263～264; Cited in Vevier, C., op. cit., PP.24.

〔註44〕Kennan, G. F., op. cit., vol. II, PP.20～21.

〔註45〕Bland, J.O.P. *Recent Development in China*,（New York, 1913）p. 260.

〔註46〕王芸生，《六十年來中國與日本》（天津：大公報出版部，民國22年），卷5，頁15。

〔註47〕日人永雄策郎亦認爲，桂太郎與小村兩人，看來似乎已先行商妥，但事實上，兩人之間，並未有任何妥協。見永雄策郎，殖民地鐵道在世界經濟及世界政策的研究，頁285～288。引自田村幸策，《支那外債史論》，頁164。

〔註48〕日本外務省編，《小村外交史》，卷下，頁210。

〔註49〕日本黑龍會葛生能久主編，《東亞先覺志士記傳》（1935年），卷中，頁155。

俄和約的訂立，英日同盟的締結，日人對和約不滿轉而敵視美國，以及日本向英借款成功等因素，才是小村否決桂哈協定的主要原因。〔註50〕

1906年2月（光緒三十二年一月），哈氏又託其好友——坤洛公司總裁斯奇夫（J. H. Schiff），藉其與東京財政界的密切關係，親自赴日，從中調解，試圖恢復桂哈草合同，終因日本對英借款的成功，加上小村的反對，斯奇夫的努力也告失敗。〔註51〕

四、司戴德的推動

1905年8月（光緒三十一年七月）哈里曼遠東之行，實負有兩項任務：（一）擴張美國勢力並發展商業於遠東。（二）在美國支配下，建立連貫日本、東三省、西伯利亞及歐俄的交通線。〔註52〕華府且訓令其外交人員幫助哈氏搜集商務情報。〔註53〕在桂哈協定成立後，哈氏曾向老羅斯福總統報告其在遠東的計劃，老羅斯福將信交給國務卿路特，並告訴哈氏說：「任何時間你都可以來此，我們好詳細討論那些東方的事務」。〔註54〕因此哈氏遠東之行，對美國利益而言，實具有相當重要的意義。〔註55〕但由於日本的變卦，取消桂哈協定，使哈氏計劃因而擱置，而美國欲擴張勢力，並發展商務於遠東的計劃，也因而受到一大打擊。但不久由於美國駐瀋陽總領事司戴德的努力奔走，又使上述兩項計劃，再現曙光。

司氏出身美國康奈爾（Cornell）大學，1902（光緒二十八年）——1904年（光緒三十一年）之間曾服務於中國海關。〔註56〕日俄戰爭末期，出任美駐朝鮮公使摩根（S. Morgan）的私人秘書兼漢城副領事。〔註57〕當時司氏已

〔註50〕Griswold, A. W., *The Far Eastern Policy of the United States*,（New York, 1938）P. 139.

〔註51〕田村幸策，《支那外債史論》，頁164。
Kennan, G. F., op. cit., vol. II, PP.22～29; Adler, C., *Jacob H. Schiff, his Life and Letters*（8 vols New York）1927～1939, vol. 1, P.30. cited in Vevier, C.,. op.cit. P.28.

〔註52〕Kennan, G.F. op. cit., vol. II, P.2.

〔註53〕W. Straight, "Notes on the Late Mr. E.H. Harriman's Interest in the East", typewritten copy in the *Straight Papers*, Cited in Vevier. C., op. cit., P. 21.

〔註54〕*Roosevelt Papers*, November 25, 1905. Roosevelt to Harriman, cited in Vevier, C., op. cit., P.24.

〔註55〕王芸生認爲哈氏的背後，顯然是美國政府，見《六十年來中國與日本》，卷5，頁14。

〔註56〕Croly, H., op. cit., P.73.

〔註57〕Ibid., PP. 123～156.

認清即使日本擊敗俄國，則事實上，日本將步上俄人的後塵，節節侵略東三省，並進而威脅英美在東省的經濟利益。〔註 58〕1905 年（光緒三十一年）夏，哈氏遠東之行，曾在漢城與司氏見面，哈氏對司氏的熟悉東方事務及其所表現的個性和毅力，留下深刻的印象，並認爲將來對其環球交通計劃，必是一個得力的助手，他們且曾討論以美資從事東三省鐵路投資的可能性。〔註 59〕另方面司氏也甚得老羅斯福總統的賞識，1906（光緒三十二年）夏，司氏被任命爲美國首任駐瀋陽總領事從此司氏得以在遠東發揮其長才。〔註 60〕

司戴德對於中國的獨立自立和福利，一向十分關心，他認爲「欲增進美國在東三省的利益，並運用業已增長的美國勢力，來維護中國的獨立，其唯一的辦法是將大量的美國資本投入此區」。「貸款給中國興建鐵路，開發富源，以增加中國的購買力，進而發展有利的貿易，這也是英法過去所採用的方式，並且日本也已準備採用，除非美國也如此，否則將無法在中國的貿易中，佔據重要的地位」。〔註 61〕司氏在瀋陽目睹東三省鐵路爲外國控制所產生的惡劣影響，因此對於哈里曼的環球交通計劃十分贊同，並鼓勵其另在東三省尋找鐵路讓與權。俾有助於減少外人對中國獨立自主的打擊。〔註 62〕

由於司氏的努力，使美國勢力得以進入東三省，同時由於司氏的推動，使得哈氏對東三省鐵路興趣大增，而日後司氏的大力奔走，遂有新法路，錦璦路的籌建，復由錦璦路問題引起後來美國務卿諾克斯（P.C. Knox）提出國際經營東三省鐵路，使之中立化的計劃。

〔註 58〕Ibid., PP. 169～170.

〔註 59〕Kennan, G.F., op. cit., vol. II, PP. 24～25; Croly, H., op. cit., P.238.

〔註 60〕Croly, H., op. cit., PP. 200～202.

〔註 61〕Ibid., P. 238.

〔註 62〕Ibid., PP. 241～242 & P.299.

第三章　新法路的籌建與哈里曼的投資

第一節　新法路的緣起

新法路為新民屯至法庫門的一段鐵路，計長五十五哩。本為東三省總督徐世昌等所計劃新齊路（新民屯至齊齊哈爾鐵路）的第一段。其創議實始自程德全。

1906 年 2 月（光緒三十二年正月），黑龍江將軍程德全以「江省僻處極邊，為東北屏障，……乃自東清鐵路開通，〔註 1〕不獨險要全失，而商貨之流通，官家之轉運，均仰息於外人，一旦有故，則聲息不通，坐困一隅。……非修鐵路，別無抵制之方」；乃奏請：

> 自哈爾濱江北馬家船口北向呼蘭，曲達綏化，直接黑龍江城，修一幹路，計一千餘里，再由對青山枝路至呼蘭，由昂溪車站至省域修二枝路，並由對青山枝路西逾東清鐵路，過松花江與伯都訥鐵路相接省域枝路，東向以接幹路，如此南北銜接一氣，呼應自靈。〔註 2〕

清廷乃命交郵傳部議奏。〔註 3〕

〔註 1〕按光緒二十九年五月七日即 1903 年 7 月 1 日，〈東清路正式通車〉。

〔註 2〕《程將軍（雪樓）守江奏稿》，卷 10，頁 10～14，〈創修鐵路摺〉；《清季外交史料》，卷 200，頁 1～2；《光緒朝東華錄》，（文海本），頁 5465。

〔註 3〕《程將軍（雪樓）守江奏稿》，卷 16，頁 33，光緒三十三年二月二十二日，〈統籌江省應辦事宜摺〉；《光緒朝東華錄》，（文海本），頁 5633～5634。

1907年3月（光緒三十三年二月），程德全以前奏辦法，尚須酌改二端，乃致函郵傳部稱：

一則路線宜改勘也，查伯都訥至新民屯一段路線，距東清鐵路太近，似宜由新民屯取道奉天之洮南，經賚特旗而達齊齊哈爾，再行接修璦琿一路。一則先由新民屯動工興修也，……目前細籌此路修法，似宜由內而外，由南而北。先由新民屯我國津榆鐵路向北接築。〔註4〕

時郵傳部認為此項辦法甚為得勢，乃具摺入奏：

查江省屏障東北，鐵路最為要圖，……現京榆路軌已展至新民屯，該將軍議改由新民屯首工，接續興修，直達璦琿，南北之勢，既易相關，……於辦法亦為得勢。……惟現在東三省已設總督，該將軍從前籌劃，與現在情形是否相宜，應由臣部咨行該省督臣徐世昌，會商三省巡撫，妥籌咨覆，以憑核辦。〔註5〕

摺入，清廷命其「如所議行」。〔註6〕

1907年3月（光緒三十三年二月），盛京將軍趙爾巽於籌議東三省應辦事宜時，亦提出：其已計劃由新民屯至法庫門，再至遼源州抵齊齊哈爾，建一鐵路，以聯絡蒙疆，收回利權。並於二月中旬（正月初）派員往營口籌集商本。〔註7〕

同時徐世昌受命赴東三省考察歸來後，其「密陳東三省切要辦法摺」亦指出：

三省路權，皆在日俄掌握，交通不便，幾同絕地，非另闢一路，斷不足以資策應，故修新齊鐵路，實為補救全局之要著。〔註8〕

於是乃建議清廷：

擬另借洋款，速修新齊鐵路，由新民（屯）經洮南達齊齊哈爾，以通南北之氣，……此路若成，將來興辦各項實業及移民實邊，方有辦法。〔註9〕

同年4月（光緒三十三年三月），徐世昌出任東督後，推行益為積極，世昌並

〔註4〕同註3。

〔註5〕同註3。

〔註6〕同註3。

〔註7〕《清季外交史料》，卷201，頁7，光緒三十三年二月三日，〈盛京將軍趙爾巽致樞桓遵籌東三省應辦事宜電〉。

〔註8〕徐世昌，《退耕堂政書》，卷10，頁14～15，〈密陳東三省切要辦法摺〉。

〔註9〕同註8，卷10，頁16～18，〈附遵籌東三省最切要辦法四條〉。

聘請英國工程司勘測葫蘆島不凍港，以作為將來新齊路的吞吐港。〔註 10〕

由於新齊路經過之區，正是以遼源、北豐、法庫門為頂點的三角形地區，位於奉省西北部，地形平坦，西聯漠南，原是遼河平原的老農墾區，且為東省精華之地，洮南一府更是哲里木北部之隩區，至於法庫門則為奉省邊門，蒙貨入關要道，為將來敷設鐵路，開拓蒙旗的根據地。〔註 11〕因此新齊路若成，又有苦蘆島不凍港為其出海口，不但可打通滿蒙，使沿線豐富的資源得以開發，且在西伯利亞大鐵路和北京之間，提供一條交通的捷徑，如此足以抵制日人所控制的南滿路及大連港的壟斷。〔註 12〕

但因新齊路，道路綿長，若同時並舉，不僅需款繁多，且憑外人橫加阻撓，因此世昌乃決定分三段展築，先修新民屯至法庫門一段，俟完成後，再議展修第二段法庫門至洮南以及第三段洮南至齊齊哈爾。〔註 13〕

由此可知，新法路在東督徐世昌的計劃中，不過是其經營東北，抵制日俄大計劃中的第一步棋。

第二節　哈里曼的投資

一、東三省銀行的計議

哈里曼在收購南滿路計劃失敗後，並未灰心，哈氏認為既不能從日本購得南滿路，仍可從中國獲得鐵路讓與權，在南滿路之西，修築一條新路以聯接西伯利亞大鐵路，並在太平洋提供一不凍港作為終點站。在司戴德自美動身前往瀋陽之前，曾與哈氏討論過此事的可能性。哈氏並要他觀察東三省鐵路發展的情形，儘可能先在此區先取得一立足點，好為其環球交通計劃舖路。司氏到瀋陽後，並沒有浪費時間，在徐世昌、唐紹儀到任後的數星期，他便向東三省當局提出修路計劃，建議中國可先由京奉路的新民屯展修一支線到法庫門，以備將來再延長到齊齊哈爾和黑龍江岸的璦琿。〔註 14〕司氏並認為

〔註 10〕徐世昌，《東三省政略》，卷 11，頁 137，〈紀開港計劃，附工程司秀思調查葫蘆島開港情形說〉。

〔註 11〕徐世昌，《退耕堂政書》，卷 17，頁 11，〈籌辦蒙務辦法要綱及分別籌款情形摺〉；Kent, *P., Railway Enterprise in China*, P.74.

〔註 12〕Bland, J. O. P., *Recent Events and Present Politics in China.*, PP. 218～219.

〔註 13〕徐世昌，《退耕堂政書》，卷 12，頁 15，〈密陳東三省危迫情形並籌辦法摺〉。

〔註 14〕Kennan, G.F., *E.H. Harriman*, Vol. II, P.25; Croly, H., *Willard Straight*, PP. 241～

「此條新路，將足與南滿路抗衡」。〔註 15〕

由於司氏所提修路計劃，恰與中國刻正計議的新齊路相吻合，徐、唐二氏當然歡迎，司氏曾多次與東省官員會談，雙方很快將修路計劃加以擴大，準備以美國資本二千萬美元設立東三省銀行（Manchurian Bank）作爲東省經濟的樞紐，進行築路，發展實業及改革幣制等工作。1907 年 8 月 7 日（光緒三十三年六月二十九日），徐、唐與司氏成立一借款備忘錄，借用美資二千萬元，由清廷以東省關稅作保，美方的主要投資者即哈里曼。〔註 16〕當日，司氏在日記上寫著：「唐氏承認草全同的可能性很大，備忘錄業已寄出，如蒙採納，我們對東三省的開發，將可扮演一個很重要的角色，而且我們在中國的影響力，也將因而更爲增強」。〔註 17〕

但此一備忘錄寄到紐約時，適值 1907 年（光緒三十三）美國金融大風潮爆發，哈氏心有餘而力不足，不得不將此事展期考慮，司氏很快將消息告訴唐氏，唐氏並未改變其對司氏的信任，保證在未得美國更明確的消息之前，決不向英日兩國借款。此一計劃雖未成事實，但由於唐氏的鍥而不捨，使司氏後來能與他爲東省作更大的計劃，引入國際資金。〔註 18〕遂有宣統三年春，四國銀行團實業及幣制改革借款之事。

二、中英新法路協定

在接獲哈氏的正式答覆後，徐、唐二氏乃決定將計劃縮小，先築鐵路，並與原先在東省尋求路權的英人交涉，〔註 19〕當唐氏與司氏會商同時，唐氏也與英國的保齡公司（The Pauling Co.）代表法倫許爵士（Lord ffrench）會商，並決定將築路權交給保齡公司，此項步驟，旨在引進一個明確的英國利益以及未爲外人所知的美國利益。〔註 20〕1907 年 11 月 6 日（光緒三十三年十月一

242.

〔註 15〕Kent, Percy, *Railway Enterprice in china*,（London, 1907.）P.74.

〔註 16〕Croly H., *Willard Straight*, P.242; Memorandum of Preliminary Agrecment for the Financing Organization, and Operation of the Manchurian Government Bank n.d.,typed copy in the *Straight Papers*. Cited in Vevier, C., *The United States and China*, 1906～1913, P.48.

〔註 17〕Croly H., op. cit., P.241; *Straight's Diary*, August 7, 1907. *Straight Papers* cited in Vevier, C., op. cit., P.48.

〔註 18〕Croly H., op. cit., P.242; *George Marvin's Diary*, October 7, 1907, and *Straight Diary*. October 7, 1907, *Straight Papers*, cited in Vevier, C., op. cit., P.49.

〔註 19〕Croly, H., op. cit., PP. 242～243.

〔註 20〕在哈氏拒絕東省銀行計劃之後，司氏轉而支持法倫許和普蘭德（Bland）爭取

日)，〔註21〕徐、唐二氏與法倫許、普蘭德正式商妥，並訂立新法路草合同，由保齡公司施工，中英公司(The British and China Corporation)貸款，主要規定如下：

1. 先修新法路一段約五十五哩，造價三十五萬七千五百磅，加上地價、車房機器廠、公費及造路員司費用、及準備金等，共五十萬鎊。
2. 由中英公司貸款五十萬鎊，不以該路作抵，即由東省籌還。
3. 如將來中國財政充足，及東省督撫視第一段工程美善，再商築第二段、第三段，所有一切工程及價値應按第一段辦法。
4. 東省督撫派道員詹天佑充當顧問工程司。
5. 此路開工後約十八個月或二十個月完工。〔註22〕

11月20日(十月十三日)，東省總督徐世昌、奉天巡撫唐紹儀並將該路計劃及所訂草合同，除密奏朝廷之外，並密函外務部，請從速定議：

> 查新齊一路，道里綿長，若同時並舉，不但需款繁多，且恐外人橫生阻力。今擬分三段展修，由新民(屯)至法庫門爲一段；並不另立名稱，即作爲京、奉鐵路展修之路。
>
> 其第一段路工，現已飭保齡公司親往履勘。……一切做法，皆與關內外鐵路一律，所有工程，即由該公司包做。……然使做法稍有未合。關係甚鉅，必有精通路工之監視，乃爲周密。故擬請詹道天佑時時監視，如有與合同不符之處，隨時指明，令其改作。
>
> 如果處處合宜，俟第一段路工告成，再議展修第二段，此時尚未與議及。其完工先訂爲兩時期，緣如明春開工，則可於十八個月修竣；若遲至夏秋，則嚴寒時候較長，須二十四個月竣事。此路係京、奉展修之線，且第一段尚在遼西境內，與日人毫無干涉，彼倘強聒，即請鈞部據此駁詰，我固有辭可措，彼當無所藉口。第二、第三兩段，暫不宣布。

新齊路的修築、貸款權。見 *Straight's Diary*, November 7, 1907, and George Marvin, "Recollections of willand straight". *Straight Papers*, cited in Vevier, C., op. cit., PP. 50～51.

〔註21〕據 Croly & Vevier 所載皆謂草合同訂於1907年11月8日，但據《清季外交史料》所載，徐唐致外部的草合同，則謂訂於11月6日，今從中國資料。

〔註22〕《清季外交史料》，卷207，頁10～13，〈附京奉路展修節略〉，〈附新民府至法庫門鐵路工程合同〉。
Croly, H., op. cit., P.243

> 茲將與該公司所訂之草合同，鈔呈鈞覽。此係未定之件，並希酌裁後，迅速賜覆，如以爲可，即當決議開工，剋期集事，一面即行奏咨立案，不勝盼切。至此路議辦後，即擬籌借外債，以爲修築之費。既爲京、奉接展之路，自應向中英公司借款，按照路款若干，與之籌借，擬不以該路作抵，即由東三省籌還。容俟詳細研究，商定辦法，再行奉達，即希賜覆，統希秘密，暫勿宣洩爲禱。〔註23〕

第三節　新法路的交涉

自1907年6月（光緒三十三年五月），日使林權助提出抗議起，至1909年9月4日（宣統元年七月二十日），中日成立圖們江中韓界務及東三省交涉五案條款，歷時兩年的交涉始告結束，其中交涉的過程，可分爲兩個階段，本案併入東三省六案，一起交涉之前，爲個案交涉階段，併入之後，爲併入東三省六案交涉階段。

一、個案交涉階段

新法路的籌議，乃至借款備忘錄及草合同的簽訂，都屬秘密進行，〔註24〕但日人卻早已偵知其事，當時日本西園寺內閣認爲中國擬權中的新法路是南滿路平行線，目前雖僅從新民屯修至法庫門，但將來向北延展至齊齊哈爾，可聯接西伯利亞大鐵路。而關外路接聯溝幫子，一方以營口，他方則以秦皇島爲吞吐港，形成遼西大動脈，則將來南滿路的貨物運輸，必將爲此線取代而由營口及秦皇島出口，因此乃於1907年6月（光緒三十三年五月）訓令日駐華公使林權助向清廷外務部提出所謂違反（1905年）北京條約的抗議。〔註25〕中日間關於新法路的交涉也隨之展開。

（一）日本迭次抗議

當徐世昌與司戴德簽訂借款備忘錄後，日代使阿部守太郎即於1907年8

〔註23〕《清季外交史料》，卷207，頁9～10，光緒三十三年十月十五日，〈徐唐致外部函〉。徐世昌，《退耕堂政書》，卷12，頁15，〈密陳東三省危迫情形並籌辦法摺〉。

〔註24〕《清季外交史料》，卷207，頁9～11，光緒三十三年十月十五日，〈徐唐致外部函〉。

Straight Papers, Straight to Harriman, October 17, 1907, cited in Vevier, C., op. cit., P.49.

〔註25〕德富蘇峰，《公爵桂太郎傳》，坤卷，頁392。

月13日（光緒三十三年七月五日），及10月12日（九月六日），先後兩次向中國提出抗議。〔註26〕外務部照覆以東省延長關外路線（即築新法路），是爲中國國內交通便利，與南滿鐵路毫不相涉，且關外路敷設新線，對南滿鐵路的距離，總不減於歐美各國現有鐵路兩線間距離的通例。

11月6日（十月一日）徐、唐兩氏與保齡公司訂立新法路草合同，19日（十四日），日使林權助迅即提出第三次抗議：「若以關外路接展至法庫門以北，顯與南滿路併行，有害該路利益，日本政府斷不能承認」。〔註27〕外務據以徵詢世昌意見，12月12日（十一月八日），世昌咨文外務部：「中日接收新奉路條款第三條第二款載明：除吉長路接展支路外，如中國自行建造他路，與南滿路無所關涉等語。是建造該路實與南滿路毫無關涉，應請日本政府不必過慮」。「相應咨呈貴部查核，即請據理照覆日使可也」。〔註28〕

但日本政府並不以上項答覆爲滿意，1908年1月22日（光緒三十三年十二月十九日），日使林權助又提出第四次抗議：「按照日清交涉會議錄所載，日本政府斷不能承認。會議訂明承認保護南滿路之利益，不在該路附近敷設併行幹線，並不敷設有害該路利益之支線，中國官憲有遵守此約監視毋違之責務，特再聲明」。〔註29〕外務部以日方態度堅決，乃籌商再三，遲至5月6日（光緒三十四年四月七日），始照覆日使：

1. 貴大臣迄援中日會議錄爲據，不知當日中日兩國全權，即以併行二字範圍甚廣，必須定以里數，言明在若干里以內，不能建築併行線。日本全權大臣以爲若定里數，自他國視之，若有限制中國造路之意。繼又謂按照歐美通例，定出併行線相距里數，又以通例不一律，不必載明，並由日本全權聲明：中國將來凡有發達滿洲地方之舉，日本決一攔阻等語。前言屬在，自應彼此共遵。
2. 該路與南滿路相距甚遠，實不能作爲附近併行。
3. 新法路直接關外路，所經海口爲營口、天津、俱屬封河之口；南滿路直達大連，爲不凍之口，滿洲所有出口之出產，必多取道南滿路直達大連，

〔註26〕同註25，坤卷，頁392；《清季外交史料》，卷205，頁1，光緒三十三年八月三日，〈外部致日代使阿部照會〉。

〔註27〕《清季外交史料》，卷208，頁8，光緒三十三年十一月八日，〈東督徐世昌咨外部電〉。

〔註28〕同註27。

〔註29〕同註27，卷214，頁1，光緒三十四年四月七日，〈外部致日使照會〉。

矧法庫以西，俱屬蒙境，若通鐵路，則往來便利，南滿路生意必因之愈盛。〔註30〕

外務部對日方所提各項藉口，作如此詳盡的辯駁，理由充足。致日本政府遲遲未能照覆。同年6月2日（五月六日），外務部再照會日代使阿部，催促其答覆，並將附近併行線之義詳作解釋。〔註31〕同月27日（五月二十九日），阿部於接獲日本政府訓令後，即照會外務部，作強詞奪理之答覆：

1. 若一朝新法路設成，則遼西貨物之全部及遼東貨物之少部分，必爲該路所奪。
2. 關於競爭線之論據，如西元1898年關於正太路，露（俄）清銀行與清國官吏訂立之約，實以百清里（華里）爲競爭區域，不許敷設他線，即此，則清國政府不得喋喋於歐美之標準，以爲立論之根據。
3. 清國政府因併行二字，指陳北京會議之際，兩國全權問答各語，均屬無根之論。且北京會議所記者，有中國全權云：「總之，清國斷不造設與貴國管理鐵路對抗之路，及爲有害滿洲鐵路之利益等事。如有此等情事，貴國可陳異議。蓋保護此路之利益，是當然之事」。
4. 清國政府稱新法路爲南滿路之支線，全係架空之說，清國政府又就鐵路與海口之關繫，證明南滿路之優勝，則不得斷言新法路不害於南滿線之利益。〔註32〕

（二）爭論之所在

日本所持反對的主要藉口，爲新法路是南滿路的併行線，有損南滿路利益。其所持最大的根據則爲1905年12月（光緒三十一年十一月），中日東三省事宜條約中所謂「秘密議定書」第三款所載：「中國政府爲維持東省鐵路利益起見，於未收回該鐵路之前，允於該路附近不築並行幹路，及有損於該路利益之枝路」一條。〔註33〕1906年4月（光緒三十二年三月），日本曾將該「秘密議定書」的摘譯送達英外部，並告以具有中國代表的簽押，〔註34〕同年6

〔註30〕同註27，卷214，頁1～2。

〔註31〕同註27，卷214，頁17，光緒三十四年五月六日，〈外部致日代使阿部照會〉。

〔註32〕同註27，卷214，頁20～22。光緒三十四年五月二十九日，〈日代使阿部致外部照會〉。

〔註33〕《日本外交年表並主要文書》，卷上，文書，頁256；《清季外交史料》，卷194，頁7～8，〈中日全權大臣會議東三省事宜節錄第十一號〉。

〔註34〕*British Parliamentary Debets* No. 186, PP. 1191～1192. March 24, 1908. cited in Clyde, P.H., *International Rivalries in Manchuria*,（Columbus, 1966）P. 146.

月（光緒三十二年五月），並由日外相加籐函送美駐日代辦威爾森（Huntington Wilson）轉交美國務院。〔註35〕按所謂「秘密議定書」實爲日本所杜撰，其實當時北京會議中並無任何秘密或非秘密的議定書的簽訂，實際僅是「會議節錄」而已。原來在北京會議開始時，先由日本全權大臣提議：「每次會晤用中日兩國文存記會議節錄，兩國全權大臣彼此簽名爲證，且所有會議之事宜嚴守秘密」。中國全權大臣聲言無異見，即照此決定。〔註36〕想不到後日竟爲日人利用作爲其干涉中國在東省修築鐵路的藉口，然會議節錄究與正約不同，自不能作爲正當權利的解釋，且未經正式劃押批准互換，故日本所說實屬杜撰，但竟能顛倒黑白，混淆各國視聽，視爲有效之主張，強權外交之爲用有如此者，誠令人痛心萬分。

（三）日提所謂解決辦法

1908年6月27日（光緒三十四年五月二十九日），日所提照會中，曾提議：若中國罷築新法路，另由法庫門與南滿路間造一支線，日本政府當以好意應之。〔註37〕1909年1月27日（宣統元年一月六日），日使伊集院彥吉又向外務部提議：如中國欲築造此路，須允日本由鐵嶺經法庫門至鄭家屯（遼源州）造一支線，或將新法路改爲自新民屯出彰武台，往西築造。〔註38〕如此則新法路等於南滿路的支線，外務部在1月28日（正月初七日）電告徐世昌。〔註39〕徐世昌於30日（初九日）電覆，力主不能允許日本修築支線，以免截斷新法路的北展計劃，且彰武台往西一帶地屬荒漠，人煙寥落，出產無幾，若於該處建造鐵路，絕少利益可謀。〔註40〕此自非中國所能接受，因而暫予擱置，新法路問題遂成懸案。

二、併入東三省六案交涉階段

日本自1908年（光緒三十四年），桂內閣成立後，即力謀解「滿洲」各項懸案，期儘速達成其經營「滿洲」的目的。〔註41〕新任駐華公使伊集院彥

〔註35〕*U. S. Foreign Relations*, 1906, Part II, P. 996, January 12, 1906, Chargé Wilson to the Secretary of State.

〔註36〕《清季外交史料》，卷193，頁1，〈中日全權大臣會議東三省事宜節錄第一號〉。

〔註37〕同註27。

〔註38〕《清宣統朝外交史料》，卷1，頁5，宣統元年正月七日，〈外部致徐世昌電〉。

〔註39〕同註38。

〔註40〕同註38，卷1，頁6，宣統元年正月九日，〈徐世昌覆外部電〉。

〔註41〕德富蘇峰，《公爵桂太郎傳》，坤卷，頁392～393；《清光緒朝中日交涉史料》，

吉於10月（九月）中旬到任後，即奉日政府之命，向清廷提出東省六案交涉，要求解決：（一）新法路問題。（二）京奉路展築至奉天城根問題。（三）大石橋支路問題。（四）撫順煙台煤礦問題。（五）安奉路改築問題。（六）延吉界務問題（即所謂間島問題）。然適逢慈禧太后萬壽節，接著光緒，慈禧又相繼駕崩，遲至12月22日（十一月二十九日），日使始致函外務部，關於東省各案，希訂日會商，從速議結。12月28日（十二月六日），雙方始在外務部接晤，中國方面由外務部尚書袁世凱主持，〔註42〕不久袁世凱罷職，〔註43〕談判一時中絕，旋由梁敦彥署理外務部尚書，與日使繼續談判，〔註44〕但因毫無結果，日使伊集院不耐，乃於1909年2月6日（宣統元年一月十六日）正式面遞外務部關於東省六案照會。〔註45〕嗣後幾經談判，仍不得要領，3月18日（二月二十七日），外務部提議，將東省六案送交海牙和會公斷，〔註46〕但日本竟悍然拒絕。〔註47〕其時清廷態度極爲軟弱，只得照會日使，同意不交公斷，並請從速定期會議。〔註48〕5月28日（四月十日），外務部訓令駐日公使胡惟德與日政府商議，並探明日政府果能於延吉案讓步，中國方可與日使續議，〔註49〕但此項提供仍不爲日外相小村所接受。〔註50〕

1909年6月2日（宣統元年四月十五日），桂內閣閣議決定，不俟中國答應，於安奉路採取「自由行動」，以試探中國態度。〔註51〕8月6日（六月二

卷74，頁12。

〔註42〕日本外務省編，《小村外交史》，頁783。

〔註43〕《宣統政紀實錄》，卷4，頁24。

〔註44〕日本外務省編，《小村外交史》，頁783～784。

〔註45〕《清宣統朝外交史料》，卷1，頁13～14，宣統元年正月十六日，〈日使伊集院面遞外部節略〉。

〔註46〕同註45，卷2，頁32，宣統元年二月二十七日，〈外部參議曹汝霖與伊集院議延吉韓民裁判事語錄〉。
早在1907年12月18日（光緒三十三年十一月十四日），司戴德曾建議中國將中日間之懸案，交付海牙和會仲裁，以迫使日本就範（見 *Straight Papers*, Straight to Philip, December 18, 1907. cited in Vevier, C., op. cit., P. 45）；同時東省督撫徐、唐兩氏，亦主張或交第三國公斷，或交海牙和會仲裁（見徐世昌，《退耕堂政書》，卷49，頁17及頁24。宣統元年十一月二日及四日）。

〔註47〕《清宣統朝外交史料》，卷3，頁3，宣統元年閏二月十五日，〈日使館翻譯高尾亨致外部節略〉。

〔註48〕同註47，卷3，頁27，宣統元年三月十八日，〈外部致伊集院照會〉。

〔註49〕同註47，卷3，頁36～37，宣統元年四月十日，〈外部致胡惟德函〉。

〔註50〕日本外務省編，《小村外交史》，頁787。

〔註51〕《日本外交年表並主要文書》，卷上，文書，頁313；又德富蘇峰，《公爵桂太

十一日），日使正式照會中國，提出「自行改築安奉路」之通牒，並聲明為不妨害該工事，仍應談判，至於其他懸案，仍希望以「妥協精神」解決。〔註52〕日本至此完全表露其猙獰面目，不惜訴之武力，恃強權外交為後盾，以當時中國國力而言，自非日本對手，因此在日本恫嚇之下，幾至完全屈服，8月7日（六月二十二日），外務部照會日使：延吉案如能全允，其他五案，中國亦當於無可退讓之中，竭力酌量退讓，關於新法路案則答允暫行緩議。〔註53〕但日本仍得寸進尺，認為文義涉於含糊，應改為中國政府確然罷議敷設該路之議，並在南滿路期限未滿之前，不與日政府預先商議不得敷設與該路並行或競爭之幹線支線。〔註54〕交涉至9月4日（七月二十日），雙方達成最後協議，由外務部尚書梁敦彥與日駐華公使伊集院彥吉簽訂「圖們江中韓界務條款」，同日又簽訂「中日東三省交涉五案條款」，約中除京奉路展築至奉天城根一款外，餘悉如日人之意，〔註55〕關於新法路一案竟允諾：「中國政府如築造新民屯至法庫門鐵路時允與日本國政府先行商議」。〔註56〕此實無異自認在自己國土上，無自由築路之權。久經計議的新法路乃至於新齊路等計劃，全成泡影。

第四節　列強對新法路問題的態度

早在1906年（光緒三十二年），日本已先發制人，將所謂「秘密議定書」分別送交英美兩國，致英美兩國政府對於新法路問題見解已有偏差，因此未能充分支持中國。司戴德在整個新法路交涉的過程中，雖始終與國務院保持連繫，並接受唐紹儀關於「秘密議定書」的起草經過之解釋，且相信此不過是日本另一種欺騙的手法，其中確無任何秘密協定。〔註57〕惟當時美國助理

郎傳》，坤卷，頁396。

〔註52〕《清宣統朝外交史料》，卷6，頁28～29，宣統元年六月二十一日，〈日使伊集院致外部照會〉；日本外務省編，《小村外交史》，頁789。

〔註53〕同註52，卷6，頁32～34，宣統元年六月二十二日，〈外部致日使伊集院照會〉。

〔註54〕同註52，卷7，頁10～11，宣統元年六月二十八日，〈日使伊集院致外部節略〉。

〔註55〕同註52，卷8，頁45～46。

〔註56〕同註52，卷8，頁45。

〔註57〕*Straight's Papers*, January 31, 1908. Straight to H. Wilson; *National Archives*, Record Group 59: 5767 January 24, 1908. Fletcher to Root; *National Archives*, Record Group 59: 6625/40. February 12 & January 4, 1908. Straight to the Assistant Secretary of State. cited in Vevier, C., op. cit., P.53.

國務卿威爾森（Huntington Wilson）則不以爲然，〔註58〕而且發自東省不滿日人之聲，亦爲當時在美日關係史上扮演重要角色的美國排斥日本移民的吼聲所掩蓋。〔註59〕司戴德及其友人雖在東省不斷控訴日人的專橫，但此時羅斯福總統及路特國務卿正苦於研議日本移民事件解決方案，遂無暇顧及東省之事。〔註60〕司戴德至此也孤掌難鳴。司氏曾力促東督徐世昌新法路即速開工，以抵制日本，〔註61〕但外部以日人抗議，遲遲未敢行動。

英國方面，當1907年5月（光緒三十三年四月），徐、唐與司戴德籌議新法路之時，英國的實業家兼政論家普蘭德已自中國動身返英，大力鼓吹英國在遠東應持堅定政策，並嚴厲批評唐寧街（Downing Street）與日本之聯盟，普氏更希望能說服英國最具影響力的倫敦泰晤士報，藉其報導，使英人相信，英日同盟正危害英國在遠東的利益，同年8月底（七月中），普氏與法倫許返回瀋陽，並在美領事館與司戴德商議新法路事，〔註62〕中英新法路草合同簽訂後，普蘭德並獲得保證，一旦遇有困難，英駐華公使朱爾典將給予支持，由於日人對新法路迭向中國提出抗議，倫敦泰晤士報駐遠東通訊員莫理森（Dr. George Morrison）乃於11月（十月）返英，謂新法路並非南滿路的平行線，力促英外交部對抗日本的無理干涉。〔註63〕普蘭德且指控日人之所爲已危害門戶開放政策。〔註64〕英在華之商人商會亦因不滿日人的干涉，紛紛提出指責。〔註65〕因此在新法路交涉期間，英國輿論多不支持日本，〔註66〕而英政府對英商的權利在初期也曾予以溫和的支持，訓令英駐日大使竇納樂（C. MacDonald）代表英商向日政府提出友好的條陳。〔註67〕惟英外交部不願爲此事而與其在遠東的盟

〔註58〕*National Archives*, Record Group 59: 6625/40, February 21, 1908; Carr to Straight. Cited in Vevier, C., op. cit., P.53.

〔註59〕1906年，美國發生排斥本移民事件，以及舊金山學童問題，美日兩國大傷感情，戰爭之風聲，迷漫於太平洋。

〔註60〕Vevier, C., op. cit., P.57.

〔註61〕《清光緒朝中日交涉史料》，卷73，頁15，光緒三十四年四月十六日，〈東督徐世昌致外部電〉。

〔註62〕*Straight Papers*, January 31, 1908. Straight to H. Wilson; *Straight Diary,* September 3, 1907, cited In Vevier, C., op. cit., P.50.

〔註63〕Straight Diary, November 8, 1907, Croly, H., op. cit., P.243.

〔註64〕Bland, J.O.P., *Recent Events and Present Polities of China*, P.361.

〔註65〕Lawton, L., *Empires of the Far East*, PP. 1216～1218.

〔註66〕*British Documents on the Origins of the World War*, 1898～1914, Vol. 8, P.454, February 3, 1908, E. Grey to C. MacDonald.

〔註67〕Bland, J.O.P. op. cit., P.361.

友——日本，發生爭端，加上日本提出所謂「秘密議定書」;「規定中國不得修築任何與南滿路平行的路線」，遂使新法路問題濛上了陰影。〔註 68〕1908 年 2 月初（光緒三十四年一月初），日駐英大使小村就南滿路事面陳英外相葛雷（Grey）後，唐寧街已決定不顧英國輿論的不滿，改而採取審慎態度，拒絕促成英國築造商（即保齡公司）所參與的中國修新法路計劃。〔註 69〕

中國方面，外務部雖於 1908 年 5 月 7 日（光緒三十四年四月八日）曾訓令駐英公使李經方將 1905 年北京會議及新法路實情詳告英外交部以爭取英國的支持，〔註 70〕然爲時已晚。

日本在東省六案交涉中，對新法路事實最爲重視，認爲是對日利害關係最重大者，如不善加處理，則日本將來「經營滿洲」的希望將成泡影。〔註 71〕故交涉結束，日本雖以未能取得延吉（間島）爲憾，但對鐵路方面的重大收穫，〔註 72〕卻甚感滿意。小村外相且致電駐華日使伊集院:「代表帝國政府向貴官致深厚謝意，並特申本官一己之祝詞」。〔註 73〕日本自 1905 年 8 月 12 日（光緒三十一年七月十一日）與英成立英日第二次同盟。〔註 74〕1907 年 6 月 10 日（光緒三十三年四月三十日）與法國成立日法協商。〔註 75〕7 月 30 日（六月二十一日），日俄簽訂第一次協定及密約。〔註 76〕列強中在華利益最大者，皆與日本有相互勾結，此種列強外交上承諾的效力，促使日本在東三省的地位，較之條約上所提定的權利更爲鞏固。尤其自日本反對新法路成功後，日本在東三省更奠立了牢不可破的地位。〔註 77〕

新法路受阻後，東京各報自表滿意。法國官報，倫敦泰晤士報皆表歡迎，美國的輿論則極不滿意。紐約民憲報認爲此約足使日本壟斷東省鐵路利權，

〔註 68〕Croly, H., op. cit., P.251.
〔註 69〕*British Documents on the Origins of the world war,* 1898～1914. Vol. 8, PP. 453～454.　February 1 & 3, 1908, E. Grey to C. MacDonald.
〔註 70〕《清季外交史料》，卷 214，頁 2～3，光緒三十四年四月八日，〈外部致使英李經方電〉。
〔註 71〕德富蘇峰，《公爵桂太郎傳》，坤卷，頁 392。
〔註 72〕日除取得中國於修築新法路時先與日本商議的承諾外，還取得吉會路，大石橋至營口支路以及安奉路之修築權。
〔註 73〕日本外務省編，《小村外交史》，頁 782。
〔註 74〕《日本外交年表並主要文書》，卷上，年表，頁 158。
〔註 75〕同註 74，卷上，年表，頁 167。
〔註 76〕同註 74，卷上，年表，頁 169。
〔註 77〕Griswold, A., *The Far Eastern Policy of the United States.*, PP. 148～150.

紐約日報則認爲中國重要權利業已被奪殆盡，〔註 78〕惟法國巴黎日報以「日本勢力擴張滿洲爲第二之高麗」爲題發表社論，認爲日本犧牲者至小，所取償者至大，即中國自行取消修築新法路之議是也。中國放棄新法路不築，不啻自縛其兩手，且消去一切獨立之思想矣。日本已將高麗行政權完全控馭，其經濟勢力全部注入南滿，當時列強大聲疾呼主張開放「滿洲」門戶者，未審現時心目中，作何思想也。〔註 79〕主論甚爲深切中肯。當時美駐華代辦費萊齊（H. P. Fletcher）爲此事雖曾向中國提出抗議：「在此項簽訂的協約中，如發現在滿洲有違反門戶開放及商業機會均等原則時，對我們而言，將是一項極嚴重之事」，〔註 80〕美國務院雖贊同其所採取的行動，〔註 81〕但已無補事。新法路計劃已付之東流。

〔註 78〕《東方雜誌》，第 6 年第 9 期，宣統元年八月二十五日，〈中日東三省五案交涉條款〉。

〔註 79〕同註 78，第 6 年第 10 期，宣統元年九月二十五日，〈中日東三省五案交涉條款〉。

〔註 80〕*U.S. Foreign Relations*, 1909, P.116, September 4, 1909, Chargé Fletcher to the Secretary of State.

〔註 81〕Ibid., 1909, P.116. October 20, 1909. H. Wilson to Chargé Fletcher.

第四章　錦瑷路的籌建與美國銀行團的投資

第一節　錦瑷路的籌建

錦瑷路（錦州至瑷琿）的籌建，與新法路問題是連貫的，新法路計劃雖迭遭日人阻撓，但從錫良、程德全等所奉宣統元年七月四日（1909年8月19日）上諭：

> 東省介居兩強，勢成逼處，積薪厝火，隱患日滋。該督等各密陳危急情形，所慮甚是，自宜預爲備。迭據臣工陳奏，莫如廣闢商埠，俾外人群至，隱杜壟斷之謀；厚集洋積，俾外款內輸，陰作牽制之計，既使各團互均勢力，兼使內地籍以振興，似尚不爲無見。即著該督等斟酌事理，體察情形，按照以上所指各節，詳審熟籌，奏明辦理。〔註1〕

可知當時清廷已洞察日俄對東省的野心，以及東省所處之危迫情形。因此對於開放東北，欲籍外資進行修路，打消中東，南滿兩路壟斷，抵制日俄勢力的政策，仍然未變。

當新法路尚在交涉時期，外務部尚書袁世凱，東省督撫徐世昌、唐紹儀、以及鐵路公司總辦梁士詒，已與美同駐瀋陽總領事司載德另行籌議，擬借用英美資金，別築錦瑷鐵路之舉。〔註2〕

1909年2月（宣統元年一月），徐世昌內調郵傳部尚書後，即提「上監國

〔註1〕《錫良遺稿》，奏稿卷7，頁959，宣統元年八月十九日，〈籌借外債議築鐵路摺〉。
〔註2〕岑學呂，《三水梁燕孫先生年譜》，下冊，頁141～142。

攝政王條議」指出：

> 鐵路大計首在新齊（路），日人即以並線來阻，持抗至今，尚待解決，於是乃出別策，改新民一線而西之，就錦庫爲要點，由錦州西北經直隸之朝陽趨小庫倫，或出清和門，就新秋煤礦直渡西潦河，以指洮南，然後循新齊原定路線過嫩江，以達齊齊哈爾，此我內地，外人不能干涉，佑工勘路已粗具端倪矣，且正多方籌款，逐漸興修。〔註 3〕

並準備將來「再接修齊璦（齊齊哈爾至璦琿）各段。〔註 4〕

俟錫良奉命出任東督，〔註 5〕目擊東省危局，乃與徐世昌一再籌議，錫良認爲：「此路書能早成，尚可居中鼎力，大局可望保全，現在徐世昌總司郵部，睠懷東局，必能統籌辦法，俾速觀成」。乃於 6 月 8 日（四月二十一日）密奏：「請敕下該部，迅籌的款，派員勘路，急圖興修，不特東事裨益匪淺，即全局亦賴以維持矣」。〔註 6〕清廷乃交郵傳部議。〔註 7〕不久郵傳部即入奏：

> 查三省地方遼遠，外患日亟，經營政策首在交通。從前東清，南滿兩約早失去先機，欲籌補救之方，非再修大幹路不足以固邊陲而消隱禍。惟新法路案與日人內外磋商，迄無成議計，惟繞出新民之西徑，由錦州經小庫倫以達洮南，推展至齊齊哈爾，改璦新爲錦齊，將來再由齊齊哈爾接展璦琿，於勢尚無不合，且錦州附近有葫蘆島不凍口岸，〔註 8〕將來接通枝路，闢作商港，遼東轉運，斯爲尾閭，不獨鐵路可分南滿之利權，抑且航路可挽營口之損失，內以聯絡三省，外以策應蒙疆，水陸兼籌，實今日謀邊至計也。惟此路線長二千餘里，成本既重，餘利難期，……現擬與英商葆林（保齡）公司商酌，先行派人會同前往錦齊一帶查勘路線，勘定之後再與英商酌設，逐段包辦工程。……至該督所稱迅撥的款一節，經臣部函商度

〔註 3〕徐世昌，《退耕堂政書》，卷 34，頁 15，〈上監團攝政王條議〉。

〔註 4〕《錫良遺稿》，奏稿卷 7，頁 893，宣統元年四月二十一日，〈請敕部籌修東省鐵路片〉。

〔註 5〕同註 4，奏稿卷 7，頁 883，宣統元年四月初二日，〈恭報到任日期謝恩摺〉。

〔註 6〕同註 4。

〔註 7〕徐世昌，《退耕堂政書》，卷 28，頁 23～24，〈遵旨籌議錦齊路事宜摺〉。

〔註 8〕葫蘆島不凍港於徐世昌任東督時，曾聘英圖工程師測量設計（見徐世昌，《東三省政略》，卷 11，頁 137）。錫良繼任東督後，對葫蘆島的開闢，更是不遺餘力，俾將來作爲錦璦路之吞吐港（見《錫良遺稿》，奏稿卷 7，頁 1139～1140，宣統二年四月十二日，〈密陳籌辦葫蘆島不凍口岸情形摺〉）。

支部辦理，亦復籌款維艱，難資挹注，而該路道長工鉅，又不能置爲緩圖計，惟借款興修則程功較有把握，近來初人於東省鐵路屢啓干涉，如果另借鉅款，當將借債築路分爲兩事，冀於路事不至有損主權，於邊事亦可藉資抵制，未始非目前應變之策，……如蒙俞允，當由臣部與外務，度支兩部隨時會商統籌，以期補救於萬一。〔註9〕

1909年8月19日（宣統元年七月四日），美國銀行團代表司戴德來華，清廷及東省督撫錫良，程德全乃以錦璦路事與之商議，此時美國正力謀投資中國及東三省，自爲司氏所樂聞，因此中美聯合修築錦璦路的計劃，自此一拍即合。〔註10〕

當時錦璦路的籌建係屬秘密進行，外間雖有風聞，但連時任鐵路公司督辦的盛宣懷，亦不知實情，1909年2月24日（宣統元年十一月十二日），盛氏曾致電探詢東督錫良。〔註11〕27日（十五日），錫良電覆宣懷謂：「借款保路已有轉機，續與交議，可望核准，路線係由錦州至璦琿，共二千餘里，此事關係北京帝國，日報本月初四、初五日論說詳透，不知何人所作，請閱便悉」。〔註12〕盛宣懷閱後，對於錦璦路計畫甚爲贊賞，認爲錦璦借款營路「實爲保全滿洲最上策」。〔註13〕1910年4月（宣統二年三月），盛宣懷且上奏，極力推崇錦璦路計畫：

現議築錦璦鐵路，借資英美措施偉大，非僅爲殖利而設……臣查該路延長二千數百里，沿途半屬膏腴，除礦林必須招商開辦外，尤當移民墾種，則高粱玉米不可勝食，將來東南各省偶值災荒，不必乞暹邏南徑，可求糧錦璦，因利而利，收效必宏……故欲爲東南預籌一移粟之區，莫如西北，尤莫如錦璦路之左右。〔註14〕

其實錦璦路計畫另有其意義在，誠如東督錫良之所言，此路「雖名爲商路，實含有政治外交之策」，「借款乃兼借其勢力，彼（英美）之勢力換我利權，我即借其勢力以鞏固疆圉」，「蓋彼深知資本必大，勢力始均，然後能與日俄

〔註9〕同註7。

〔註10〕《錫良遺稿》，奏稿卷7，頁1008，宣統元年十月三十日，〈密陳借款修築錦璦鐵路片〉，Croly, op. cit., PP. 301～302。

〔註11〕盛宣懷，《愚齊存稿》，卷75，頁7～8，宣統元年十一月十二日，〈寄奉天錫清帥〉。

〔註12〕同註11，卷75，頁8，宣統元年十一月十五日，〈錫清帥來電〉。

〔註13〕同註11，卷52，頁12，宣統元年十二月十五日，〈寄外部郵部農工商部電〉。

〔註14〕同註11，卷15，頁15～16，宣統二年三月，〈熟籌交通墾牧片〉。

相抗，而東三省亦即藉以自存。所以錦璦路一議，在我之主腦，實在救亡，非僅興利已也」。〔註 15〕

第二節　美國銀行團的投資

一、東三省銀行的再度計議

哈里曼的拒絕 1907 年 8 月（光緒三十三年六月）司戴德與唐紹儀所簽訂的東省借款備忘錄，頗使司氏感到失望，但並未阻礙其尋求美資進入東三省的努力，司氏仍繼續與哈里曼連繫，告以有關中國在東省實行新政概況，歡迎美資投入。司氏又暗示哈氏，唐紹儀正準備提供極爲優厚的條件以設立東三省銀行。〔註 16〕1908 年 3 月（光緒三十四年二月），徐世昌召集三省巡撫於瀋陽開會，通過唐紹儀所提東省借款計畫，並奏報朝廷。同月 10 日（二月七日），司氏將唐氏借款計畫向美政府報告，紹儀並親至北京爭取，始得批准。〔註 17〕7 月 18 日（六月三十日），清以美減收庚子賠款，命唐紹儀爲專使赴美致謝，〔註 18〕唐氏此行，還負有二個任務，一是商談締結中美德三個同盟，一是接洽借款。〔註 19〕唐氏希望能爭取美國減收的庚款作爲東三省借款，以建立銀行從事各種實業及築路之用。〔註 20〕

另方面，美國自 1907 年（光緒三十三年）的不景氣過後，情況已大爲改

〔註 15〕《錫良遺稿》，奏稿卷 7，頁 1008～1009，宣統元年十月三十日，〈密陳借款修築錦璦路片〉。

〔註 16〕*Straight Papers*, January 30, 1908, Straight to Harriman cited in Vevier, C., op. cit P.70.

〔註 17〕Croly, H., op. cit., P. 255.

〔註 18〕《清季外交史料》，卷 215，頁 14，光緒三十四年六月二十日，〈諭派唐紹儀使美致謝減收賠款事〉。Croly, H., op. cit., P. 255.

〔註 19〕Croly, H., op. cit., P.272; MacNair, H.F. & Lach, D.F., *Modern Far Eastern International Relations*,（New York, 1950）PP. 160～161.
馬場明，《日露戰爭後關於第一次西園寺的對滿政策與清國對滿蒙政策的一面》（原書房，1966 年），頁 76。
由於 1905 年英日第二次同盟，1907 年日法協約，以及日俄第一次協定的成立，德皇認爲其中必有密約足以威脅中國現狀的維持與門户開放政策，因此提議締結中德同盟並希望美國加入。見馬場明，前引書，頁 75；又 *Die Grosse Politik der Europaischen Kabinette*, 1871～1914, xx, ii, PP. 533～642, cited in Clyde, P.H., *International Rivalries in Manchuria*, PP. 146～147.

〔註 20〕Croly, H., op. cit., P. 272 & 277; *National Archives*, Rocord Group 59: 2413/151, 146～148. July 30, 1908, Rockhill to Root, cited in Vevier, C., op. cit., P.69.

善，「華爾街已再度恢復信心，並努力尋求國外投資，現轉向滿洲，我們正需要最新的資料，或許我們可經由東三省銀行的設立，從事鐵路的修築和各種實業的開發」。〔註 21〕此時司戴德所提以美資投入東三省的遠大計畫，已發揮其效力，團務院和哈里曼都躍躍欲試，同時唐氏的訪美已迫在眉梢，為了便於磋商，哈里曼乃要求國務卿路特召回司戴德。〔註 22〕

司氏迫美之前，曾與準備赴美的專使唐紹儀作多作會談，兩人並預先簽訂一項借款備忘錄，即重訂一年前（1907 年 8 月）司氏所提交哈里曼的計畫，其中規定由美提供二千萬美元以設立銀行，作為東省經濟樞紐，從事包括由俄國贖回中東路，修築錦瑷路以及發展各種實業等〔註 23〕。司氏相信此一備忘錄若能簽訂實行，必將創造一種足以保障中國獨立完整的美國利益。〔註 24〕

1908 年 9 月（光緒三十四年八月），司戴德返美後，即匆忙趕至華府將好消息告訴助理國務卿威爾森，威爾森至表滿意，並對未來美國在遠東利益所呈現的美景至感興奮〔註 25〕。司氏抵達紐約後，經國務院的允許，將備忘錄內容告訴哈里曼國務卿路特則因力謀美日前移民及太平洋等問題的解決，不願對此項計畫表示明確的態度，以免引起日人的反感，他希望此項計畫，可由哈里曼出面，國務院則從旁協助。不久司氏又代菲力普（W. Philip）出任國務院遠東司司長，計畫進行更為積極〔註 26〕。事情看來似乎一切都很順利。

但是當 1908 年 11 月 5 日（光緒三十四年十月十二日），唐紹儀一行抵夏威夷時〔註 27〕，不幸光緒、慈禧先後病逝〔註 28〕，情勢對當初的袁世凱極為不利，唐氏因係北洋系委員之一，使美實出於袁氏之推薦，〔註 29〕政局突變，

〔註 21〕*Rockhill Papers*, July 16, 1908. Philip to Rockhill cited in Vevier, C., op. cit., P.72.

〔註 22〕Kennan, G. F., *E.H.Harriman*, Vol. II, P.26; Croly, H., op. cit., P.265.

〔註 23〕Croly, H., op. cit., P.266; *Straight Papers*, August 11, 1908, Straight to Tan Shan-yi, Cited in Vevier, C., op. cit., PP.72～73.

〔註 24〕Croly, H., op. cit., P. 269.

〔註 25〕Huntington Wilson, F.M., *Memoirs of an Ex-Diplomat,*（Boston, 1945）P. 105, cited in Vevier, C., op. cit., P.73.

〔註 26〕Croly, H., op. cit., PP. 270～272; Vevier, C., op. cit., PP. 73～74.

〔註 27〕1908 年 10 月（光緒三十四年九月），唐氏自華動身，途經日本訪問，耽延近一月，至 11 月初始離日赴美。

〔註 28〕《德宗實錄》，卷 597，頁 10。

〔註 29〕沈祖憲、吳闓生編纂，《容菴弟子記》（文海），卷 4，頁 26。佚名，《袁世凱全傳》，頁 68～69。
Croly, H., op. cit., P. 272

袁氏地位不穩，自影響唐氏的交涉地位，東三省借款計畫也因而遭遇到意想不到的困難，11 月 30 日（十一月七日），即唐氏抵華府的同日，美日兩國成立換文，保證維持中國主權獨立及領土完整，以及工商機會均等的原則，維持太平洋區域之現狀，是為路特高平換交（Root－Takahina Notes）。〔註 30〕此實為美對日的一種讓步，〔註 31〕當日本正恣意「經營滿洲」之時，美國卻同意與日本「維持現狀」，不啻承認日在東省的特殊地位，允許日在該地「自由行動」，〔註 32〕此對唐氏打擊固大，更糟的是中國政局起了變化，宣統繼位後不久，袁世凱即遭罷斥，〔註 33〕美國務院認為「目前實以等待（中國）政局的澄清為最佳之策」，唐氏遂無從展布，〔註 34〕卒於 1909 年 1 月 19 日（光緒三十四年十二月二十八日）離美返國。〔註 35〕

二、美國銀行團的成立及其擴大

1908 年 11 月（光緒三十四年十月），俄財政部代表威廉金（G. W. Wilenken）將俄擬出售中東路的消息通知坤洛公司總裁斯奇夫，〔註 36〕同時斯奇夫也親

〔註 30〕 *U.S. Foreign Relations*, 1908, PP. 510～511, November 30, 1908. Takahira to E. Root & E. Root to Takahira.

〔註 31〕 Bemis, S.F., *A Diplomatic History of the United States,*（New York, 1955）P. 496.
Pratt, J. W., *A History of United States Foreign Policy*,（New York, 1955）P.447.

〔註 32〕 Pratt 認為「維持太平洋區域現狀」即承認「維持日本在中國東三省的現狀」。Pratt. J. W., op. cit., P.447.
Nac Nair & Lach 則認為「現狀」二字，意義根本不明顯。（見 MacNair H. F. & Lach, D. F., op. cit., P.163.）

〔註 33〕 《宣統政紀實錄》，卷 4，頁 24。

〔註 34〕 *Rockhill Papers,* January 9, 1909. Philip to Rockhill, cited in Griswold, A., op. cit.,P.140.

〔註 35〕 至於中美德同盟之事，老羅斯福總統因鑑於中國軍事上的無能，認為與中國聯盟，對美不但未能有所助益，反而令增加其負擔，加上中國對於聯盟之事遲屖未能有所表示，故至 1908 年 6 月（光緒三十四年五月），華府和柏林已決定不再支持北京，而唐氏卻至同年 11 月（光緒三十四年十月）始抵美欲與商洽聯盟之事，惜為時已晚。
Dennett, T., *Roosevelt and the Russe-Japanese War*, P. 320, December 22, 1910. Roosevelt to Taft; *Rockhill Papers*, June 3, 1908, cited in Vevier, C., op. cit., P.74.

〔註 36〕 中東路在日俄戰後，成為俄國沈重的負擔，尤其在 1906～1908 年之間，為俄國財政，經濟最艱苦之時，故有出售中東路之議。見羅曼諾夫著，民耿譯，《帝俄侵略滿州史》，頁 19。

函日本銀行總裁高橋，提議購買南滿路。〔註 37〕此外 1909 年 2 月 1 日（宣統元年一月十一日），中國也正式照會俄使，提議贖回中東路，〔註 38〕俄國方面已表示原則上同意，〔註 39〕但突然又發生了意外的變化，日本從倫敦募得二百萬磅，乃堅拒出售南滿路，中國方面因光緒、慈禧的相繼崩逝，以及袁世凱的罷職，更使東京和聖彼得保都決定靜待今後事變的推移，〔註 40〕致收購中東南滿兩路的希望又告破碎，但患病的哈里曼並未失望，認爲仍可與中國直接交涉，爲達成對東三省的投資，在哈氏和司戴德的計畫下，組成了美國銀行團，其中包括摩根公司（J. P. Morgan & Co.）坤洛公司，第一國家銀行（The first National Bank），花旗銀行（National City Bank）及哈里曼，並聘司戴德爲銀行團代表。〔註 41〕

1909 年 3 月（宣統元年二月），塔虎脫總統就職後即推行金元外交（Dcllar Diplomacy），〔註 42〕同年 5 月（宣統元年三月），張之洞與英法德四國洽商湖廣路借款時，美國政府亦有意參加，乃授意擴大銀行團組織，加入更有力的銀行。〔註 43〕6 月 6 日（四月十九日），張之洞與英法德三國銀行團簽訂湖廣路借款單合同。〔註 44〕次日（二十日），美國也要求參加湖廣路借款，並於 11 日（二十四日）完成美國銀行團的改組工作，仍聘司戴德爲代表，積極進行交涉，〔註 45〕7 月 7 日（五月二十日），司氏抵倫敦，正式向英法德銀行團提出交涉，美國之加入業已成熟的湖廣路借款自爲三國所不喜，但美國力爭，一時相持不決。〔註 46〕在倫敦既遭遇阻礙，美國便將努力目標轉向北京，美

〔註 37〕羅曼諾夫著，民耿譯，前引書，頁 494～495。

〔註 38〕《清宣統朝外交史料》，卷 1，頁 8～9，宣統元年正月十一日，〈外部致俄使廓照會〉；羅曼諾夫著，民耿譯，前引書，頁 495。

〔註 39〕《清宣統朝外交史料》，卷 1，頁 18，宣統元年正月十七日，〈使俄薩蔭圖致外部電〉；羅曼諾夫著，民耿譯，前引書，頁 495。

〔註 40〕羅曼諾夫著，民耿譯前引書，頁 495。

〔註 41〕Croly, H., op. cit., P. 280～281.

〔註 42〕*U. S. Foreign Relations*, 1912, PP. 7～27, December 3, 1912, Annual Message to Congress.

〔註 43〕Croly, H., op. cit., P. 282.

〔註 44〕《張文襄公全集》，奏議 70，頁 29。Croly, H., op. cit., P. 282.

〔註 45〕Croly, H., op. cit., P. 283～285; MacNair H.F. & Lach D.F., *Modern Far Eastern Intennational Relations*, P. 115.

〔註 46〕Croly, H., op. cit., P. 292；即使英國也不願美國加入，認爲「美國政府沒有充分理由干涉業已簽訂的合同」。
U. S. Foreign Relations, 1909, PP. 149～150.

總統塔虎脫且於7月15日（五月二十八日）親函攝政王，要求借用美資，修築鐵路，〔註47〕中國遂同意美國以平等原則參加，交涉乃由歐洲移至北京，司氏也因此動身來華。〔註48〕

三、美銀行團對錦璦路的投資

司戴德來華之前，曾與哈里曼作最後一次的會談。1909年6月（宣統元年四月），哈氏曾親至歐洲與法銀行家諾茲林（E. Noetzlin），接洽購買中東路並倡組國際銀行團，俄財相柯克甫策夫（V. N. Kokovstov）也甚感興趣，〔註49〕並於赴遠東視察之後，正式提議出售中東路，但因外相伊斯瓦爾斯基（A. Isvolsky）爲首一派的激烈反對，〔註50〕遂無結果。哈氏以爲中東路收買成功，希望日本也出售南滿路，如果日本堅持拒絕，尙可向中國要求一條平行鐵路的建築權，自中國遼東灣頂端的錦州至黑龍江岸的璦琿，是爲錦璦路，以聯絡西伯利亞大鐵路。〔註51〕此路實亦含有威迫日俄出售中東南滿兩路的意味。〔註52〕可惜此時哈氏已病入膏盲，乃將此重大任務託付司氏，哈氏的重視此事，尤重於湖廣路的投資。〔註53〕

1909年8月19日（宣統元年七月四日），司戴德抵北京，先進行在倫敦沒有解決的湖廣路借款交涉，但因各國仍相持不下，一直拖延未決，倒是投資東省興建錦璦路事卻進行很順利，清廷此時切望積極開發東省，而司氏亦正欲投資東省，故雙方很快便達成協議。除開司氏個人因素不提，此讓與權的獲得，將可增強美銀行團與歐洲各國談判的力量，而且在東省獲得利權，實要此爭取湖廣路或爭取中國其他地區路權的讓與好得多。不幸9月10日（七月二十六日），哈里曼病逝，哈氏之死對司氏確爲一重大打擊，從此司氏在美銀行團中，

〔註47〕*U. S. Foreign Relations*, 1909, P.178, August 15, 1909, The President of the U. S. to the Prince Chun.

〔註48〕Croly, H., op. cit., P. 295.

〔註49〕Ibid., P.296.

〔註50〕Ibid., P.310.

英駐俄大使在其致外相葛雷的私函中表示，俄外相伊斯瓦爾斯基曾告訴他，俄國並無出售中東路給美資本家的意向。

Gooch, G. P., and Tempenley H.W.V.（ed）*British Documents on the Origins of the World War*, 1898～1914. Vol. IX, Part II, P.194, August 9, 1910. Nicolson to E. Grey.

〔註51〕Croly, H., op. cit., P. 297.

〔註52〕Clyde, P.H., *International Rivalries in Manchuria*, P.188.

〔註53〕Croly, H., op. cit., PP. 297～298.

已無知音之人，再也沒人能了解他和哈氏間對東省鐵路所達成的計畫，以及錦璦路對美在華政治、經濟、外交上所佔地位的重要。司氏也因缺乏哈氏之有力支持，致喪失其早先在銀行團中的優越地位，〔註54〕9月15日（八月二日），司氏電告紐約：「錦璦路定於9月27日（八月十四日）在北京簽約，要求授權」。旋遭反對。〔註55〕在清廷親美派官員的力勸之下，司氏乃赴東省商諸東省官員，當他行抵瀋陽之時，東省督撫錫良、程德佺即公同接見，並以籌修錦州至璦琿鐵路商議借款約三四百萬金鎊，10月2日（八月十九日），司氏與錫良、德全簽訂錦璦路借款單合同，共有九條，主要規定如下：

1. 東省督撫向美銀行團認借所有應用之款以築錦璦路，年息不過五釐，並將此路作保，如有餘利，應提百分之十爲酬勞。
2. 由保齡公司負責修築，先修錦齊路，再修齊璦路。
3. 鐵路公司由中美英三國組成，受郵傳部節制。
4. 鐵路公司由中美英三國組成，並受郵傳部節制，如遇戰事，該路只供中國運輸兵隊及軍需品。
5. 此項草合同如未奉准，即作廢紙。將來訂立詳細時合得另行商妥更定。

當日，錫良即以「籌借外債議築鐵路摺草合同一件」密奏朝廷，並請求批准「錦璦路借款單合同」。錫良奏稱：

> 竊維東省大勢，自日俄罷戰以來，權力競爭，久成南北分據之局，日人以旅順、大連爲海軍根據地，其鐵路由朝鮮之義州越鴨綠江入安東，達奉天（瀋陽），又由奉天而北至長春，南至旅順，近復允許合辦吉長至朝鮮之會寧鐵路，全國陸軍不日可達。俄人以海參崴爲海軍據地，其鐵路由莫斯科入黑龍江，更循江岸，經波里以達於海參崴，近日又修改自貝爾加湖鐵路，而用雙軌，全國陸軍亦不日可達。東省命脈已懸於日俄之手，情勢瞭然，無庸諱飾者也。
>
> 且窮其禍，尤不止此。日人之陰鷙險狠，俄人之高掌遠跡，蓄志均不在小，深謀密計，人人知之。其後以有待者，只因戰後元氣互傷，……而吾猶得偷安旦夕，數年之後，非所知矣。今於無可

〔註54〕Ibid., PP. 305～306, & P.308; *Straight Dairy*, September 14 & 15, 1909, *Straight Papers*, Cited in Vevier, C., op. cit., P.128.
〔註55〕Croly, H., op. cit., PP. 303 & 308.

收拾之，作萬一保存之想，非於兩國路線之外，別築一路，不足以救危亡。譬諸人身，血脈既斷，肢體徒存，未有能生者也。

然就三省之計之，路長款鉅，無論部臣不認籌撥，各省不肯協助，即竭全國之力以圖之，路未成而力先竭，其道亦至危。況乎我議自修，不見阻於日，即見阻於俄，無論何路，終無讓修之日，束手待斃，不爲痛心。

臣等焦慮熟籌，非借外人之財，不足以經營東省；尤非藉英美整力，不足以抵制日俄。諭旨「厚集洋債」、「互均勢力」兩言，實是拯東東省今日之危，而破日俄相持之局。現美國銀行代表司戴德來奉，臣等公同接見，以籌修錦、洮至瑷琿鐵路，商議借款約三四百萬金鎊，司戴德業已承允，簽立草合同。借款實數暨一切細目，俟欽奉諭旨後，續行議定奏聞。此項借款，原擬東省自借自還，該代表堅請政府業予列入條款，並仿照關內，以及蘆漢鐵路借款章程，聲明以路借款，一俟訂立詳細合同，仍當逐條詳慎磋商，期於主權無損。將來該路勘修已定，或再議修由奉天（瀋陽）至延吉一路以爲交通之筋絡，商墾之機關，並爲將來用軍之唯一命脈，必如是而後國防可固，地利可興，東省大局或有挽回之一日。如蒙允准，並請迅賜諭旨，臣等再當遵籌一切，詳細奏陳，無任籲禱之至。

所有遵旨密籌東省大計，籌借外款，議築鐵路緣由，理合將簽訂草合同另繕清單，恭摺密陳，優乞皇上聖鑑訓示。謹奏。〔註 56〕

此一草合同簽字者雖有中美英三方，但當時英保齡公司代表法倫許並不在瀋陽，而由司氏代簽，事實上中美雙方均未獲授權，此項草約之匆促簽訂，據司氏解釋，完全由於東省督撫之催促。〔註 57〕東省督撫之急於與司氏簽訂錦瑷路草合同，我們從 1909 年 12 月 12 日（宣統元年十月三十日）錫良，程德全之「密陳借款修築錦瑷鐵路片」中可得其詳細緣由：

錦瑷鐵路借款，雖經臣等一再奏陳，而於東省之存亡，外交之得失關

〔註 56〕《錫良遺稿》，頁 959～960，〈籌借外債議築鐵路摺〉，*Straight Dairy*, Sept. 20 & 23, 1909, Straight to J. P. Morgon & Co., Sept. 23, *Striget Papers*, cited in Vevier, C.,op. cit., p.131。

〔註 57〕Croly, H., op. cit., PP. 303～304, October 3, 1909, Straight to Morgan & Co.

> 繫最鉅，未便形之前摺，看不能不密陳於皇上之前者。蓋東三省經中日、日俄戰後，危而復存者，類由於列強牽制之力。然日人善其外交權術，疊與英法俄國聯盟外，假開通門户之説，實以肆其隱佔之謀，勢力之愈侵愈偪，本年安奉鐵路正與協商，遽倡這自由行動，迨中日約成，海陸包圍，機局更愈迫愈緊。俄則日思報復，經營北滿，窺測蒙疆，境上屯兵常十數萬。此外各國亦鷹瞵虎視，待兩國之舉動如何，以定其趨向。牽連全局，豈惟東省一隅。幸有此錦州至璦琿一路，連貫二千餘里，内與並駕齊驅，兼以顧京師右臂；是東省生路只此錦璦一條，東省生機只有均權一法。……適美國以日人壟斷滿洲，彼之商務遭其損失，積憤不平，欲以投資，均其利益。臣等恰於此時議設錦璦鐵路，該國商人允以鉅款貸我。又因英與日同盟，必須聯英入股，以杜英人之牽掣，遂合爲英美公司共貸此款。此雖名爲商路，實含有政治外交之策。蓋無論我今日無款，即款有餘裕，而國力未張，能保此時不出而干涉？即不干涉，能保其永不相侵？並恐一切礦產、森林，終非我有。是借款者，乃兼借其勢力，彼以勢力換我利權，我即借其勢力以鞏疆圉。該團代表司戴德與臣等面商之時，即云此次借款與内省不同，實有外交上莫大關繫。蓋彼深知資本必大，勢力始均，然後能與日俄相抗，而東三省亦即藉以自存。……是錦璦鐵路一議，在我之主腦，實在救亡，非僅興利已也。
>
> 臣等自顧庸愚，膺茲重任，上思根本重地，祖宗締造之艱難，下念豐鎬舊部，人民生聚之繁盛，觸目殷優，莫如所居，舍此一策，別無他術。臣等前次所以先與畫押者，事機所迫，不得已也，否則日久變生，將有第三國要求加入，恐蹈粤漢鐵路之覆轍。〔註 58〕

而當時司戴德亦認爲：「既然總督甘冒此險，我若於此時拒絕，恐將引起誤會，致功敗垂成」，因此也就不待訓令，當機立斷，迅即簽字。〔註 59〕

10 月 6 日（八月二十三日），司戴德又趕赴北京與法倫許簽訂美銀行團與保齡公司，關於錦璦路合同備忘錄，其要點如下：

1. 美銀行團至少可得鐵路合同造價的百分之 2.5。

〔註 58〕《錫良遺稿》，奏稿卷 7，頁 1008～1009，宣統元年十月三十日，〈密陳借款修築錦璦鐵路片〉。

〔註 59〕同註 57。

2. 器材至少一半購自歐洲，一半購自美國。

3. 美銀行團可推薦美國工程師。〔註60〕

美銀行團雖不反對司氏所訂的草合同，且贊佩司氏的果決，但卻決定在湖廣路借款未獲協議之前，將不採取進一步行動或其他步驟。〔註61〕

此項草合同對中國而言，尚屬無害，且中國仍操主動之權，美銀行團取得投資權，英保齡公司取得承修權，此種合英美之力，以抵制日俄之勢力，確爲佳策。

惟是時中國正值倡議收回路權運動時期。〔註62〕清廷於接獲錫良等12月2日（八月十九日）之草合同奏摺後，即命「著外務部、度支部、郵傳部會同該督撫妥議具奏」。〔註63〕11月24日（十月十二日），外度郵三部聯合密奏，認爲東三省督撫統籌不周，草合同訂得太草率，且侵損利權。

> 臣等公同熟商，竊以東省而不借款則已，如其借款，則爲一隅計，爲一端計，何如爲全局計？以東省地大物博，所有森林、礦產、屯墾、工藝、畜牧、漁業等事，皆爲本計要圖，當與鐵路兼營而併進。使有鐵路而不興實業，無論此路之有與否，而先無以爲養路之資。使興實業而不修鐵路，無論各業之發達與否，而先無以爲輸貨之地。然使欲興實業修鐵路。無銀行以立之基礎，而握其樞紐，則一切交通貿易，補助儲蓄，其機關必不能靈活，其事業皆莫振興。是開設銀行，並爲不可缺之舉。而綜是數者，而宏財絀，要非借款不爲功。顧借款尚易，而所以籌還此款則難，所以善用此款則尤難，該督撫於借款之先，必熟計某人可任以理財，某人可倚以辦事，一事約需款幾何，數事共需款幾何，某項物產可暫資抵押，某項事業可預操其贏餘，某項進款可分還其本息，至若干年而事效大著，又若干年而借款清償，靡不一一成算在胸。然後再將借款合同取益防損，折衷至當，斯有利無弊，而借款亦何致爲舉世詬病？至該督撫

〔註60〕*U.S. Foreign Relations,* 1910, PP. 233～234, October 6, 1910. Chargé Fletcher to the Secretary of State, Inclosure 1, Memorandum of Agreement between the American Group and Pauling & Co.

〔註61〕Croly, H., op. cit., PP. 305～306, November 6, 1909. H.P. Davison to Straight; *Straight Papers*, October 8 & 22, 1909, J.P. Morgan & Co. to Straight, cited in Vevier, C., op. cit., P. 132.

〔註62〕李國祁，《中國早期的鐵路經營》，頁3。

〔註63〕同註56。

原訂合同，如路事由該公司經理，公司由中英美三國聯絡而成，暨提餘利百分之十等款，均侵損利權，未便照准。請飭下該督撫，將原立合同即行作廢，一面將臣等所指上項各節，通盤審計，果能確有把握，應需借款，仍隨時咨商部臣，妥籌辦理，以期內外協謀，規畫盡善，俾權利免至於外溢，……謹合詞恭摺密陳，伏乞皇上聖鑒訓示。〔註 64〕

清廷乃命錫良，程德全另行籌議。〔註 65〕12 月 12 日（十月三十日）錫良等再上「籌借外款遵照部議妥籌辦法摺」力爭：

夫築路之舉，他省因在興利，固當謀出萬全。東省所爭者，只在早築一日，軌躅交通，國防鞏固。……況乎此路直接京奉幹線，旁達葫蘆島不凍海口，內通蒙口要隘，外扞黑龍江邊陲，形勢極便，百貨更宜流通，斷不至於無利可獲。

臣等遵照部議，通盤籌畫，惟有築路興業二者兼營併進，築路合同或由三部與之直接另議，或即仍交臣籌查照，前次所訂除部臣所指，為侵損利權各條再與該代表悉心磋商，其餘不必作廢，免致坐誤事機。〔註 66〕

中美英聯合修築之錦瑷路計畫，至此竟遭遇中國內部的波折，即使無日俄阻撓，清廷能否批准，實亦大有問題。

第三節　錦瑷路的交涉

一、日俄初期的態度

當 1909 年（宣統元年），中美雙方籌議錦瑷路時，外間已有風聞，日本對此事，自極為重視。7 月 13 日（五月二十六日）。桂太郎內閣閣議決定除根本打消新法路計畫外，對中國敷設錦瑷路如需外國資本技師等，日本與他國同樣參加，支持中國修築，此對日本各方面都極為有利，將來還可以俟機於

〔註 64〕《清宣統朝外交史料》，卷 10，頁 42～44，宣統元年十月十二日，〈外度郵三部奏摺〉。徐世昌，《退耕堂政書》，卷 29，頁 8～9。

〔註 65〕同註 64。

〔註 66〕《錫良遺稿》，奏稿卷 7，頁 1006～1007，宣統元年十月三十日，〈籌借外款遵照部議妥籌辦法摺〉。

南滿路一站接連該路，則獲利重大。〔註 67〕於是日本一面派員在彼處常川偵察，並且由日使伊集院彥吉向外務部警告：「不特新法一路與南滿有礙不能承認，即錦洮一路，亦仍在南滿平行線之列，如中國實在有意興修，日本亦必阻止」。〔註 68〕一面由倫敦日使署參議雅麻薩至保齡公司交涉，並提議「若能允准日人同霑其利，建造之時僱用日本工程司，則日本政府當不爲之阻撓」。但事爲保齡公司所拒。〔註 69〕不久，俄使亦致函外務部，質問有無借用英美資本建築錦齊路之舉，外部則告以「該路英美兩國商人願借款興修，惟現正籌商，尚未定議，然此事關繫中國內改，他國人可以不必過問」。〔註 70〕

二、美之推動錦瑷路計畫

由於中美雙方於錦瑷路事遲遲未能定議，美國務卿諾克斯（P. C. Knox）乃以錦瑷路爲基礎向列強提出「東三省鐵路中立計劃」（Proposal for the Neutralization of Mauchuria's Railways）。〔註 71〕11 月 6 日（九月二十四日），諾克斯訓令駐英大使李德（W. Reid）照會英外交部，提議如下：

1. 在門戶開放及機會均等的政策下，以中國爲地主，由國際共同經營東省鐵路。
2. 如上項建議不能完全實行，則由英美兩國以錦瑷爲基礎作外交上之互助，請關係列強友善完成東省商業中立化，共同參加錦瑷路，及將來發展商業所需附屬鐵路之投資與興建，並貸款中國以贖回現存各鐵路，實行中立制度。〔註 72〕

三、英國態度的冷淡

11 月 25 日（十月十三日），英外相葛雷照覆美使李德：關於錦瑷路計畫

〔註 67〕《日本外交年表並主要文書》，卷上，文書，頁 316～317。

〔註 68〕《清宣統朝外交史料》，卷 7，頁 47～48。宣統元年七月十日，〈外部致郵部函〉。

〔註 69〕同註 68，卷 9，頁 4～7，宣統元年七月二十八日，〈使英李經方致外部函〉。

〔註 70〕同註 68，卷 10，頁 4，宣統元年九月十一日，〈外部致俄廓使函〉。

〔註 71〕同註 68，卷 11，頁 40～41，宣統元年十一月二十日，〈美署使費致外部照會〉。*U. S. Foreign Relations*, 1910, PP. 242～243, December 31, 1909 Chargé Fletcher to the Secretary of State; Graves, "An American in Asia." Asia, February, 1921, PP. 162～163, cited in Clyde, P.H., *The International Rivalries in Manchuria*., P. 190.

〔註 72〕*U. S. Foreign Relations*, 1910, PP.234～235, November 6, 1909. The Secretary of State to Reid.

主張「英美兩國應先聯合勸使中國允許日本參加」，而「貸款贖回現存各路使與錦璦路連結的問題，當隨後另行考慮」。〔註 73〕英國此時爲抵制德國勢力的擴張，其在在遠東的政策，正以英日同盟爲基礎，英人投資的新法路都犧牲了，又何必支持美國人發動的錦璦路，其不願爲與美國合作而開罪日本，態度至爲明顯。但美國仍一廂情願，一味尋找英國的支持。

12 月 14 日（十一月二日），諾克斯再訓令善使李德照會英國：「美國將很快訓令駐華、日、俄、法、德等國使節，將此項計畫通知各該國政府」，〔註 74〕次日（十一月三日），美國務院即訓令駐華署使費業齊通知中國：要求考慮日本加入錦璦路，「並催促中國早日批准錦璦路草合同」。〔註 75〕同日，又訓令駐日美使歐卜倫（T. J. O'Brien）向日提出保證：「美準備與英聯合勸使中國同意日本及其他列強參加錦璦路」。〔註 76〕同月 29 日（十一月十七日），英外交部照覆美國：「英國極欲知道其他列強，尤其是俄、日對此事的意見，除訓令駐華公使（朱爾典）聯合美使共同勸使中國允許日本參加錦璦路外，並已向駐英日使徵詢，應以何種方式加入，日本才得滿意」。〔註 77〕但中國對於英美所提邀請日俄等列強參加之事，則持觀望態度。〔註 78〕

1910 年 1 月（宣統元年十一月），英國並決定「在俄國未表明態度之前，將不採取任何行動」。〔註 79〕4 月 27 日（三月十八日），英外相在國會表示：他認爲邀請日本加入，並無不合理之處，他並主張英對錦璦路應持中立態度，直至俄日的反對消除爲止。〔註 80〕

四、日俄法德的態度

日本對於美國所提錦璦路計畫，態度很狡猾，1910 年 1 月（宣統元年十

〔註 73〕Ibid., 1910, PP. 235～236, November 25, 1909. Reid to the Secretary of State.

〔註 74〕Ibid., 1910, P.236. December 14, 1909. The Secretary of State to Reid.

〔註 75〕Ibid., 1910, P.237, December 15, 1909, The Acting Secretary of State to Chargé Fletcher.

〔註 76〕Ibid., 1910, P.237, December 15, 1909. The Acting Secnetary of State to O'Brien.

〔註 77〕Ibid., 1910. P.242, December 30, 1909. Reid to the Socretary of State.

〔註 78〕Ibid., 1910. P.245, January 7, 1910. Chargé Fletcher to the Secretary of State.

〔註 79〕Gooch, G.P. and Temperley, H.W.V., *British Documents on the Origins of the World War*, 1898～1914, Vol. IX, Part II, P.106, January 18, 1910. Harding to Nicolson.

〔註 80〕*U. S. Foreign Relations,* 1910, PP. 268～269, Inclosure, Thursday, June 16, 1910. the London Times; *Parliamentary Debats*, April 27, 1910. V.17, P.426 cited in Clyde, P. H. op. cit., P.191

二月）照覆美國謂：「原則上準備與列強各國同時加入」，但對於「未來的詳細辦法」，則聲明：「保留個別及獨立的意見」。〔註 81〕同時俄國也分別照覆中美兩國，聲明：「錦璦路計畫不僅是在中東路之外另闢新線，且在瑷琿直達俄國領土，其在軍事上及政治上都極爲重要，該路的修建將使中東路在「東蒙」及「北滿」的業務大受限制，俄國對於邀請加入錦璦路的建議，尙須就政治軍事利益及中東路利益的雙重觀點上審愼考慮後，再作決定。〔註 82〕2 月 4 日（宣統元年十二月二十五日），俄首相斯托里賓（Stolypin）並警告駐俄英使尼可森（A. Nicolson）：「錦璦路均修築將嚴重影響俄國經濟軍事利益，因此須與俄國作最詳細的磋商，該路雖有英國資本家的參與，但英國任何支持該路的行動，將會損害英俄協商」。〔註 83〕2 月間，俄國又照會中美兩國，以「錦璦路計畫在軍經方面都有害俄國利益，而且 1899 年（光緒二十五年）中俄曾相約不以他國資本修建北京以北的鐵路」，乃提議「暫罷錦璦路」另「以俄資修築張家口——庫倫——恰克圖的鐵路」。〔註 84〕4 月 18 日（三月九日），美爲取得俄國的支持及照覆俄國，原則上歡迎俄國所提張恰路，並期望俄能重行同意美所提錦璦路計畫」。〔註 85〕卻不知俄國主要在破壞錦璦路，排除英美在東省的勢力並進而將蒙古畫入其勢力範圍。法國對於錦璦路，雖表示願意加入，但仍以俄日是否接受爲准，〔註 86〕可見英日法俄四國步驟之一致。

德國實爲列強之中，唯一贊成美國所提之錦璦路計畫者，1910 年 2 月 21 日（宣統二年一月十二日），德國照覆美國，以此項計畫與門戶開放政策相符，

〔註 81〕*U. S. Foreign Relations*, 1910 P.252, January 24, 1910, O'Brien to the Secretary of State.

〔註 82〕《清宣統朝外交史科》，卷 12，頁 48，俄曆 1910 年 2 月 8 日，〈俄使廓致慶親至書〉。
U. S. Foreign Relations, 1910, P.250, January 21, 1910. Rockhill to the Secretary of States.

〔註 83〕Gooch, G. P. and Temperley, H.W.V., *British Documents of the Origins of the World War*, 1898～1914, Vol.IX, Part II, P.116, February 4, 1910, Nicolson to Grey.

〔註 84〕《清宣統外交史科》，卷 12，頁 49～50，俄曆 1910 年 3 月 6 日，〈俄使廓致外部照會〉；*U. S. Freign Relations*, 1910, PP. 261～262, February 24, 1910. Memorandum from the Russian Embassy.

〔註 85〕*U. S. Foreign Relations*, 1910, PP. 264～266, April 18, 1910. Memorandum to the Russian Embassy.

〔註 86〕《清宣統朝外交史科》，卷 12，頁 49，宣統二年正月九日，〈法使馬士理致外部照會〉；*U. S. Foreign Relations*, 1910, P.256, February 4,1910, Bacon to the Secretary of State.

原則上可予同意。〔註 87〕另方面，俄國亦曾要求德國支持其張恰路計畫，但德國以張恰路中國似欲自建，不願利用外資，且此段路線無利可圖，乃拒絕所請。〔註 88〕可惜德國的贊成並無實效，因最主要的英日法俄四國，均持反對態度。

第四節　中國的態度與錦璦路的失敗

一、中國初期的配合

中國於 1909 年 12 月 21 日（宣統元年十一月九日）從美署使費萊齊獲知諾克斯計畫，〔註 89〕外務部隨即表示同意此項辦法之宗旨，並認爲此事關繫東省全局，所議若成，則錦璦一路自可併案辦理。〔註 90〕同月 31 日（十一月十九日），費萊齊又照會外務部，請速定錦璦路事：

> 西十月間所訂錦璦鐵路借款建築行駛等事之草約，業經畫押，今美國政府重視此事，以爲於將來統併之大局有最切之關繫，……（若）錦璦之局既成，則按此約可令該公司出頭，以集各國之資，而築各處之路，……即將來歸併之大局亦視乎錦璦一路而爲之基礎也，貴國政府於錦璦路事，亦以爲然否，並能飭令照行否，如承允諾，美國政府自樂於聞命也。〔註 91〕

嗣又面交美政府來電稱：

> 贖回滿州各鐵路一事，於中國關繫甚大，此議之成，全視中國早日將錦璦路草合同批准宣佈。〔註 92〕

1910 年 1 月 12 日（宣統元年十二月二日），外務部致函度支，郵傳兩部

〔註 87〕*U. S. Foreign Relations*, 1910, P.261, February 23, 1910, Mill to the Secretary of State, Inclosure 1. Note Verbale & Inclosure 2. Memorandum.

〔註 88〕王光祈譯，《美國與滿洲問題》，頁 62。

〔註 89〕*U. S. Foreign Relations*, 1910. PP.240～241, December 21, 1909, Charge' Fletcher to the Secretary of State.
《清宣統朝外交史料》，卷 12，頁 19～20，宣統元年十二月二日，〈外部致度郵兩部函〉。

〔註 90〕《清宣統朝外交史料》，卷 12，頁 19～20。

〔註 91〕同註 90，卷 11，頁 40～41，宣統元年十一月二十日，〈美署使費致外部照會〉。
U. S. Foreign Relations, 1910, PP. 242～245, December 31, 1909, Charge' Fletcher to the Secretary of State.

〔註 92〕同註 90。

表示：「東省情形日急，非統籌全局不足以資補救，籌築錦瑷一路爲目下至爲切要之圖，果能妥改合同，似不能不准其續與定議。……本部亦如錦瑷即成，未必足以鞏固國防，希圖厚利，惟東省情事與內地不同，內地借款造路只爲商務利益起見，東省則重在利用各國之勢力，互相牽制，以期保我利權，尤必直達瑷琿，庶三省可以聯貫，氣勢可期雄厚，果如美政府所云，得此憑藉，可以仗義執言，益資我助，於大局裨益實非淺鮮。……現擬先將東省督撫一摺，從速議覆，除函致度支部，郵傳部外，貴部蓋慮周密，務希詳細函覆，以便擬稿會同具奏」。〔註93〕同月16日（十二月六日），郵傳部函覆外務部亦表示同意外務部之見解，並認爲：「現在機局如此，允宜先將錦瑷路借款築路事宜從速議覆，惟草合同第六款所載，該公司應由中英美三國人聯絡而成等語，係屬三國合辦，非由中國借款自辦，將來易生窒礙，此爲本原之病，其用人購料等事，有未盡合宜之處，係屬枝葉之病，詳細磋磨恐費時日，倘能聲明先定借款築路大綱，合同隨後商改，自應早日擬稿會同入奏」。〔註94〕1月20日（宣統元年十二月十日），外務、度支、郵傳三部會奏，議覆借英美款興築錦瑷路事：

> 前後該督以興辦實業，在先營鐵路，有鐵路爲運輸，將來籌還本息，即以森林煤礦墾收之餘利歸償，當不致無著，是該省建修此路，其借款本息，仍由該省自行籌還，所陳各節均中肯要，自不應置爲緩圖，應即准如所請，仍由該督撫與美國銀行代表接續商議借款修路辦法，原立合同多有損失權利之處，應由該督撫仿照各省借款修路之最善辦法，取益防損，悉心改計，先行分次臣部核定後，再爲簽押，以資接洽而昭愼重。〔註95〕

次日（十二月十一日），外務部並將批准錦瑷路草合同之事通知美署使費萊齊。〔註96〕1月28日（宣統元年十二月十八日），外務部並照會費使：「此項草合同內，尚有未妥應行改訂之處，應仍由東督等與美銀公司代表詳細妥

〔註93〕《清宣統朝外交史料》，卷12，頁20～21，宣統元年十二月二日，〈外部致度郵兩部函〉。

〔註94〕同註93，卷12，頁24，宣統元年十二月六日，〈郵部致外部函〉。

〔註95〕同註93，卷12，頁35，宣統元年十二月十日，〈外度郵三部會奏摺〉；《宣統政紀實錄》，卷27，頁12；*U.S. Foreign Relations*, 1910, P.246, January 20, 1910. Charge' Fletcher to the Secretary of State.

〔註96〕*U.S. Foreign Relations*, 1910, P.248, January 21, 1910, Charge' Fletcher to the Secretary of State.

爲商訂」。〔註 97〕錦璦路事至此看來似乎已露出一線之生機。

二、日俄對中國的恫嚇

美國勢力所籠罩的錦璦路如完成，將因而促成東三省與蒙古的繁榮，以及中國的強盛，實爲俄日兩國所不願，但因美國已依法取得錦璦路權，可不顧俄日的反對全力興修，俄日爲達到其阻止錦璦路的目的，並避免與美國正面衝突，乃聯合向中國施加壓力，使中國不敢讓美國進行修路。1910 年 1 月 31 日（宣統元年十二月二十一日），日使伊集院彥吉向中國提出警告：「此路關繫日本利益甚大，故無論中國作何主見，應先聽本國（日本）核准，倘使本國竟爲所蒙，或不關照本國，則兩國邦交之險實令人難以預算」。〔註 98〕2 月 14 日（宣統二年正月五日）又照會中國，要求承辦錦璦路，或使該路與南滿路連接。〔註 99〕日本雖一面恫嚇，但仍可有條件的參加。俄國則根本反對錦璦路，二月間俄使廓索維慈（I. J. Korostovetz）曾一再向中國警告：「錦璦路之事，非先與俄國商議，萬勿從事，不然則兩國邦交諸多窒礙」。〔註 100〕

三、中國的躊躇不前

日俄對中國的恫嚇果然奏效，1910 年 2 月 12 日（宣統二年正月三日），當東督錫良擬派鄭孝胥與鄧邦述等赴津與司戴德會商詳細合同時。〔註 101〕外務部即於 3 月 12 日（二月二日）電告東督錫良等，以「日俄兩國來照要求甚多，其餘各國意見尚未得實」，認爲「合同應從緩議，鄭鄧兩司暫可不必赴津」。〔註 102〕錫良大不以爲然，翌日（二月三日）即上電力爭。〔註 103〕3 月 14 日（二月四日），外務再電錫良等：「日俄來照於我，……詞意斬截，斷難容我空言辯

〔註 97〕《清宣統朝外交史料》，卷 12，頁 39，宣統元年十二月十七日，〈外部覆美使費照會〉。

〔註 98〕同註 97，卷 12，頁 47，宣統元年十二月二十一日，〈日使伊集院致外部照會〉。

〔註 99〕同註 97，卷 12，頁 48～49，宣統二年正月五日，〈日使伊集院致外部照會〉。

〔註 100〕同註 97，卷 12，頁 47～48，俄曆 1910 年 2 月 2 日，〈俄使廓致外部照會〉；四日，俄使廓致慶親函。

〔註 101〕《宣統朝中日交涉史料》，卷 4，頁 15～16，宣統二年正月二十九日到收發電檔，〈東督致郵部外部農工商部電〉。

〔註 102〕同註 101，卷 4，頁 16，宣統二年二月二日，〈外部致東督電〉。

〔註 103〕同註 101，卷 4，頁 16～17，宣統二年二月三日，東督致外部電；《清宣統朝外交史料》，卷 13，頁 34。

駁，……恃有他國扶助，即可操切從事，若不待商妥，遽派員與司戴德接議詳細合同，恐將來美為保護商人利益，出而爭執，則我更面面失據，無從應付，此事關係重大，仍希望飭令鄭、鄧兩司緩與提議，免致後悔」。〔註 104〕翌日，錫良程德全電覆外務部：「日俄抗議自在意中」，「我受兩強夾擠，氣息欲絕，尋出一線生路，稍可圖存」、「滿洲開放，彼所常言，何竟違背？尚乞大部設法主持以維邊局」，仍派鄭、鄧兩司化赴津。〔註 105〕4 月 26 日（三月十七日），鄭、鄧兩化在天津與司戴德終議妥一正式合同。〔註 106〕

四、司戴德及錫良的最後活動

在錦璦路正式合同尚未議妥之前，司氏已準備好動身前往聖彼得堡，因他認為除非能先消除俄國的反對，中國將不會採取任何行動」。〔註 107〕4 月 28 日（三月十九日），在正式合同議妥後的第二日，司氏即起啓赴歐，6 月 20 日（五月十四日），行抵聖彼得堡，途中司氏曾致函東督錫良，如其與俄國議妥，美資本家將立派工程師來華，〔註 108〕6 月 22 日（五月十六日），錫良乃致電樞垣外務度支郵傳三部，懇速核示借款包工合同。〔註 109〕同月 26 日（五月二十日），外部密覆錫良，錦璦路事日俄如不干預，其借款包工合同即由尊處酌辦理。〔註 110〕但另方面司氏在俄京與俄國政要的磋商不但不如意，還迭遭奚落，〔註 111〕司氏想消除俄對華的威脅也因告失敗，6 月 26 日（五月二十日），司氏離聖彼得堡返美，但他仍計畫努力勸使中國批准業已議妥的錦璦路正式合同，並先行修築第一段從錦州至洮南府的鐵路，因此路不在俄人勢力範圍，

〔註 104〕同註 101，卷 4，頁 16～17，宣統二年二月四日，〈外部致東督等電〉；《清宣統朝外交史料》，卷 13，頁 35。

〔註 105〕同註 101，卷 4，頁 17，宣統二年二月五日，〈東督錫良等致外部電〉；《清宣統朝外交史料》，卷 13，頁 35；《愚齋存稿》，卷 75，頁 21，宣統二年二月二十二日，〈奉天錫清帥來電〉。

〔註 106〕中研院近史所外交部藏「錦璦路檔」，宣統二年三月十七日（1910 年 4 月 26 日），吉林交涉使鄧邦述改定正式合同草稿。
U.S. Foreign Relations, 1916, P.169, April 26, 1910. Charge' Fletcher to the Secretary of State.

〔註 107〕Croly, H., op. cit., PP. 325, April 24, 1910. Straight to Schiff.

〔註 108〕《清宣統朝外交史料》，卷 15，頁 16，宣統二年五月十六日，〈東督錫良致樞垣外度郵等部電〉；《宣統朝中日交涉史料》，卷 5，頁 6。

〔註 109〕同註 108。

〔註 110〕《清宣統朝外交史料》，卷 15，頁 17，宣統二年五月二十日，〈外部覆錫良函〉。

〔註 111〕Croly, H., op. cit., PP. 326～327.

且英人已答應作外交上的支持。〔註 112〕

1910 年 7 月 7 日（宣統二年六月一日），東督錫良以「近來日俄邦交親密，俄軍在我國西北邊界舉動，野心巨測，萬一俄人以全力脅制中國，要求借款代辦張恰鐵路，拒之不易，允之難殊，有進退維谷之勢」，乃奏請：「密速將粵漢借款先行撥爲張恰路之用，趁此事機未竟以前，東之錦瑷，西之張恰，同時並舉，迅雷不及掩耳，使彼無計可施。僅粵漢借款難以移撥，以宜另向美德借款，而以比國包工，則俄人之力必不能阻，此皆境內之事，主權在我，儘可自由，及今不爲，必有後悔無及之日」。〔註 113〕8 月 1 日（六月二十六日），鐵路公司總辦盛宣懷致函東督錫良：「錦瑷鐵路實爲保全要策，然俄日均已赴（外務）部力阻。法使且云，如未與俄日商議之先，莫與他國定奪。英亦庇日，不願認包工爲英利。……此時若仍由外部核奏，非與俄日商定不可，豈但錦洮而已，錦齊且恐杆路，遑論錦瑷。……蓋外交成否合在密速，我與美畫押後，美方能全力庇我，今俄日加約，美德甚忌，若善用之，尚可挽救。……如能面懇濤邸，密奏危殆實情，並與美員商定，公專摺上聞，得旨即畫押，他日由（外務）部調處，雖許張恰路，東省則已得救星，洵邸赴美，再以全力聯之，以連補遲，事在人爲，乞密酌」。〔註 114〕8 月 16 日（七月十二日），錫良乃再上奏：「現在錦瑷路雖未定議，若先修錦洮路一段，俄國與無異議。葫蘆島開闢商港主權在我，亦與他國無關，一俟籌款有著，同時並舉，得寸進尺，固未始非圖存之策也」。〔註 115〕8 月 21 日（七月十七日），駐美公使張蔭棠致電外部：「錦瑷路借款，美願盡力協助，惟盼中國早斷」。〔註 116〕11 月 10 日（十月九日）美英法德四國銀行團在倫敦成立協定，其中並規定美國銀行團對錦瑷路得有獨佔地位。司戴德此時仍欲藉四國銀行團之力，使錦瑷路計畫復活。〔註 117〕

〔註 112〕Straight to J. P. Morgan & Co. June 28, 1912. *National Archives*, Record Group : 59, 893.77/1011. cited in Vevier, C., op. cit., PP. 161～162.

〔註 113〕《清宣統朝外交史料》，卷 15，頁 18，宣統二年六月一日，〈東督致樞垣電〉；《宣統朝中日交料史料》，卷 5，頁 7。

〔註 114〕盛宣懷，《愚齋存稿》，卷 76，頁 6，宣統二年六月二十六日，〈寄奉天錫清帥〉。

〔註 115〕《清宣統外交史料》，卷 16，頁 11～12，宣統二年七月十二日，〈東督錫良奏摺〉；《錫良遺稿》，奏稿卷 7，頁 1184～1186。

〔註 116〕《清宣統朝外交史料》，卷 16，頁 16，宣統二年七月十七日，〈使美張蔭棠致外部電〉；《宣統朝中日交涉史料》，卷 5，頁 19。

〔註 117〕Croly, H., op. cit., P.352.

五、錦璦路計畫的失敗

自 7 月 4 日（五月二十八日）日俄訂立第二次協定及密約後，中國面對著日俄兩國強力的壓力，又未能取得英美兩國有效的支持，時英國與日俄關係日親，而美國面對著日俄強烈的反對下，亦不準備以實力支持美銀行團達成其在東三省的目的。〔註 118〕因此清廷始終不敢批准錦璦路正式合同同。錦璦路計畫也因而破滅。

〔註 118〕Ibid., PP.332

第五章　東三省鐵路中立計劃

第一節　塔虎脫的對華政策

美國歷史上大規模擴展海外投資，有三個高潮：即 1898 年（光緒二十五年）——1902 年（光緒二十八年）；1908 年（光緒三十四年）——1915 年（民國 4 年）；1920 年（民國 9 年）——1929 年（民國 18 年）。〔註 1〕而 1909 年 3 月（宣統元年二月），塔虎脫就任總統時，適逢美國歷史上大規模對外投資第二個高潮的開端。〔註 2〕華爾街等美國資本家紛紛對外尋求投資，塔虎脫總統遂積極推動其金元外交政策（Dollar Diplomacy）。所謂金元外交即以金錢代替子彈，美國政府不但鼓勵美資流入那些必須爭取的地位，而且對每一個合法營利的海外公司將予適當的支持。〔註 3〕美國自 1899 年（光緒二十六年），國務卿海約翰提出門戶開放政策以來，執政的共和黨人士，原則上皆認爲美國一切商業活動應由私人推動，政府總是力求避免干預。〔註 4〕美國政府此項政策，直至塔虎脫總統時，才有所改變。

塔虎脫對於遠東的實際接觸，遠較歷屆總統及國務卿爲多，他曾出任菲律賓總督，且到過日本、中國訪問，1907 年（光緒三十三年），曾在上海發表演說，主張對華採取積極政策以維護美國在華的商業利益，並對中國的改革

〔註 1〕State Department of Commerce, Bureau of Freign and Commerce Information Bulletin, No. 731. *American Direct Ivestments in Foreign Countries*, Cited in Griswold, A., *The Far Eastern Policy of the United States*, PP. 133～134.

〔註 2〕塔虎脫任職總統期限是 1909～1913。

〔註 3〕*U.S. Foreign Relations*, 1912, PP. 7～27, December 3, 1912. Annual Message to the Congress.

〔註 4〕Iriye Akira, *Across the Pacific.*（New York, 1967）, PP. 80～81.

與建造寄以重大的同情。〔註5〕在獲選爲美國總統尚未就職之前，曾召見正在美國訪問的中國專使唐紹儀，並謂：

> 此後美國自當盡力協助中國，設有不利於中國之舉動，亦當設法阻止，以助中國發達。〔註6〕

1909年7月15日（宣統元年五月二十八日），塔虎脫總統親自致書清廷攝政王載灃稱：

> 在不影響中國政治和領土完整的原則下，本人對於在開發中國的過程中，利用美資作爲增進中國福利的工具，以發展中國的實業，促進中國的繁榮，實深感興趣。〔註7〕

塔虎脫總統的國務卿諾克斯（P. C. Knox）一向同情大企業家，並熱心關注美國的海外利益，對遠東則力主使門戶開放成爲一項政策。〔註8〕助理國務卿威爾森（Huntington Wilson）和副助理國務卿菲力普（W. Philip）都曾參與司戴德以美資支持中國在東省抵制日本的活動，一他們認爲：「中國尋求外資以發展實業，並欲藉以保持政治上的獨立，則所接受的外資應妥爲分配，免使外資爲任何一國獨佔，且借資中國修築鐵路或發表實業的國家，於中國事務的處理上，將保有卓越的地位。美資的加入，可使美國對中國政治問題有更大的發言權，並可進而保證中國的獨立完整。美國在華商務的發展實爲清除日本在遠東威脅之最佳途徑。美國現已保有菲律賓，如中國爲他國控制，則危險更大，美國一旦被排除於列強的組合之外，後果實不堪設想。在中國保持權力平衡對於東方和平而言，其重要性正如在土耳其保持權力平衡之對歐洲和平一樣。爲了亞洲的權益，我們需要防阻他國對北京建立優越的利益和影響，並阻止美國在華聲望的減退」。〔註9〕

塔虎脫的對華政策是欲藉對華的投資，以經濟性質的手段來促成列強在華的權力平衡，進而保持中國的主權獨立及領土完整，並維護美國的海外利

〔註 5〕*Far Eastern Review,* 20, October, 1907, PP. 141～145, cited in Vivers, C., op. cit., P.59.

〔註 6〕沈祖憲，吳闓生編纂，《容菴弟子記》，卷4，頁29～30。

〔註 7〕*U.S. Foreign Rolations*, 1910, P. 178, July 15, 1909, The President of the U.S. to Prince Chun, Regent of the Chinese Empire.

〔註 8〕H. W. Wriglt, *The American Socretaries of State and Their Diplomacy*. IX. PP. 303～357, cited in Griswold. A., op. cit., P. 135.

〔註 9〕State Department Memorandum, *The Chinese Loan*, September 30, 1909, *Knox Papers*, cited in Griswold, A., op. cit., PP. 144～145.

益，及菲律賓的安全。其與老羅斯福總統的政策目的一致，但在方法上則有所不同，老羅斯福是採取對日安撫政策，而塔虎脫則採取對華積極的投資政策，爲了對華投資而有美國銀行團的成立，以及湖廣路借款的加入，錦瑷路計劃的支持，東省鐵路中立計劃的提議等，皆爲金元外交的具體表現，亦爲美國外交自美西戰爭以來的一大變動。

第二節　美國的提議及其交涉

1909年10月2日（宣統元年八月十八日），東三省總督錫良、奉天巡撫程德全與美銀行團代表司戴德的簽訂錦瑷路草合同，已便美銀行團取得在中國東三省實質的利權，也因而使美國對東三省的未來能有表示意見的機會。〔註10〕同年1月（九月），美國務卿諾克斯即以錦瑷路爲基礎，向各列強提出「東三省鐵路中立化計劃」，即所謂諾克斯中立化計劃。〔註11〕

諾克斯中立化計劃的提示，就美國方面的資料所顯示，其主動是來自司戴德，此外助理國務卿威爾森、國務卿諾克斯及總統塔虎脫，都能在實質上各自貢獻其本身的心力。〔註12〕1910年1月10日（宣統元年十一月二十九日），司戴德的日記有謂：「我必須說，我對於此項計劃甚感滿意，因爲這是一個屬於我的計劃，如今終於被提出且付之實施」。〔註13〕但事實上，此項計劃並非純由美國單方面所提議者，當時中國對於此項計劃熱切的態度，實不可忽視。日人德富蘇峰在《桂太郎傳》中認爲：諾克斯計劃是由美國政府秘密與中國親善派官員那相、梁敦彥等「勾結」，經中美合作，期使「滿洲」問題由列國共同解決，因有諾克斯中立化計劃的提出。〔註14〕但仍未能切合內幕眞象。其實當時中國方面，對該項計劃業已醞釀多時，其主要設計者實爲

〔註10〕*U.S. Foreign Relations*, 1910, p. 245, June 6, 1910. Statement given to the Press; Straight "Notes on Harriman" E.T. Williams, "Recollections of W. Straight" *Straight Papers* cited in Vivers, C., op. cit., PP. 141.

〔註11〕《清宣統朝外交史料》，卷11，頁40～41，宣統元年十一月二十日，〈美署使費致外部函〉。
U. S. Foreign Rolations 1910, PP. 242～243, December 31, 1909, Chargé, Fletcher to the Secretary of State; Graves, "An American in Asia" Asia, February, 1921, P. 162～163, cited in Clyde, P. H., op. cit., P. 190.

〔註12〕Croly, H., op. cit., PP. 318～319.

〔註13〕Croly, H., op. cit., P. 320.

〔註14〕德富蘇峰，《公爵桂太郎傳》，坤卷，頁433～435。

袁世凱、徐世昌、唐紹儀、梁士詒等，鑑於當時中國國際地位的低落，如由中國自行提出，則恐於事無補，何況中立化計劃本身需要列強的大力支持，才能獲得保障，而當時美國正熱衷於發展勢力於東三省，因此袁世凱等乃將此項計劃通過司戴德轉達美國政府，而由諾克斯提出。〔註 15〕此爲諾克斯計劃原始動議的淵源，中國實居幕後策動的地位。

1909 年 11 月 6 日（宣統元年九月二十四日），美國務卿諾克斯正式訓令美駐英大使李德照會英國外務部，請對以下兩項提議加以考慮：

第一：以中國爲地主，將東省各鐵路置於一經濟科學及公正管理的機構下，由關係列強共同承購股票，投資借款期間，關係列強對該機構有監督之權，僱員購料等利益，亦由關係列強共享，此項計劃的實行，需由東省現存各鐵路的享有者及讓與者——中國、日本及俄國的合作，英美兩國因錦瑷路合同的關係，具有特殊利益，亦應參加。

第二：如上項建議不能完全實行，則由英美兩國以錦瑷路爲基礎，作外交上的互助，請關係列強友善地完成東省商業中立化，共同參加錦瑷路，及將來發展商業所需附屬鐵路之投資與興建，並貸款中國以贖回現存各鐵路，實施中立制度。〔註 16〕

諾氏並認爲此項計劃在「實際運用門戶開放及機會均等的政策下，是保障中國不受妨礙，保持其在東省政治權利不受干預，並且促進這些省份發展的最佳途徑」。且「此項計劃的完成可免除銀行家與中國政府直接交涉的紛擾，並可以促進各國在華的共同利益，協助中國政府改革其急需的財政和幣制問題」。〔註 17〕

可惜英國此時並不同意諾克斯計劃，11 月 25 日（十月十三日），英國外相葛雷照覆美使李德：「英國政府在保持門戶開放和機會均等的範圍內，完全贊成貴政府提議中等一項所述的一般原則」，但「在湖廣路借款交涉完成之前，承辦中國鐵路之其他國際借款問題，似不必急於考慮」，「現時無論如何，應將第一項計劃展期考慮，較爲賢明」。〔註 18〕但美國務卿諾克斯並不以爲

〔註 15〕參見《三水梁燕孫先生年譜》，下冊，頁 141～142。

〔註 16〕*U.S. Foreign Rolations*, 1910. PP. 234～235, November 6, 1909. The Secretary of State to Reid.

〔註 17〕Ibid.

〔註 18〕Ibid., 1910, PP. 235～236, November 25, 1909, Reid to the Secsetary of State

然，12 月 14 日（十一月二日），再訓令李德照會英國：「東省鐵路中立計劃甚爲重要，應及早進行，不必等湖廣路借款交涉的解決」，「英美兩國應先同意此項計劃，然後再請關係列強考慮，以獲其協助」。〔註 19〕12 月 19 日（十一月七日），英國外交部助理次官（Assistant Under: secretary）藍格萊（W. Langley）照覆李德：「英國極欲知道其他列強，尤其是日俄對此項計劃的意見」。〔註 20〕英國此種答覆，等於拒絕了美國的提議。

美國既不獲英國的支持，乃由國務院於 1910 年 1 月 16 日（宣統元年十一月二十五日）自行發表一項聲明，以爭取國際重視，此項聲明首先說明諾克斯計劃的內容及其意義，並對其未來的展望表示樂觀，同時宣佈「英國已原則上同意此項計劃」，「有多種理由相信，俄國將善加考慮此項計劃，中國及德國已虔誠地表示同意，又來自可靠的消息顯示，日本也可能贊同」。〔註 21〕

英國之所以婉拒全力支持美國，實與日俄戰爭國際形勢的重大變化有關。國家的利益往往可以左右一國的外交政策，英國尤然，自 1905 年（光緒三十一年）俄國戰敗之後，英國傳統的反俄政策，已形緩和，兩國利益的衝突，似可重行調整。而此時德國正以嶄新的姿態出現歐洲，英德在市場，殖民地等方面競爭，日愈激烈，尤其是德國的積極擴充海軍更使英國憂懼，爲了防德，迫使英國不得不擺脫其傳統的「光榮孤立」政策，而與舊日的對頭——法俄聯盟，1907 年（光緒三十三年），英法俄終於完成三國協約（Triple Ertente）。〔註 22〕

英國在歐洲爲爭取俄國的友誼，對於諾克斯計劃和錦璦路計劃，則堅持在未得俄國表明態度之前，將不採取任何行動，以博取俄國的歡心。〔註 23〕

Inclosure, November 25, 1909. The Minister of Foreign Affairs to Ambassador Reid.

〔註 19〕Ibid., 1910, P. 236. December 14, 1909. The Secretary of State to Reid.

〔註 20〕Ibid., 1910, P. 242. December 30, 1909, Reid to the Secretary of State. Inclosure, December 29, 1909. The Minister of Freign Affairs to Reid.

〔註 21〕Ibid., 1910. PP. 243～245, January 6, 1910. Statement given to the Press.

〔註 22〕Gooch, G.P., *History of Modern Europe*, 1878～1919, PP. 337～368, & 396～397; Zaras Steiner, *The Foreign Office and Foreign Policy, 1898～1914*, PP. 86～88 & 124.

〔註 23〕1910 年 1 月 18 日，英外交部常任次官（Permanent Under-Secretary）哈丁吉（Hardinge）致函英駐俄大使尼可森（A. Nicolson）：「我希望（俄外相）伊斯瓦爾斯基對我們關於諾克斯計劃和錦璦計劃所持的態度能感到滿意，美國去年的最後幾天中，對我們逼得很緊，但我們堅持並決定不採取任何行動，直至我們從貴處得知俄國態度爲止」。

在遠東，英國因始終擔心英德遲早會發生戰爭，故對英日同盟極爲重視、認爲英日同盟可在萬一戰爭爆發時，使英國得到絕大的保障。〔註 24〕因此英國外相葛雷並進一步認爲「此一同盟實有待加強的必要」。〔註25〕1909 年 12 月 10 日（宣統元正十月八日），英陸軍元帥吉青納（Kitchener）甚且主張：「英在遠東應盡速與日達成最密切的關係，瀋陽以南應歸日本，始足以維持未來遠東的和平」，〔註26〕英國至此已充分表明其不想在東三省尋求特殊利益的態度。1910 年 6 月（宣統二年五月），英國外相葛雷在國會答覆議員質詢時，曾一再表示：英將繼續維持 1899 年（光緒二十五年）的英俄協定，朴資茅斯和約以及小村條款（即所謂「秘密議定書」）。他並一再否認在中國所達成的勢力範圍原則已被毀棄。〔註 27〕可見英國的政策已大爲改變，並已毀棄其門戶開放與機會均等的原則，重行恢復其勢力範圍的觀念。

日本方面，自 1905 年（光緒三十一年）日俄戰後，日本躊躇滿志，以東亞主人自居，不可一世，加上英日二次定盟、日法協約、日俄第一協約及密約的成立，日本與列強之間皆已有勾結，益爲增長其侵略的兇焰，乃力謀對中國直接施以壓迫。1906 年 6 月（光緒三十二年閏四月），成立「南滿鐵道株式會社」後，經營鐵路便成爲其侵略東三省，滲透內蒙的主要政策。〔註 28〕而南滿鐵道株式會社即爲主持此一侵略政策的大本營。〔註 29〕因此對於他國投資東三省鐵路，或中國發展東三省鐵路，等計劃自全心盡力加以阻撓。1906（光緒三十二年）——1909（光緒三十五年）年間，日本更從倫敦募得六百萬鎊的南滿借款，〔註 30〕資金已相當充裕，日本自不會輕易放棄其既得的南

Gooch, G.P. and Temperloy, H. W. V., *British Documents on the Origins of the World War, 1898～1914*, Vol. IX, Part II, P. 106, January 18, 1910.Hardinge to Nicolson.

〔註 24〕1909 年 6 月 14 日，英駐日大使竇納樂致函外相葛雷：「日本極忠於英日同盟，我們也可因而獲得堅定的盟友，尤其在局勢緊張及困擾之時，隨時都有助於我」。見 *British Documents on the Origins of the World War, 1898～1914.* Vol. VIII, PP. 469～470, June 14, 1909, C. MacDonald to E. Grey.

〔註 25〕Ibid., Vol. VIII. PP. 470～471, June 29, 1909, E. Grey to Rumbold.

〔註 26〕Ibid., Vol. VIII. PP. 472～473, December 10. 1909, C. MacDonald to E. Grey.

〔註 27〕*U. S. Foreign Relations*, 1910, PP. 267～269, June 17, 1910 Reid to the Secretary of State, Inclosure, June 16, 1910. *London Times*.

〔註 28〕參見安藤彥太郎，《滿鐵》，序說；鶴見祐輔，《後藤新平》，卷 2，頁 651。

〔註 29〕東亞同文會中島眞雄編，《對支回顧錄》，卷上，頁 463。

〔註 30〕Nish, I. H., *The Anglo-Japanese Alliance, 1894～1907*, P.349.

滿路而加入諾克斯中立計劃。時法駐日大使施蘭德（Auguste Gerard）曾以美國的提案探詢日外相小村之意見，小村答以：「日本在東三省的地位是根據國際條約而得，此種權利是由於日本士兵流血而來，日本政府實無權將其放棄」。〔註31〕

由此日本的拒絕諾克斯計劃已在預料之中，1910年1月8日（宣統元年十一月二十七日），駐日美使歐卜倫已先行電告國務院：「他已間接自首相桂太郎處獲知日本將拒絕去年12月18（美國）的提案」。〔註32〕同月21日（宣統元年十二月十一日），日外相小村正式照覆美使歐卜倫，表示反對美國的提案，並說明日本拒絕的理由：

1. 此項建設與朴資茅斯和約條文相背，該和約旨在建立東三省的永久秩序。朴資茅斯和會所解決的許多困難而且重大的問題中，以鐵路問題爲最困難，而此項規定已於北京條約中經中國承認，南滿路的經營也是根據中國的讓與權而來。
2. 此種特殊制度在中國其他地區從未實行者，而欲適用於東三省，日本不認爲那是必要的或有益的，因爲實行此種制度在經濟上將因責任不明而易於造成不利公眾和損害路政工作。
3. 東三省的日本鐵路區聯帶產生許多日本工商事業，對於這些日本的臣民和大宗的日本資金，日本負有保護之責。〔註33〕

同時諾克斯計劃亦爲俄國所拒絕。俄國自史托里賓（Stolypin）出任首相（1906～1911）後，政治逐漸走上軌道，1908年（光緒三十四年）又自法國取得五萬二千五百萬盧布的大借款，知道除了還清舊債之外，還剩一萬萬盧布，所以決定速修阿穆爾鐵路，〔註34〕並停止東清路出售計劃，而此時又適逢1905年日俄戰後的第一個豐收年。〔註35〕俄國財政上的困境既已解除。要

〔註31〕王光祈譯，《美國與滿洲問題》，頁49。

〔註32〕*U. S. Foreign Relations*, 1910, P.245, January 8, 1910. O'Brien to the Secretary of State.

〔註33〕Ibid., 1910. PP.250～252, January 24, 1910. O'Brien to the Secretary of State, Inclosure, January 21, 1910. The Minister for Foreign Affairs to O'Brien.

〔註34〕由赤塔起至海參威止，沿「北滿」邊境所築之鐵路，即所謂黑龍江鐵路，其目的在一旦戰事發生，中東鐵路失守或不能用時，可得一安全抵達遠東之路線，此一鐵路費用至鉅，1908年開始修築，至1916年完成。見戴林著, 周肇譯，《俄國侵略遠東史（Dallin, D. J., *The Rise of Russia in Asia*）》，頁91～92。

〔註35〕羅曼諾夫著，民耿譯，《帝俄侵略滿洲史》，頁22、497。

其放棄東清路而加入諾克斯計劃自非易事。時俄沙皇及軍方皆爲反對接受美國提案的主力。〔註 36〕而外相伊斯瓦爾斯基更認爲此項計劃「未免太幼稚，日本必不贊成，俄國亦沒有理由參加這種對日的示威」，且「俄國對其在東亞的地位曾犧牲了很多的金錢生命，如接受美國的提案，實無異將此地位根本放棄」。〔註 37〕因此乃與日本同時於 1910 年 1 月 21 日（宣統元年十二月十一日）提出反對的照會。俄國照覆美使柔克義時，且斷然表示：「現時並無威脅（中國）主權或東三省門戶開放政策之事」，「東三省鐵路如實施美國所提議的國際共管，將嚴重損害俄國公私兩方的利益」，「中東路是西伯利亞鐵路完整的一部分，而西伯利亞又是聯貫西歐和遠東的大動脈，因此俄國無論如何必定保障其對中東路的投資」。〔註 38〕

清季法國在華的利益，於列強之中實次於英日美俄，而在德國之上，故無論政治或經濟而言，法國的態度仍有其份量。〔註 39〕1907 年（光緒三十三年），日法成立協定，同時法俄關係一向親密，面對著德國強大的壓力，法國在歐洲須得俄國的協助，或爲法國政策決定的因素，因此對於諾克斯計劃，法國認爲「日俄兩國在東三省的地位，是根據條約而來，且已形成國際法的一部分，故對東省鐵路中立計劃，非俟日俄兩國贊同，法國不能加入」。〔註 40〕

贊成諾克斯計劃者，只有中、德兩國。中國對於此項計劃，因亦爲幕後發起者之一，因此在 1909 年 12 月 21 日（宣統元年十一月九日）接到美署使費萊齊的照會時，〔註 41〕外務部即告以：

> 中國對於此項辦法宗旨，實已同意，惟此事關繫重大，將來商議詳細節目時，仍須審度所擬與中國主權有無妨礙，且事關中國路政財政，尚須與度支、郵傳兩部會商，如果有礙主權，或爲財力有限，即當作爲罷論。〔註 42〕

〔註 36〕王光祈譯，前引書，頁 23。

〔註 37〕同註 36，頁 28。

〔註 38〕*U. S. Foreign Relations* 1910, PP. 248～250, January 22, 1910. Rockhill to Secretary of State, Inclosure, Aide-Me'moire.

〔註 39〕陳三井，《法國與辛亥革命》，中研院近史所集刊，第 2 期，頁 238。

〔註 40〕*U. S. Foreign Relations*, 1910. P.261, February 4, 1910. Bacon to the Secretary of State.

〔註 41〕《清宣統朝外交史料》，卷 12，頁 19～20，宣統元年十二月二日，〈外部致度郵兩部函〉。*U. S. Foreign Relations*, 1910, PP. 240～241, December 21, 1909, Charge' Fletcher to the Secretary of State.

〔註 42〕同註 41，卷 12，頁 19～21，宣統元年十二月二日，〈外部致度郵兩部函〉。

外務部且於 1910 年 1 月 12 日（宣統元年十二月二日）進一步對度支、郵傳兩部表示：

> 美國倡議聯合各國共辦東省鐵路，此事果底於成，不但中國行政權不致再有障礙，且各國利益既平，則日俄固無從爭雄，英美亦不致壟斷，以現在東省情形論，計亦無有逾於此者。惟茲事體大，中國固不便提議於各國，即美與各國磋商，亦非旦夕所可成或因他國不能同意，致此事竟成劃餅，亦難逆料，而我國對於東三省之辦法，當立於主動地位，不當立被動地位，一切措施，應先自定方針，以圖進取。〔註 43〕

同月 16 日（十二月六日），郵傳部函覆外務部時亦認爲：此項計劃確是「排難解紛的方法」。〔註 44〕

至於德國因具在歐洲與英法俄三國持對立狀態，且因德國在華商業的迅速發展，「德國所注意者，乃中國的購買力，因而深懼中國瓦解」，〔註 45〕由此德國在遠東對日俄的態度，實大致與美國相同。對於諾克斯計劃，德國則表示：「原則上贊同」。〔註 46〕

但是問題的關鍵並不在中德兩國，而在英日法俄四國，何況中國本身並無實力可言，而德國在歐洲也須全力對付英法俄三國，自無暇顧及遠東事務，因此諾克斯計劃，雖有中德兩國的贊成，但事實上對於大局並無多大用處。

第三節　計劃的失敗及其原因

諾克斯中立計劃因遭遇日俄的反對，英法的冷落，已注定失敗的命運，美國務院最初本希望中立計劃或可贏得日俄兩國的接受，以作爲他們表示接受門戶開放政策。假如失敗，亦可暴露他們侵略和僞君子的行爲。〔註 47〕同時美國務院也希望計劃能成功，即使失敗，至少也可把日本從俄國或英國，

〔註 43〕同註 42。

〔註 44〕同註 42，卷 12，頁 24，宣統元年十二月六日，〈郵傳部致外部函〉。

〔註 45〕*International Relations in the Epoch of Imperialism*, Series 2.XX. 271, July 8, 1912。引自戴林著，周肇譯，《帝俄侵略遠東史》，頁 95。

〔註 46〕*U. S. Foreign Relations*, 1910, P.261, February 23, 1910. Hill to the Secretary of State.

〔註 47〕Croly, H., op. cit., P. 323.
「美提議鐵路中立之意，實欲發現俄日政策」，見《清宣統朝外交史料》，宣統二年七月三日，〈使美張蔭棠致外部電〉。

甚至從英俄兩國方面加以隔開。〔註 48〕結果竟大出意料之外，由於美國的外交活動，竟使俄國投入日本的懷抱（日俄二次協定和密約，即緣於此），並也顯示英法願與日俄爲伍。〔註 49〕美國本身反因此而自陷孤立，諾克斯中立計劃遂胎死腹中。

諾克斯計劃之所以失敗，其主要的因素可分三點，試分述如下：

一、缺乏周密的計議

1909 年 10 月底（宣統元年九月中旬），諾克斯曾將其中立計劃通知美國銀行團執行委員戴維森（Henry,P.Davison），但戴維森認爲「最好能等到中國正式批准錦瑷路合同及東省銀行計劃確立後，再提出」，但諾克斯卻不理戴氏的勸告，逕自向英國等列強提出，〔註 50〕可見時機尙未成熟，但諾克斯已將其計劃勉強推出。因此其在外交上的準備，顯然的是不夠周密，甚至對其沿途所遭遇的障礙，事先也未有詳細的計議，難怪司戴德在其致戴維森的函件中曾指出：「在我看來，（諾克斯）中立計劃似乎太粗劣了」。〔註 51〕同時駐日德使在其上柏林的報告中，對於將諾克斯中立計劃的提出，亦認爲是美國務院的鹵莽與缺乏經驗。〔註 52〕由於英法日俄的外交大結合，國際局勢本已對美國不利，加上事先又缺乏周密的計議，諾克斯中立計劃自不易成功。

二、缺乏英國的支持

未能取得英國的全力支持，是整個中立計劃的談判過程中，使美國最感失望者。諾克斯計劃本以尋求英國的支持爲其開端，國務院並認爲，只要能取得英國的合作，即使日俄提出任何阻撓，都將可迎刃而解。〔註 53〕誠然，當時在列強之中，與中國外交，財政關係最深，最強者，實非英國莫屬。〔註 54〕因此英國對華政策的決定與動向，實具有絕對的影響力。當 1899 年（光緒二十五

〔註 48〕Croly, H., op. cit., P. 323.
王光祈譯，前引書，頁 17。

〔註 49〕一般而言，英較傾向於日，法則附俄。

〔註 50〕Straight “Notes on Harriman”, E. T. Williams, “Recollections of W. Straight”, and Davison to straight. November 6, 1909, *Straight Papers*, cited in Vivers, C., op. cit., P.141.

〔註 51〕Croly, H., op. cit., P. 328.

〔註 52〕*Die Grosse Politik der Europaischen Kabinette*, 1871～1914, XXXII. P.92.
引自戴林著，周肇譯，前引書，頁 121，註 10。

〔註 53〕Croly, H., op. cit., P. 311.

〔註 54〕Field, F. V., *American Participation in Chinese Consortiums*, P.42.

年），海約翰提出門戶開放政策時，也因英國的贊助，使列強得以接受。因此諾克斯此時亦想遵循海約翰的步驟，自屬無可厚非，卻不知英國的遠東政策業已大不同於往昔，由於英國面臨德國的挑戰，已不想在東三省另尋特殊利益，更不願得罪日俄兩個盟友，自不能全力支持美國，英國此種表現，實此乎美國意料之外，1910 年 3 月 3 日（宣統二年一月二十三日），可戴德曾致函威爾森表示：「英國所表現的冷淡和觀望態度，最令我感到驚訝」。〔註 55〕同時英國的未能與美國合作，對美國而言，實爲一大打擊，同年三月間，司戴德亦致函戴維森表示：「最悲哀的莫過於英國的未能參加，使我們遭遇整個麻煩」。〔註 56〕英國雖也因而獲得日俄兩國的贊賞。〔註 57〕但其在遠東的表現卻招徠英國臣民的不滿，並因而使英日同盟蒙上了一層陰影。〔註 58〕

三、日俄兩國的取得協議

從日俄兩國都同時在 1910 年 1 月 21 日（宣統元年十二月十一日）對美提出反對的照覆一事，已可看出日俄兩國就諾克斯計劃的對策，業已事先取得協議，據俄國資料所顯示，其主動實來自日本。〔註 59〕日俄兩國雖於 1907 年 7 月 19 日（光緒三十三年六月二日）曾締結第一次協定及密約，但兩國之間仍互存猜忌，日本更是積極備戰以防俄人東山再起。〔註 60〕俄國面對著日本嚴重的威脅，又因本身財力的匱乏以及遠東兵力的不足，實不足對抗日本，因有出售中東路之議。〔註 61〕哈里曼見此良機乃親至歐洲與俄國接洽，但未及達成協議，哈氏旋即病逝，可惜美國銀行團及國務院皆未能繼續哈里曼與俄人交涉的工作，〔註 62〕而一味尋求英國的主持。無疑的，在日俄戰後，俄

〔註 55〕Croly, H., op. cit., PP. 323～324, March 3, 1910, Straight to Huntington Wilson.

〔註 56〕Ibid., PP. 323～324.

〔註 57〕Gooch, G.P. and Temperley, H.W.V., *British Dcuments on the Origins of the World War*, 1898～1914, Vol. VIII. PP. 476～479, February 14, 1910. C. MacDonald to E. Grey. & April 25, 1910. A. Nicolson to E. Grey.

〔註 58〕1911 年 4 月 1 日，日駐英大使加藤致函外相小村表示：「觀英國臣民之情，他們對我國並未具有一如往昔熱忱的感情，動則攻擊日本利用英日同盟謀其自身之利益，反而違背其精神，損害中國領土完整，壟斷東三省利益」。見伊藤正德編，《加藤高明》（傳記編纂委員會幣原喜重郎等刊行，1929 年出版），卷上，頁 633。

〔註 59〕羅曼諾夫著，民耿譯，《帝俄侵略滿洲史》，頁 21～22。

〔註 60〕鶴見祐輔，《後藤新平》，頁 656。

〔註 61〕羅曼諾夫著，民耿譯，前引書，頁 492～493。

〔註 62〕Croly, H., op. cit., P. 311.

國內部必存有一股強大的反日派，因此早在外交活動開始進行之時，美國便應施展其分化政策，即向俄國表示：俄與美合作實要比與日聯盟來得妥當。如此必可贏得俄國的支持，可惜美國務院卻一直未能適時從事與俄作外交上的連繫，倒是日本反而比美國更願與俄國達成協議。〔註 63〕俄國自始對華便存侵略野心，自不關心中國福祉，而且俄國工業一向落後，日俄戰後，工業更形凋敝，如美國順利達成其在華的門戶開放和工商業機會均等政策，俄國不但未能均霑其利益，反而要失去其原先在華所佔有的利益，何況諾克斯計劃中最後的步驟是將路權歸還中國，此對俄國而言，自屬不利。但如與日本達成諒解，則俄國至少可保持其在「北滿」的利權，又可避免日本直接攻擊的危險，此時歐亞非局勢日趨緊張，大戰氣氛迷漫，有一觸即發之勢，俄國為確保其大後方的安全，遂決定與日本達成協議。〔註 64〕也因為俄國在日美兩國中選日本，所以俄國才敢「鄭重地」拒絕諾克斯計劃。〔註 65〕

第四節　日俄的勾結

諾克斯中立計劃旨在打破日俄兩國對東三省利權的獨立局面，結果不但目的未能達成，反而由於美國的外交攻勢，竟意外的促成了日俄兩國的緊密勾結。日未締約之前，德國官方已一再預測：「諾克斯計劃將給與日俄兩國接近的機會」。〔註 66〕在日俄兩國締約的前夕即 1910 年 7 月 2 日（宣統二年五月二十二日），英駐日大使竇納樂曾致函外相葛雷謂：「日外相小村曾在會談中私下告訴他說：『諾克斯所提的東省鐵路中立計劃及美國在華所實行的政策，無疑地，已促使日俄兩國間達成更佳的諒解』。」〔註 67〕日俄兩國締約之後，俄京各報輿論亦咸謂該約為美國創議贖路所激成。〔註 68〕可見諾克斯中立計劃實為促成 7 月 4 日（五月二十八日）日俄兩國在俄京聖彼得堡締結第二次協定及密約的主要因素。〔註 69〕

〔註 63〕Ibid., P.316；羅曼諾夫著，民耿譯，前引書，頁 20～21。
〔註 64〕Croly, H., op. cit., P. 330.
〔註 65〕羅曼諾夫著，民耿譯，前引書，頁 21。
〔註 66〕王光祈，《美國與滿洲問題》，頁 3～4，1909 年 12 月 23 日，德國務總理奏摺；又同書，頁 59-60，1910 年 1 月 31 日，德駐日使館一等秘書致國務總理函。
〔註 67〕Gooch , G.P. and Tempcrley, H.W.V., *British Documents on the Origins of the World War, 1898～1914*, Vol. VII, P. 485, July 2, 1910, C. MacDonald to E. Grey.
〔註 68〕《清宣統朝外交料》，卷 15，頁 25，宣統二年六月七日，〈使俄薩蔭圖致外部電〉。
〔註 69〕德富蘇華，《公爵桂太郎傳》，坤卷，頁 438。

日俄第二次協定共分協約三條，密約六條。協約的目的在使兩國合作以維持現狀，主要規定如下：

1. 兩國合作以求各本國在「滿洲」路政的改良，並免除彼此間有害的競爭。
2. 兩國尊重現時日俄所訂的條約，和日俄與中國所訂的一切條約及其他約定事宜，以維持東三省現狀。
3. 如遇有侵礙此項時局事故，則兩國應隨時彼此商定正當辦法，以維持時局。

密約的目的則在保持兩國的特殊地位和利益，主要規定日俄兩國的特殊利益，如遭受威脅時，彼此同意採取一切防衛辦法。〔註 70〕由此可見兩國無異結爲攻守同盟，並互相保證在「南北滿」的壟斷權，其目標很顯然的，主要是對抗美國。

美國對於日俄的協約，固然反對，當時美國政界咸謂：「東三省從此不得視爲中國疆土。各國均霑利益及保全中國主權之說，竟成具文」。〔註 71〕但在表面上仍不得不加以承認，並委婉地表示：美國「樂於在此新約中」，「見到一種附加的對於遠東和平與安定的保證」。〔註 72〕

英國對於日俄的協約則感到滿意。外相葛雷認爲：「我們對日俄間友好關係的增進，感到滿意，只要不影響對我們有重大利益的東省門戶開放政策，我們歡迎任何有助於和平的友好關係」，「依初步了解，該約並不損害門戶開放」。〔註 73〕同時葛雷亦曾告訴中國駐英公使李經方：「此約伊甚洽意，俄日再有戰爭，不利中國亦不各國，英國但冀遠東太平，洞開門戶，商務利益一體均霑而已」。〔註 74〕

法國因法俄同盟的關係，對於此約，自極表贊成。〔註 75〕

〔註 70〕《日本外交年表並主要文書》，卷上，文書，頁 336～337。

〔註 71〕《清宣統朝外交史料》，卷 16，頁 2、宣統二年七月三日，〈使美張蔭棠致外部電〉。

〔註 72〕*U. S. Foreign Delations*, 1910, P.837, July 30, 1910. Huntington Wilson to Rosen.

〔註 73〕Gooch , G.P. and Tempcrley, H. W. V., op. cit., Vol. VII, PP. 480～481, June 28, 1910, E. Grey to C. MacDonald.

〔註 74〕《清宣統朝外交史料》，卷 15，頁 26，宣統二年六月九日，〈使英李經方致外部電〉。

〔註 75〕同註 74，卷 15，頁 26，宣統二年六月八日，〈使法劉式訓致外部電〉；王光祈譯，《美國與滿洲問題》，頁 88。

德奧兩國因日俄協約成立後，俄必致全力於巴爾幹，因此甚爲擬忌且不悅。〔註 76〕

日俄締結第二次協定及密約後，日俄兩國駐華公使並將協約三款內容通知中國，中國雖明知其中必有密約，且有不利中國之處，但也無可奈何。1910 年 7 月 21 日（宣統二年六月十五日），乃由外務部照覆日俄駐華兩使並通知各國，聲明：

> 此協約日俄既相約重視中日、中俄、日俄各項條約，則於一千九百五年日俄和約所承認中國在東三省主權，顧全列國機會均等，並贊同中國設法振興東三省工商業實業各節，及光緒三十一年中日議訂東三省條約，開放東三省主義均相符合，且更確定。中國政府自應按日俄和約之宗旨，實行中日條約之主義，凡關於中國主權內之行動，各國之機會均等及開發東三省之工商業等事，益當切實維持，朝於大局，均有裨益」。〔註 77〕

時任鐵路公司總辦之盛宣懷認爲日俄既成立協約，將來必後患無窮，力主宜速籌外交良策，並設法聯美以制日俄，1910 年 7 月 30 日（宣統二年六月二十四日），其致「北京姚道福同譯呈洵邸」函件中謂：

> 日俄協約三條之外，聞尚有另約多條，目下合佔利權，將來侵我地土，後患何可勝言，且列強向以均權爲宗旨，日俄如此，竊恐他國生心，邊疆從以多事，豈特海陸軍預備不及，財政困難，商務敗壞，恐憲政亦多掣肘，鄙見宜速籌外交良策，……殿下此次赴美，自宜設法與美廷妥議牽制日俄之策，匡時救國在此一著。〔註 78〕

日俄第二次協定及密約對中國及世局實有很深遠的影響，對中國而言，中國所損失者實較戰時爲鉅，因戰時之損失爲有形的，而且中國在此次協定及密約中的損失，則爲無形的，從此東三省已入日俄的虎口，任其宰割。另一方面，對世局而言，經此協定及密約後，使俄國在東境暫得安定，而無後顧之

〔註 76〕《清宣統朝外交史料》，卷 16，頁 26，宣統二年六月八日，〈使法劉式訓致外務部電〉；又同書，卷 16，頁 28，宣統二年六月九日，〈駐日代辦吳振麟呈外部電〉。

〔註 77〕《清宣統朝外交史料》，卷 15，頁 33，宣統二年六月十五日，〈外部致各省督撫本部照會駐紮各使電〉。

〔註 78〕盛宣懷，《愚齋存稿》，卷 76，頁 6，宣統二年六月二十四日，〈寄北京姚道福同譯呈洵邸〉。

憂，乃全力圖謀爭雄於巴爾幹半島，對第一次世界大戰的釀成，具有深刻的影響。〔註 79〕

〔註 79〕鶴見祐輔，《後藤新平》，卷 2，頁 1221。本書引日本歷史學家夏秋龜一所言，謂俄國復仇之念，至 1908 年後藤新平訪俄之後，因日俄逐漸親善始斷絕，此後俄國力求巴爾幹之發展，成爲第一次世界大戰之契機。

第六章　美國對東三省投資的轉變

第一節　中美幣制實業借款的成立

1910年7月（宣統二年五月），日俄兩國成立協定及密約後，東省大局益岌岌可危，東督錫良處此危局，更是焦慮萬分，認爲：「一兩年後·（日俄兩國）勢力彌滿，東省豈尚爲我有哉？況正約之外，必又有特別之附約，內容雖未探悉，一則合併朝鮮，一則侵佔蒙古，均在意中，禍患之來，不知所屆，夫東三省非他，乃祖宗陵寢所在，而朝廷根本之重地也，此而不保，全局動搖，中國尚能自立乎？雖及今補救。已覺後時，然萬無坐視危亡之理。況以東三省壤地之廣，物產之饒，銳意振興，未始無轉弱爲強之日」。〔註1〕8月16日（七月十二日），錫良乃奏請：

> 商借外債銀二千萬兩，以一千萬兩設立東三省實業銀行，以五百萬兩爲移民興墾之需，以五百萬兩爲開礦築路之用。此等借款，用之於生利之途，不嫌其多，本爲各國所習慣，且厚集洋債，互均勢力，尤與欽奉上年七月初四日諭旨相符，臣擬即商借洋款，俟借妥議訂合同後，即行具奏。惟款由東省商借，非經政府承認，則各國銀行未必樂從，應請准於合同內聲明中國政府擔任字樣，以期見信外人。〔註2〕

〔註1〕《錫良遺稿》，奏稿卷7，頁1184～1186。宣統二年七月十二日，〈東省大局益危密陳管見摺〉；《清宣統朝外交料》，卷16，頁11～12；《清宣統朝中日交涉史料》，卷5，頁18；《宣統政紀實錄》，卷38，頁42～44。

〔註2〕同註1。

摺入清廷命交「外務部，度支部妥速議奏」。〔註3〕

1910年9月5日（宣統二年八月二日）。外務，度支兩部會奏：

現錦璦鐵路久未定議，而時艱日迫，經營實業自不能再事遷延，固圉必先實邊，既庶方可致富，以東省地大物博，倘經理得法。富強可待，何止圖存，該督此次擬借外債銀二千萬兩爲移民興墾之需，以五百萬兩爲開礦築路之用，外資過鉅，雖非良圖，然用之生利之途，非藉爲消耗之用，既爲各國所習見，亦符均勢之本謀，臣部公司商酌，擬即照該督所請，准由東省商借，妥定合同先行分咨臣部核定，再爲畫押。〔註4〕

於是東督錫良乃派員與美國銀行團代表梅諾克（D.A. Menocal）。議借金款。〔註5〕

當東省與美銀行團代表商洽借款之時，郵傳部尙書唐紹儀以錦璦鐵路計劃迄無定議，乃密商於度支部，亦擬以東三省諸稅作擔保，向美國提出幣制改革借款。〔註6〕

按清季，世界各國以銀價變動甚劇，除少數幾國之外，皆已相繼採用金本位制度，但當時中國仍爲用銀之國，而歷年之外債，卻皆以金款計算，因此中外交易每甚感不便。1903年10月8日（光緒二十九年八月十八日），中美續訂商約中之第十三款規定：「中國答應設法統一國幣，以利交易」。〔註7〕1907年（光緒三十三年），唐氏曾向司戴德提議以二千萬美金設立東三省銀行，作爲東省行政經濟總樞紐，以進行築路，改革幣制，發展實業之用，雙方並於8月7日（六月二十九日）簽有備亡錄，惜因美國金融大恐慌爆發，致未能實現。〔註8〕1908年（光緒三十四年），唐氏以特使赴美，雖曾力圖爭

〔註3〕同註1。

〔註4〕《清宣統朝外交史料》，卷16，頁32～34，宣統二年八月二日，度支、外部奏摺；《清宣統朝中日交涉史料》，卷5，頁24～26日；《宣統政紀實錄》，卷38，頁44。

〔註5〕此時司戴德不在北京，由梅諾克出任美國銀行團在遠東之代表。Croly, op. cit., P.346

〔註6〕葉遐庵述，俞誠之筆錄，《太平洋會議前後中國交內幕及其與梁士詒之關係》，頁100～101。

〔註7〕《清季外交史料》，卷175，頁6～9。*U. S. Foreign Relations*, 1912, P.88, Currency Reform and Industrial Development Loans.

〔註8〕請詳見第三章第二節。

取美國退還的庚款，移作開發東省的基金，但因情勢所迫，亦未成功〔註9〕。同年12月（十一月），唐氏又向美國務院提出爲數約二億或三億美金之借款，以改革中國幣制，並廢除釐金，此項提議雖爲坤洛公司所接受，但因當時中國政局動盪不安。事實上，並未能立即開始與美交涉。〔註10〕

1910年5月24日（宣統二年四月十六日），中國正式頒定幣制則例，準備進行幣制改革。〔註11〕6月13日（五月七日），美國向中國駐美公使張蔭棠，表示關切，力促中國對「此項改革運動應盡速實行，不可延遲，且爲使各國安心起見，實有聘請外國專家的必要，且此等專家應在中國完成改革計劃之前敦聘」。〔註12〕

8月17日（七月十三日），盛宣懷受命爲郵傳部侍郎並幫辦度支部幣制改革事宜。〔註13〕盛氏對於此次幣制改革，實深具信心，其於「謝恩摺」中並指出：

> 幣制係財政初基，各國整頓利權無不從幣制入手，現已奉旨釐定規則，自不難次第舉行。〔註14〕

9月22日（八月十九日），盛宣懷奉命向美使嘉樂恒（W. J. Calhoun）探詢：美國銀行家是否願意接受五千萬兩借款，以改革中國幣制，盛氏並透露，願以美國銀行家爲優先對象。〔註15〕美國務院接到此消息後，乃於9月29日（八月二十六日）由美國務卿諾克斯令註華美使嘉樂恒通知中國：

> 美國銀行家早已準備妥當，團務院並盼能早日安排就緒。〔註16〕

10月2日（八月二十九日），度支部尚書戴澤等乃進一步向美使嘉樂恒，提議

〔註9〕請詳見第四章第二節。

〔註10〕*U. S. Foreign Relations*, 1912, P.88, Currency Reform and Industrial Development Loans; Croly, H., op. cit., P.277

〔註11〕《宣統政紀實錄》，卷35，頁1～2；*U. S. Foreign Relations*, 1912, P.88 Currency Reform and Industrial Development Loans.

〔註12〕*U. S. Foreign Relations*, 1912, P.89, June 13, 1910. The Acting Secretary of State to the Chinese Minister.

〔註13〕盛宣懷，《愚齋存稿》，卷15，頁17，宣統二年七月，〈飭回本位並幫辦幣制謝恩摺〉。

〔註14〕同註13。

〔註15〕*U. S. Foreign Relations*, 1912. PP. 89～90, September 22, 1910. The American Minister to the Secretary of State.
盛宣懷，前引書，卷16，頁38，宣統三年三月十七日，〈擬定美英德法四國銀行借款合同摺〉。

〔註16〕*U. S. Foreign Relations*, 1912. P.90 September 29, 1910. The Secretary of State to the American Minister.

增加借款爲五千萬美金，其中兩千萬兩作爲開發東三省基金，載澤等亦表示，只願與美國銀行家商洽。〔註 17〕

向美借款既具眉目，清廷乃命將東三省與美國銀行團所議借金款移歸度支部一併與美使議借，以免兩歧。〔註 18〕由於此項幣制改革及東三省實業借款爲中美兩國之共同願望，因此雙方很快便達成協議。10 月 27 日（七月二十五日），由度支部派左丞陳宗嬀、右丞傅蘭泰爲代表與美國銀行團代表梅諾克在北京簽訂借款草合同，共六款。〔註 19〕主要規定如下：

1. 借款總數不超過美金五千萬元整，利息週年五釐，每一百元准扣五元。
2. 存款提款章程，借款期限若干年，以及分年遞還本利，積聚抵備歸本各項辦法等，俟立詳細合同借約時一同商訂。〔註 20〕

10 月 29 日（七月二十七日），度支部將議借美款及所訂草合同具摺入奏、同日，清廷正式批准。〔註 21〕此項借款是幣制改革及東三省實業借款，簡稱幣制實業借款。

第二節　美國態度的轉變與四國銀行團借款的成立

一、美國態度的轉變

由於美國銀行團在東三省的各項鐵路計劃皆遭遇失敗，使得銀行團內部對於未來在中國的投資事業，意見甚爲分岐，又因國際衝突所帶來的壓力，

〔註 17〕Ibid., 1912. P.90, October 2, 1910. The American Minister to the Secretary of State.

〔註 18〕《清宣統朝外交史料》，卷 17，頁 41～42，宣統二年九月二十五日，〈度支部奏摺〉；《宣統政紀實錄》，卷 42，頁 3 及頁 11。
U. S. Foreign Relations, 1912. P.91. October 6, 1910. The Acting Secretary of State to the American Minister.

〔註 19〕《清宣統朝外交史料》，卷 17，頁 41～42，宣統二年九月二十五日，〈度支部奏摺〉；《宣統政紀實錄》，卷 42，頁 39。
U. S. Foreign Relations, 1912. P.91 Oct. 27, 1910. The American Minister to the Secretary of State.

〔註 20〕《清宣統朝外交史料》，卷 17，頁 42～43，宣統二年九月二十五日，度支部奏摺。《宣統政紀實錄》，卷 42，頁 39。
MacMurray, J., *Treaties and Agrecments with and Concerning China, 1894～1919*, Vol. I. P. 851; Croly, H., op. cit., P.346.

〔註 21〕《清宣統朝外交史料》，卷 17，頁 42，宣統二年九月二十五日，〈度支部奏摺〉；《宣統政紀實錄》，卷 42，頁 39。

致銀行團中之某幾家，甚至準備退出，1910 年 9 月 1 日（宣統二年七月二十八日）。美國銀行團在紐約舉行會議，其中第一國家銀行和花旗銀行本想退出，但因坤洛公司和摩根公司仍願繼續進行，經過一連串冗長的會議之後，銀行國終決定繼續其在北京的業務，但規定應嚴格審核所訂的合同，以儘量避免因美國務院的強硬政策所造成的外交上的絕境，他們不願因為提高其在中國的利益，而迫使美國面臨與歐洲或亞洲國家戰爭的地步，因此 9 月 3 日（七月三十日）。美國銀行團推派戴維森（H. W. Davison）、斯奇夫（Jacob Schiff）和司戴德爲代表與美國務卿諾克斯商談就國務院未來的政策達成諒解。〔註 22〕他們鑑於以往在遠東勢力的孤單，致各項計劃皆未成功，乃傾向於聯合歐洲各國銀行團，欲以國際合作的力量共同推行對華的投資，並藉以維持東三省的門戶開放政策。

當時歐洲方面，英德相爭雖切，但兩國政府皆能相互趨避，絕不輕啓戰端，且時時設法解決其爭端，因此遂因對華津浦鐵路，粵漢鐵路借款於 1909 年 7 月 6 日（宣統元年五月十九日），在倫敦組成英法德經濟同盟，〔註 23〕1910 年 5 月 23 日（宣統二年四月十五日），當英美法德四國銀行團爲湖廣路在巴黎達成協議時〔註 24〕美國銀行團已有意使之成爲永久機構。〔註 25〕因此在同年 10 月 27 日（九月二十五日），中美訂立幣制改革及東三省實業借款草合同後，美國銀行團復欲聯合英國匯豐銀行，德國德華銀行，法國匯理銀行協同辦理。〔註 26〕以抵制日、俄對中國東北的積極侵略。

二、四國銀行團借款的成立

1910 年 10 月 31 日（宣統二年九月二十七日），司戴德自紐約行抵倫敦，開始與英法德三國銀行家交涉關於幣制實業借款。〔註 27〕同時美國務院也分別通知英法德日俄五國、「歡迎各列強給予虔誠的支持」，以完成中國的幣制

〔註 22〕Croly, H., op. cit., PP. 340～343.

〔註 23〕《民國經世文編》，外交，頁 2。
Zaras Steiner, *The Foreign Office and Foreign Policy, 1898～1914*, P. 124; *U.S. Foreign Relations*, 1912, P.88, Currency Reform and Industrial Develepment Loans.

〔註 24〕*U. S. Foreign Relations*, 1912. P.88, Currency Reform and Industrial Development Loans.

〔註 25〕Croly, H., op. cit., P.345

〔註 26〕Ibid., P.350;《愚齋存稿》，卷 16，頁 38～40，宣統三年三月十七日，〈擬定美英德法四國銀行借款合同摺〉。

〔註 27〕Croly, H., op. cit., P.351.

改革。〔註28〕美國並根據1909年7月6日（宣統元年五月十九日）英法德三國銀行團在倫敦所達成的協定，要求三國承受部份債卷的發行，按該倫敦的協定曾規定當事國如與中國進行借款會談時，而中國不願其他兩國加入會談或簽約時，當事國得獨自與中國會談並獨自與中國簽約，其他兩國則必須承擔此項合同債券的發行，〔註29〕但法德兩國則堅持須修改1909年7月6日的倫敦協定，並由四國銀行團共同與簽訂參與中國的最後合同，當1910年11月8～10日（宣統二年十月七～八日），四國銀行團在倫敦會議時，英美兩國銀行團亦同意此項修正，最後美國銀行並獲有一項例外的權利，即對於幣制實業借款，如中國不同意其他三個條約時，美國銀行團得有獨自簽字權。11月11日（十月九日），四國銀行團並在倫敦成立協定，規定對於未來中國的借款，採取共同的行動。〔註30〕

司戴德完成其在歐洲的任務後，即於11月11日（十月九日）動身來華，二十七日（十月二十六日）司氏行抵北京，主要是勸使中國同意英法德三國加入幣制實業借款。〔註31〕由於中國自始即不願英法德三國加該項借款，且不贊成四國銀行團1910年11月11日的倫敦協定，因恐外人成「協同謀我」之局，司氏則勸告中國優先取之，則日俄兩國更欲借款，必無可取之資金，如此實爲抵制日俄侵略，保持中國獨立完整的妙策，〔註32〕此外美國務卿諾克斯亦於1911年1月18日（宣統二年十二月十八日），致函正在美國訪問的時候梁敦彥：「多年來中國所期望的關稅改革，如未經列強的同意，將無法達成其目的，唯有中國承諾四國銀行團借款，中國才能得到列強的合作」。〔註33〕

中國不得已，乃於2月11日（宣統三年一月十三日），同意英法德三國加入，但力主財政顧問如非美國人，則應爲中立國的荷蘭人擔任，〔註34〕此項提議自爲美國同意，美國務院並於二月二十四日（一月二十六日），分別通

〔註28〕*U. S. Foreign Relations*, 1912. PP. 91～92, October 31, 1910, The Acting Secretary of State to the American Ambassador.

〔註29〕Ibid., 1912, P.88, Currency Reform and Industrial Development Loans.

〔註30〕Ibid., 1912. P.92, Notes; Croly, H., op. cit., P.352.

〔註31〕Croly, H., op. cit., P.366.

〔註32〕Ibid., PP. 372～374.

〔註33〕*U. S. Foreign relations*, 1912. PP. 92～94, January 18, 1911. The Secretary of State to the Special Envoy of China.

〔註34〕Ibid., 1912, P.94, Notes.

知英法德三國，以取得三國諒解。〔註 35〕於是度支部尚書載澤、郵傳部尚書盛宣懷等乃於英美德法四國銀行團代表「磋磨」詳細合同，至 4 月 15 日（三月十七日），雙方始正式達成協議，並在北京簽訂合同，共計二十一條，主要規定如下：

1. 借款總數爲一千萬金鎊（即五千萬美元），利息五釐，中國實收百分之九五，還本以四十五年爲期，由發售債票之日起，第十一年始還本，每半年還本一次，所有應還本息，由度支部按期撥付。
2. 指定以東三省菸酒稅、銷售稅、各省鹽觔新加價四項，每年共庫平銀五百萬兩爲頭次抵押，如屆期不敷應還之本利，先將東三省他項餉源補足，如有不敷，再用他項稅收補交，在借款未還清之前，上述各項稅收不得移作他用。
3. （第十六條），如中國爲繼續或完成此項借款所興辦的各項事業，將來欲再舉債時，則簽訂本合同的四國銀行團有優先應募權，如中國與四國銀行團協議不成時，中國再向其他財團商借。〔註 36〕

第三節　四國銀行團借款的意義及其擱置

一、四國銀行團借款的意義

各國對華借款向來並無協調或組織可言，清季之各項鐵路借款，亦大都是由中國單獨向一國銀行洽借，但此次幣制實業借款，卻合四國銀行團之力。共同對華借款，此種有組織的大規模對華借款，其發端雖始於粵漢鐵路借款，但卻大成於幣制實業借款，實爲後日國際財團對華借款之嚆矢。〔註 37〕

清廷對於此次幣制實業借款極爲重視，1911 年 3 月 23 日（宣統三年二月

〔註 35〕Ibid., 1912, P.94, February 24, 1911. The Department of State to the British Embassy, The Same to the Embassies of France and Germany.

〔註 36〕Ibid., 1912, PP. 95～96, April 15, 1911. The America Minister（Calhoun）to the Secretary of State. Agrecment of Currency Reform.
《愚齋存稿》，卷 16，頁 38～40，宣統三年三月十七日，〈擬定美英德法四國銀行借款合同摺〉;《宣統政紀實錄》，卷 51，頁 1～3。

〔註 37〕中國與四國銀行團關於湖廣路借款，遲至 1911 年 5 月 20 日（宣三、四、二十二）始正式簽字，其實還是由各國分段承築。見《清宣統朝外交史料》，卷 20，頁 36～52，宣統三年四月二十二日，〈郵部、外部奏摺〉。

二十三日），時大借款仍在交涉期間，即曾諭旨外務、度支、郵傳三部：

> 近來國家財政竭蹶，由於幣制不一，民生困苦，由於實業不興，朝廷洞鑒，於此不得已，飭部特借英美德法四國銀行一千萬元（金鎊），……專備改定幣制，振興實業，以及推廣鐵路之用，該管衙門自應竭力愼節，不得移作別用。〔註38〕

當時國際間一般借款，年息不過二、三釐，但此次幣制實業借款，年息卻高達五釐之多，據盛宣懷於 1911 年 5 月 30 日（宣統三年五月二日）致蘇州程德全電函中顯示：其主要宗旨乃在招來各國，以厚集洋債，互均勢力，並藉以保護東三省。〔註 39〕也因此借款抵押餉源，特別指明以東三省菸酒稅，出產稅、銷售稅及各省鹽觔新加價四項作擔保。至於東三省鹽釐則除外，據盛氏於 3 月 16 日（二月十六日）致函東督錫良時表示：「所有東三省鹽釐，因錦瑷路擬抵，故不復列，以留餘地」。〔註40〕可見當時載澤、盛宣懷等人亦想後日藉此項借款再恢復錦瑷路計劃。

此外還款之期，長達四十五年之久，以及規定四國銀行團享有繼續借款中國的優先權，實隱含抵制日俄，防阻其侵佔東三省之意義，眞可謂之深謀遠慮。

二、借款的擱置

當度支部與四國銀行團代表進行商議幣制實業借款之時，清廷爲分散日本之注意力，免其干預阻撓，乃命郵傳部尙書盛宣懷以鐵路借款爲名，先於 1911 年 3 月 24 日（宣統三年二月二十四日）與日本正金銀行簽訂鐵道公債契約，共日幣一千萬元，爲大借款的十分之一，因此幣制實業借款，得於 4 月 15 日（三月十七日）順利完成簽字。〔註 41〕

但至 5 月 6 日（四月八日），中國向四國銀行請求先付四十萬鎊之墊款，5 月 13 日（四月十五日），得四國銀行團之批准，英美德法四國乃依約分批

〔註38〕《清宣後朝外交史料》，卷 19，頁 31，宣統三月二月二十三，〈郵、外度三部奏摺〉。

〔註39〕《愚齋存稿》，卷 77，頁 21，宣統三年五月三日，〈寄蘇州程雪樓中丞電〉。按「厚集洋債，互均勢力」爲清季對外政策之宗旨。

〔註40〕同註 39，卷 77，頁 1，宣統三年二月十六日，〈代度支部尚書寄奉天錫清帥〉。

〔註41〕同註 39，卷 77，頁 21，宣統三年五月三日，〈寄蘇州程雪樓中丞電〉。其時日俄兩國因恐對華行動之自由將因加入國際財團而被限制，故暫持觀望態度。

款時。〔註42〕此項行動隨即引起日俄兩國的反對，日俄兩國早已視東三省爲其禁臠，絕不容他國介入，及四國銀行團的成立，幣制實業借款的形式，日俄竟被擯斥在外，豈能坐視，於是依日俄第二次協定及密約之規定，兩國乃聯合採取行動。

由於外交上既引起爭執，中國借款行動又不得不停頓一時，5月18日（四月二十日），法國即因俄國的壓迫，而暫停墊款。〔註43〕5月23日（四月二十五日），由於法國以承認俄國在東三省的利益，以取得其諒解，〔註44〕至次日（四月二十六日），法國始恢復墊款，而中國始得如數之款項。〔註45〕

6月26日（六月一日），日俄兩國聯合對法提出抗議。〔註46〕日本藉口該項借款中國的優先，妨害其在東三省的特權，乃由其駐英法大使分別照會各駐在國政府，提出抗議，指責中國不該以東三省廣泛實業之優先權讓與四國銀行團，「日本在南滿享有特權，絕不能坐視各國對其特權之威脅，使日本處於較他國拙劣的地位。」7月11日（六月十六日）日本又向美德兩國提出抗議，要求將該條款完全刪去，或將該條款修正，除去優先權字樣。〔註47〕同日，俄駐美代辦也照會美國務院，提出同樣的抗議。〔註48〕此外，俄國又勸誘法國退出四國銀行團，謀另籌俄法日比銀行團，以對抗美英德銀行團。〔註49〕

不久中國政局又起變化，10月10日（八月十九日），武昌起義發生，各省

〔註42〕*U. S. Foreign Relations*, 1913. P.192, October 29, 1912. The American Minister（Calhoun）to the Secretary of State. Inclosure 1, Imperial Chinese Ministry of Finance & 400,000 Bond of May 24, 1911.

〔註43〕Ibid., 1912. P.97, May 18, 1911. The American Minster（Calhoun）to the Secretary of State.

〔註44〕Ibid., 1912. P.97 May 24, 1911. The American Ambassador to Great Britain（Reid）to the Secretary of State.

〔註45〕同註42.；又岑學呂，《三水梁燕孫先生年譜》，上冊，頁93，則載中國所得之墊款爲十萬鎊。

〔註46〕Ibid., 1912. P.99, June 28, 1911. The American Ambassador to France（Bacon）to the Secretary of State.

〔註47〕《日本外交年表並主要文書》，上卷、文書，頁184。

U. S. Foreign Relations, 1912. PP.99～100, June 28, 1911. The America-Ambassador to France（Bacon）to the Secretary of State. Copy of Note Verbale presented by the Japanese Government on June 26, 1911. Hand to the Secretary of State by the Japanese Ambassador, July 11, 1911; Gooch, G. P. and Temperley, H. W. V. op. cit., Vol. VIII. P.528, July 7, 1911. Rumbold to E. Grey.

〔註48〕*U. S. Foreign Relations*, 1912. P. 100 July 11, 1911. The Russian Charge' d'Affairs to the Secretary of Stats.

〔註49〕張忠紱，《中華民國外交史》，（正中，民國46年），頁71。

紛紛獨立，英美德法四國不願違背其中立原則，乃同意採取一致行動，即依借款合約之規定，中國政局危險時，得中止其效力。中國因與四國銀行團之借款交涉，迄無結果，乃未再發行債票，而此項借款遂因而無形擱置。〔註 50〕及民國成立，此項借款遂成歷史陳蹟。而至於各國所付墊款，則延至 1913 年 4 月 26 日的善後大借款中始予償還。〔註 51〕

〔註 50〕岑學呂，《三水梁燕孫先生年譜》，上冊，頁 93；黃遠庸，〈一年來借款交涉始末記〉，載於《民國經世文編》，財政六，頁 58～59。

〔註 51〕《中外條約彙編》，國際條約，頁 571。

第七章　結　論

光緒末期，清廷爲挽救東三省危機，確曾力圖振作，惜因 1908 年 1 月（光緒三十四年十月）光緒皇帝與慈禧太后之相繼崩逝，以及袁世凱的失勢，清廷重心頓失；宣統以降，內憂外患至極，清廷忙於預備立憲和壓制革命，自無暇全力顧及東三省。而日俄兩國因在東三省已居於優勢地位，加上日本一連患的外交攻勢，至 1907 年（光緒三十三年），已形成英法日俄「協同謀我」之局，中國在外交上，事事均難自主，任人宰制，尤以日俄兩國對東北侵略的野心，更無法阻遏，「我雖執理與爭，究無實力抵制」。〔註 1〕繼徐世昌、唐紹儀而爲東三省督撫的錫良、程德全，雖仍繼續推行徐、唐兩氏經營東三省的策略以抵制日俄，但終因客觀形勢惡劣，事倍功半，然當時徐、唐、錫、程諸氏經營東三省的苦心，實深值吾人欽佩。

門戶開放政策雖由美國所提出，但英國的幕後策動甚居重要地位。英美合作時，門戶開放始能維持，如英美分歧，則美國自屬孤掌難鳴，而門戶開放便無法維持，美國爲達成東三省門戶開放，打破日俄在該區的獨佔局面，雖曾經由私人和政府代表提出多項計畫，以配合中國東三省鐵路開放的各項計劃，可惜卻未能取得英國支持。英國在歐洲此時正以全力與德國相競，並與俄法相結納，對遠東局勢，則以其盟友日本之意願爲依規，因此對於美國所提各項計劃，只以「原則上接受」來敷衍華府，英法俄三國既有協約，日俄又有勾結互保，遂得堅持其反對美國的立場。而美國面對日俄強烈的反對，又不能以實力來維持其在東三省的門戶開放政策，其最終歸於失敗，乃爲必

〔註 1〕《清宣統朝外交史料》，卷 1，頁 35～36，宣統元年一月二十九日，〈外部致世昌電〉。

然之結果。

美國自倡導開戶開放以來，對此項改策的維持，雖皆認爲是「一件極好的事，」但卻只顧以「一般外交協定所能維持的範圍內」維持之，「並不準備以實力來維持此項政策」，〔註 2〕即使至塔虎脫總統時代，雖全力推動其金元外交政策，但對於門戶開放政策，也只能蕭規曹隨，「除了實行此種（傳統）政策外，別無他途」。〔註 3〕何況當時巴拿馬運河尚未開通，美國在遠東勢力尚未鞏固，即使美國爲維護其在東三省的利益，而欲訴之武力，則當時美國實在也沒有足夠的海陣軍，從事對俄日作戰。〔註 4〕因此始終無法衝破日俄兩國勢力的干預，致各項計劃皆一事無成。

由中美聯合所設計的各項計劃，如新法路計劃，錦璦路計劃，其目的不僅在開闢交通，促進東三省的開發，更重的是引進美國的力量，用以抵制日俄在東三省的勢力，免使東三省爲日俄竊佔，確係具有恢宏器度的遠大目標。至於東省鐵路中立計劃，可視是基於門戶開放政策，機會均等、利益均霑的觀念而來，東三省的路權本應爲中國所有，中國無力自守，爲抵制日俄的獨佔局面，不得不公諸西方列強，將東三省置於國際公管的均勢之下，此實窮途末路，不得不出此下策，即使計劃付諸實施，究非中國之福，因此此項計劃的失敗，對中國而言，並不值得惋惜。可是由於此項計劃的失敗，中美兩國不但未能達成在東省抵制日俄勢力的目的，反而招致日俄兩國更進一步的勾結，1910 年（宣統二年）日俄簽訂第二次協定及密約。兩國緊密勾結，禁止第三國在東省活動。1912 年，日俄又簽定第三次密約，兩國除延長在東三省南北界外，更依北京的經緯線，即東經一百十六度二十七分，劃分「東西內蒙古」，相互承認並尊重各自在「東西內蒙古」的特殊權利。〔註 5〕日、俄兩國的勢力範圍既已擴展至於內蒙古，至此東三省已名存而實亡。

至於幣制實業借款爲東省鐵路中立計劃失敗後，美國對東三省投資運動的一種迂迴政策，也是塔虎脫總統金元外交的一種表現，雖因中國政局變化而未見施行，但以外交操縱中國借款的國際財團業已形成，嗣日俄兩國又入四國銀行團，而爲六國銀行團，1913 年 3 月 18 日美國宣佈退出，而成爲五國

〔註 2〕Dennett, Tyler, *Roosevelt and the Russo-Japanese War*, PP. 320～321, December 22, 1910, Roosevelt to Taft.

〔註 3〕Ibid., PP. 321～323.

〔註 4〕同註 2。

〔註 5〕《日本外交年表並主要文書》，卷上，文書，頁 369。

銀行團。〔註6〕同時國際財團對華貸款的動機也因而逐漸變質，竟假經濟投資之名，行政治敲搾之實，民國初年之政局遂爲國際財團所操縱，此實爲當初所料想不及者。

〔註 6〕 Morse, H.B. op. cit., Vol. III. PP. 98～99.

參考書目

一、中文部份

1. 《大清德宗（光緒）皇帝實錄》，華文書局。
2. 《大清宣統政紀實錄》，華文書局。
3. 朱壽朋編：《光緒朝東華錄》，文海出版社。
4. 沈桐生輯：《光緒政要》，文海出版社。
5. 王彥威等輯：《清季外交史料》，北平，民國21年。
6. 故宮博物館：《清光緒朝中日外交史料》，北平，民國21年。
7. 故宮博物館：《清宣統朝中日外交史料》，北平，民國21年。
8. 楊儒輯：《中俄交收東三省電報彙鈔》，文海出版社，民國58年。
9. 劉瑞霖：《東三省交涉輯要》，文海出版社，民國57年。
10. 徐世昌：《東三省政略》，文海出版社，民國55年。
11. 《中研院近史所藏》，密電檔、錦璦路檔。
12. 李鴻章：《李文忠公全集》，文海出版社，民國51年。
13. 張之洞：《張文襄公全集》，文海出版社，民國58年。
14. 程德全：《程將軍（雪樓）守江奏稿》，文海出版社，民國57年。
15. 盛宣懷：《愚齋存稿》。
16. 徐世昌：《退耕堂政書》，文海出版社，民國57年。
17. 錫良：《錫良遺稿（奏稿）》，北平：中華書局，1959年。
18. 沈祖憲、吳闓生編纂：《容菴弟子記》，文海出版社，民國55年。
19. 佚名：《袁世凱全傳》，文海出版社，民國55年。
20. 岑學呂等編：《三水梁燕孫先生年譜》，文星書局，民國51年。

21. 葉遐庵述、俞誠之筆錄：《太平洋會議前後中國外交內幕及其與梁士詒之關係》，台北：梁譚玉印行，民國 59 年。
22. 經世文社編：《民國經世文編》，文海出版社，民國 59 年。
23. 王芸生：《六十年來中國與日本》，天津大公報出版社，民國 26 年。
24. 何炳賢：《中國的國際貿易》，上海商務印書館，民國 26 年。
25. 顧維鈞：《參與國際聯合會調查委員會中國代表處說帖》，文星書局，民國 51 年。
26. 李國祁：《中國早期的鐵路經營》，近史所印行，民國 50 年。
27. 王曾才：《英國對華外交與門户開放政策》，中國學術著作獎助委員會印行，民國 50 年。
28. 李祥麟：《門户開放與中國》，上海商務印書館，民國 19 年。
29. 李劍農：《中國近百年政治史》，商務印書館，民國 46 年。
30. 張忠紱：《中華民國外交史》，正中書局，民國 46 年。
31. 國際問題研究社譯：《國聯調查報告書》，上海國際問題研究社，民國 21 年。
32. 羅曼諾夫著、民耿譯：《帝俄侵略滿洲史》，上海商務印書館，民國 26 年。
33. 王光祈譯：《美國與滿洲問題》，中華書局，民國 23 年。
34. 戴林著、周肇譯：《俄國侵略遠東史》，正中書局，民國 56 年。
35. 郭廷以：〈中日交涉中的歷史教訓〉，《大陸雜誌》，卷 2，第 4 期。
36. 楊紹震：〈庚子年中俄在東三省之衝突及其結束〉，《清華學報》，卷 9，第 1 期。
37. 李恩涵：〈中國近代之收回鐵路利權運動（1904～1911）〉，《中國現代史專題研究報告》，第 2 輯。
38. 陳三井：〈法國與辛亥革命〉，《近史所集刊》，第 2 期。
39. 呂士朋：〈近百年美國對華的外交政策〉，《大學論壇》，第 23 期。
40. 〈東方雜誌〉，第六年，第 9 期、第 10 期。

二、日文部份

1. 日本外務省編：《日本外交年表並主要文書》，原書房，1965 年。
2. 日本外務省編：《小村外交史》，原書房，1966 年。
3. 德富蘇峰：《公爵桂太郎傳》，原書房，1917 年。
4. 鶴見祐輔、後藤新平：《後藤新平伯傳記編纂會》，1937 年。
5. 伊藤正德、加藤高明：《加藤高明傳記編纂會》，1929 年。
6. 中島眞雄：《對支回顧錄》，東亞同文會，1936 年。

7. 葛生能久：《東亞先覺志士記傳》，黑龍會，1935 年。
8. 安藤彥太郎：《滿鐵》：御茶之水書房，1969 年。
9. 朝日新聞社編行：《太平洋戰爭之道》，1963 年。
10. 田村幸榮：《支那外債史論》，外交時報社，1939 年。
11. 馬場明：《日露戰後關於第一次西園寺內閣之對滿政策與清國對滿洲政策之一面》，1966 年。

三、英文部份

1. United States, Dep. of State, *Foreign Relations of the United States*: 1899, 1900, 1901, 1902, 1903, 1904, 1905, 1906, 1907, 1908, 1909, 1910, 1911, 1912, 1913, 1916.
2. Gooch, G.P. and Temperley, H. W. V., （ed）. *British Documents on the Origins of the World War 1898～1914*, 15 vols. London, 1932.
3. MacMurray, John V.A., （Comp.and ed.） *Treaties and Agreements with and Concerning China, 1898～1914*. 2. vols, New York. 1921.
4. Croly, Herbert. *Willard Straight*, New York. 1924.
5. Kennan, George F. E.H., *Harriman*, 2 vols, New York, 1922.
6. Bland, J.O.P., *Recent Development in China*, New York, 1913.
7. Bland, J.O.P., *Recent Evcents and Present Politics in China*, Phlladephia, 1912.
8. Clyde, Paul H., *International Rivalries in Manchuria, 1689～1922*, New York, 1966.
9. Dcnnett, Tyler., *Roosevolt and the Russo – Japanese War.*, New York, 1925.
10. Foster Rhca Dulles, *China and America*, New Jersey, 1946.
11. Field, Federick V., *Amemican Participation in the Chinese Consortiums*, Chicago, 1931.
12. Griswold, A. Whitney, *The Far Eastern Policy of the United States*, New York, 1938.
13. Kent, Percy H.B., *Railway Enterprise in China*, London, 1907.
14. Langer, William L., *The Diplomacy of Imperialism, 1890～1902*, 2 vols. New York. 1935.
15. Lawton, Lancelot, *Empires of the Far East*, 2 vols. London 1912.
16. MacNair, Harley Farnsworth, & Lach, Donald F., *Modern Far Eastern International Relations*, New York, 1951.
17. Morse, H.B., *The International Relations of the Chinese Empires*, London, 1918.
18. Morse, H.B. & MacNair, H. F., *Far Eastern International Relations*, Boston, 1931.
19. Nish, Ian H., *The Anglo-Japanese Alliance, 1894～1907*, London, 1968.

20. Overlach, Theodore W., *Foreign Financial Control in China*, New York, 1919.
21. Tan, C. C., *The Boxer Catastrophe*, New York, 1955.
22. Vevier, Charles, *The United States and China, 1906～1913*, New Jersey, 1955.
23. Willoughby, Westel W., *Foreign Rights and Interests in China*, Baltimore, 1927.
24. Young, C. Walter, *The International Relations of Manchuria*, Chicago, 1920.
25. Young, C. Walter, *Japanese Special Position in Manchuria*, Baltimore, 1931.